우리 아이, 놓치지 말아야 할
공부 문해력

우리 아이, 놓치지 말아아 할 공부 문해력

초판 발행   2023년 10월 5일 초판 1쇄

지은이   신영환
펴낸곳   헤르몬하우스
펴낸이   최영민
인쇄제작   미래피앤피

주소   경기도 파주시 신촌로 16
전화   031-8071-0088
팩스   031-942-8688
전자우편   hermonh@naver.com
등록일자   2015년 03월 27일
등록번호   제406-2015-31호

ISBN   979-11-92520-58-2 (03370)

우리 아이, 놓치지 말아야 할
공부 문해력

공부 기초 체력을
키 워 주 는
문 해 력 의 비 밀

신영환 지음

헤르몬하우스
HERMONHOUSE

차례

1부

공부와 문해력의 상관관계

1 공부가 어렵고 힘든 이유

2 문해력이 공부에 미치는 영향

2부

공부 문해력 향상을 위한 노력

3 공부 문해력 향상을 위한 올바른 독서법

4 공부 문해력은 습관이 만든다

공부 우등생도
공부 포기자가 되는 현실

우리는 무한경쟁의 세상에 살고 있다. 내가 올라서려면 누군가를 밟고 올라가야 하는 경쟁의 상황에 자주 놓인다. 어린 학생도 마찬가지다. 초등학교에서 중학교로, 중학교에서 고등학교로 진학하면서 상위권에 들려면 치열하게 경쟁할 수밖에 없다. 무엇보다 정서적 안정과 같은 비인지 능력을 기르기 위해 시간을 보내야 하는 초등학교 때부터 대학 입시 준비를 위해 선행학습을 하는 모습을 보면 참으로 안타깝다.

이렇게 초등학교 때부터 미리 공부와 입시를 준비한 학생들이 중학교에 올라가서는 나름 효과를 본다. 일명 우리가 말하는 공부 우등생으로 자리를 잡는다. 사실 중학교 때까지는 깊게 이해하지 않고 공부할 때 암기만 잘해도 어느 정도 성적이 잘 나올 수 있기 때문이다. 하지만 고등학교에 입학하면 상황이 다르다.

중학교 때 아무리 공부를 잘했던 학생도 고등학교에 올라가서 무조건 공부 우등생이 되라는 법은 없다. 학생들이 여러 중학교에서 모였기에 나보다 공부를 더 잘하는 학생이 있을 수 있다. 고등학교에서 배우는 과목 수와 범위, 그리고 공부량이 갑자기 늘어나서 시간 관리를 철저히 하지 않으면 여러 마리 토끼를 잡기가 어렵다.

10년 넘게 교사로 근무하면서 중학교 때 일명 엄친아로 불렸던 학생도 고등학교에 들어가서 공부를 포기하는 것을 자주 봐 왔다. 중학교 때 반에서 1등 경험이 있어도 고등학교에서까지 1등이 되라는 법은 없기 때문이다. 특히 특목고의 경우에는 경쟁이 더 치열해서 중학교 때 1등급이 고등학교 때는 9등급이 될 수도 있다.

평생 한 번도 받지 못한 성적을 받게 되면, 엄청난 충격에 빠진다. 다시 재기를 꿈꾸지만 이미 벌어진 격차를 좁히기엔 무리가 있다. 노력은 하지만 성적은 잘 나오지 않으니 점점 공부하기가 싫어진다. 자연스럽게 공부할 이유를 찾지 못하고, 공부 포기자의 길에 들어선다. 그렇게 중학교 때 잘했던 공부도 계속 유지되지 못하니 '공부 우등생'에서 '공부 포기자'로 전락하는 것이다.

이런 학생이 고작 한두 명이었다면, 나도 그렇게까지 많은 고민을 하지 않았을 것 같다. 5등급이 딱 중간인데 특목고에 진학했다면, 절반 이상은 이미 5등급이라는 딱지를 붙이고 살게 된다. 그렇게 그들은 점점 공부에 흥미를 잃게 되고, 공부 포기자 혹은 낙오자라는 낙인을 스스로 찍으며 살아간다.

사실 20년 전 내가 경험했기에 이런 학생들의 마음을 누구보다 더 잘 안다. 졸업할 때 600명이 넘는 중학교 전교생 중 All '수' 등급을 받은 학생은 10명이 안 되었다. 나는 그 10명 중 한 명이었으나 고등학교에 진학해서 받은 성적은 처참하고 비참했다. 앞에서 세던 등수를 뒤에서 세야 하는 상황을 도저히 받아들일 수 없었다. 극복해보려고 아무리 노력해도, 이미 나와 다른 능력을 장착한 친구들을 이기기에는 무리였다.

그때는 생각하지 못했지만, 교사가 되어서 왜 그런 차이가 벌어졌을까 하는 이유를 찾을 수 있었다. 처음에는 선행학습의 차이가 격차를 만든 게 아닐까 생각했다. 하지만 대학 입시에 성공한 우등생들을 인터뷰하며 알게 된 몇몇 사례를 보면서 선행학습만이 그 이유가 아니라는 걸 깨달았다. 진짜 이유는 다름 아닌 문해력의 차이였다. 아무리 선행학습이 되어 있지 않았어도, 문해력이 있는 학생들은 금방 따라잡았다. 왜냐하면, 문해력은 '글을 읽고, 이해하고, 말하고, 쓸 줄 아는 능력'이기 때문이다.

'문해력'이라는 무기가 있는 학생은 남들보다 빠르게 지식을 습득할 수 있다. 글을 읽고 이해하는 데 시간이 오래 걸리지 않기 때문이다. 그렇다면 그들은 어떻게 문해력이라는 무기를 장착할 수 있었을까? 정답은 매우 간단하다. 어린 시절 독서 경험 혹은 조금 늦더라도 중학교 때 집중 독서 경험이 있어서 독서 임계량을 넘어선 상태였기 때문이었다.

그래서 늦게 배운 내용도 빠르게 이해하고 자신의 것으로 만들 수 있었다. 비록 조금 늦게 출발했더라도, 3년이라는 주어진 시간 내에 자신이 소화해야 할 분량을 하나씩 해결해나갔다. 물론 효율적인 공부 방법을 스스로 찾아가면서 더 시간을 줄이고, 공부 루틴을 통해 멈추지 않고 계속해서 공부했기 때문에 가능한 일이었다. 하지만 '문해력'이라는 무기가 있었기에 더 빠르게 공부를 따라잡을 수 있었다.

'문해력'을 컴퓨터 사양에 비유해보자. 문해력이 좋은 학생은 컴퓨터 사양이 높고, 문해력이 낮은 학생은 컴퓨터 사양이 낮은 것과 같다. 중앙처리장치든 메모리 용량이든 사양이 높으면 처리 속도가 빠를 수밖에 없다. 문해력도 마찬가지다. 문해력이 좋을수록 새로운 지식을 받아들일 때 처리 속도가 빠르다.

다시 예를 들어, 촬영한 영상을 사양이 높은 컴퓨터에서 편집할 때와 사양이 낮은 컴퓨터에서 편집할 때를 비교해보자. 아무리 같은 영상이라도 컴퓨터 사양에 따라 편집이 종료되는 시점은 다르다. 공부도 마찬가지다. 문해력이 높을수록 배우는 속도가 빠르고, 문해력이 낮을수록 배우는 속도가 느릴 것이다.

고등학교에 입학해서 아무리 같은 출발선에서 달리기 시작했다고 하더라도, 문해력의 차이에 따라 공부 속도는 달라질 것이다. 마라톤에서 달려야 하는 거리가 정해져 있고 선수마다 기록이 다른 것처럼, 공부도 정해진 분량을 소화하는 시간이 학생마다 다를 것이다. 물론 느린 만큼 시간을 더 들여서 하면 어느 정도 따라잡을 수는 있겠지만, 분명한 한계를 느끼게 될 것이다.

문해력의 초석은 바로 독서라는 건 누구나 알 것이다. 따라서 독서와 문해력 그리고 공부의 상관관계에 대해 알아보고, 문해력에 도움이 되는 독서법과 독서 습관 형성 방법에 대해 자세히 안내하고자한다. 차근차근 내용을 읽어보면서 어떻게 하면 문해력을 기를 수 있을지 고민해보길 바란다.

저자 신영환

우등생들의 공통분모,
공부 문해력

ChatGPT? 인공지능이 지배하는 시대?

2022년 겨울 인공지능 돌풍이 불었다. ChatGPT의 등장과 함께 불과 몇 개월 사이에 인공지능 시대가 도래한 느낌이다. 인공지능의 무한한 발전은 기회인 동시에 우리 삶에 위기와 불안감을 동시에 느끼게 한다. 특히 2028년도부터 대학 입시 제도의 변화가 예고된 현재 어린 자녀를 둔 학부모들은 더욱 불안하다. 논술형 수능이니 뭐니 해서 안 그래도 머리가 복잡한데 인공지능 때문에 우리 아이들은 어떤 교육을 받게 될지, 어떤 평가를 받게 될지 걱정이다.

하지만 학자들은 예전부터 미래를 예견해왔다. 인공지능이 지배하는 세상이 올 것이라는 걸 다 알고 있었다. 미래학자들의 연구 결과를 보면 무엇보다 인간으로서 갖추어야 할 미래 역량을 강조해왔다. 《최고의 교육》에서는 미래 인재의 조건으로 21세기 역량 6C를 강조한다. '협력(Collaboration)', '의사소통(Communication)', '콘텐츠(Content)', '비판적 사고(Critical Thinking)', '창의적 혁신(Creative Innovation)', '자신감(Confidence)'이 바로 그것이다.

인간은 이제 단순하게 정보를 얻는 데 그치지 않는다. 무한한 정보의 홍수 속에서 어떤 정보가 옳은지 혹은 그른지 판단할 수 있어야 한다. 인간만이 아직 이성적 사고를 통해서 판단이 가능하다. 이성적 사고력은 쉽게 만들어지지 않는다. 일명 우리가 말하는 '문해력'이 수반되어야 한다. 앞에서 말한 6C 역량도 문해력과 밀접한 관련이 있다. 이런 시대에 아직도 대학 입시 시험에만 몰두하는 건 말도 안 된다. 물론 앞으로 입시도 논술형으로 바뀔 수 있다. 결국에 '문해력' 없이는 아무것도 할 수 없는 시기가 온다는 말이다.

언어에만 결정적 시기가 있는 건 아니다?

언어학에서는 결정적 시기가 있다고 말한다. 만12세 이전에 언어 습득 경험이 없으면 언어를 습득하는데 시간이 더 오래 걸린다. 이 시기가 지나면 모국어를 습득할 수 없고, 같은 이유로 외국어를 원어민만큼 유창하게 구사할 수 없다고 한다. 다행히도 과거 슬픈 사례(늑대소년 빅토르, 감금 소녀 지니 등)와 달리 우리 아이들은 밀림에

버려지거나 감금되어 언어적 소통을 못 하는 상황에 있지 않다. 아주 지극히 정상적으로 살아가고 있지 않은가?

문해력은 초기 아동기부터 노년기에 이르기까지 전 생애에 걸쳐 발달한다. 그런데 '문해력'에도 결정적 시기가 있다면? 초등 저학년 시기다. 이 시기에 문해력을 기르지 못하면 초등 고학년부터 시작하여 청소년기, 성인기 문해력 발달에 결정적인 영향을 미친다. 그 이유는 초등 고학년부터는 학교에서 배우는 내용이 사고력을 요구하는 수준에 이르기 때문이다.

실제 전국 초등학교 1, 2학년 담임 교사(275명)를 대상으로 국어, 수학 교과서 어휘 지도에 대한 교사의 인식을 조사했다. 조사 결과에 따르면 국어는 67%, 수학은 60.3% '어려움이 있다'라고 대답했다. 이에 따라 정부는 2024년부터 초등학교 1, 2학년 국어교육 과정에 '읽기, 쓰기 기초', '한글의 기초와 국어 규범' 등의 과목을 포함시켰다. 수업 시간도 기존 448시간보다 34시간 늘린 482시간으로 늘리기로 했다. 학교 교육과정의 변화는 쉽게 일어나지 않는다. 철저하게 아이들의 학습 발달 사항에 따라 접근하고, 시대적 상황에 따라 변화한다.

2021년 EBS 다큐 <당신의 문해력>에서도 꼬집었듯이 문해가 안 돼서 공부를 포기하는 현실이다. 초등 저학년 시기가 결정적 시기라 했지만, 많은 전문가는 어린 시절부터 중요한 시기라 강조한다. 어린 시절부터 계속해서 문해력 향상을 위한 노력이 필요하다는 말이다. 물론 조금 늦었다고 하더라도 아쉬워 말자. 문해력은 평생에 걸쳐 발달하는 능력이니까 말이다.

초등 시기, 최소한의 독서 임계량은?

문해력 강의를 하면 가장 많이 받는 질문이다. 도대체 몇 권의 책을 읽어야 하는지 독서 임계량은 어떻게 되냐는 것이다. 아쉽게도 나는 숫자로 답할 수 없다. 책마다 분량도 다르고, 글자수도 다르고, 수준도 다르기 때문이다. 게다가 아이마다 정보를 받아들이는 능력 또한 다르니 규정할 수 없다. 하지만 수십 명의 우등생을 인터뷰하며 독서 임계량과 관련한 공통점을 발견할 수 있었다. 그들은 적어도 초등 시기에 '다독왕', '독서왕', '독서 기록왕' 등 타이틀을 가질 정도로 매일 꾸준하게 책을 읽고 기록하는 습관이 있었다는 것이다.

안타깝지만 그들도 중학교에 올라가면서, 고등학교에 올라가면서 독서량은 줄었다. 입시 공부에 매달리면서 생기는 자연스러운 현상이다. 간혹 고등학교 때까지 독서를 즐기는 아이도 있었다. 이론적으로 초등 저학년이 결정적 시기라지만, 우리나라에서는 입시 공부로 인해 자연스럽게 초등 때 독서 임계량을 채우지 않으면 힘들어지는 상황이 온다. 그렇다면 무작정 많이 읽기만 하면 좋은 걸까?

당연히 책을 많이 읽는 게 중요하다. 하지만 더 중요한 것은 책을 읽으며 생각하고, 깨달은 것을 기록하는 방법을 꼭 활용해야 한다.

쉽게 말해, 생각하는 독서를 하느냐 마느냐가 관건이다. 아무리 많은 책을 읽어도 내 것으로 만들지 않으면 그것은 읽은 게 아니기 때문이다. 그리고 공부할 때는 기존에 내가 가진 지식을 활용해서 새로운 지식을 받아들일 때 내 것이 있느냐 없느냐가 중요하다.

시기별 어떤 수준의 책을 읽어야 할까?

초등 저학년을 결정적 시기로 보고, 어린 시절부터 책을 읽기 위해서는 올바른 단계를 밟는 것이 중요하다. 아직 문자에 익숙하지 않은 미취학 아동의 경우에는 그림책부터 시작해야 하고, 부모가 읽어주는 책을 들으며 읽는 게 가장 좋은 방법이다. 그리고 문자를 깨우치기 시작하는 초등 1~2학년이 되면 간단한 글 책으로 넘어가야 한다. 초등 3~4학년 때는 중급 글 책, 초등 5~6학년 때는 고급 글 책으로 넘어가야 한다. 이 중간 시기에는 당연히 다음 단계로 넘어가기 전에 '읽기 위기'라는 상황에 놓인다.

그림책을 읽던 아이는 이제 쉬운 책이라도 글 책을 읽어야 하기 때문이다. 그리고 글의 양이 적은 책을 읽던 저학년 아이는 중학년으로 가면서 조금 더 글의 양이 많은 책을 읽어야만 한다. 끝으로 고학년이 되면 어휘도 더 어려워지고, 글 양도 더 많아져서 부담을 느끼기 시작한다. 놀라운 건 초등학교에서 중학교에 올라가면서 더 큰 위기가 오고, 더 두려운 건 중학교에서 고등학교로 올라가면서 배우는 내용의 수준도 차이가 난다. 그래서 시기별 적절한 독서를 통해 '문해력'을 길러야만 버틸 수 있다.

즉, 시기별 아이에게 맞는 수준의 책을 권해줄 수 있어야 한다는 말이다. 다행히 시중에는 시기별 필요한 책 목록을 만들어서 제공하는 경우가 많이 있다. 하지만 가끔 너무 책 목록만 소개해서 아쉬움도 있다. 중요한 건 아이의 수준에 맞는 혹은 아이의 흥미에 맞는 책을 골라주는 것이다. 사람마다 좋아하는 음식이 다르고, 몸에 좋은 영향을 주는 음식이 다른 것과 같다. 책도 아이마다 더 좋아하는 책이 있고, 더 좋은 영향을 주는 책도 각각 다를 수 있다. 그렇기에 본질을 알고, 아이에게 맞는 책을 찾아주기 위해 노력하는 게 중요하다.

우등생들은 부모님의 도움으로 적시적소 자신에게 알맞은 책을 읽는 경험을 했다. 덕분에 시기별 읽기 위기를 잘 넘길 수 있었다. 나아가 책을 좋아하게 되었고, 매일 꾸준하게 책을 읽는 사람이 되었다. 문해력의 원동력은 '독서'이므로, 그 힘을 제대로 이용할 수 있었다. 나중에 점점 배우는 내용이 어려워져도 어린 시절부터 기른 문해력 덕분에 공부도 잘할 수 있게 된다. 따라서, 이 책을 통해 문해력이 공부에 주는 영향, 그리고 올바른 문해력을 기르기 위한 방법을 제대로 알고 우리 아이에게 적용할 수 있었으면 좋겠다.

학업성취와 독서는 나름의 상관관계를 가진다. 그러나 우수한 학업성취를 보장하는 요소가 독서인가는 인과관계에 있어서 좀 더 신중해야 한다. 얼마 전부터 문해력이 이슈화되면서 독서와 문해력의 관계는 높이 부각되었다. 그러나, 과연 독서가 문해력 향상에 유일한 요소인가 역시 명확히 짚어봐야 한다. 분명한 건, 독서, 문해력, 그리고 학업성취라는 세 가지 키워드는 그 중요성이 확실하기에 이를 정확하게 이해해야 할 필요가 있다.

이 책은 이 부분에 대해 아주 구체적이며 쉽고 친절한 답안을 제시한다. 좁고 직접적인 관점에서 문해력을 읽고 쓰기로 이해한다면, 넓고 포괄적인 관점에서 문해력은 언어에 대한 비판적이고 통합적인 사고능력이다. 저자는 이 책에서 '공부는 내가 알고 있는 내용을 새로운 지식과 연결하는 과정'이라며 공부의 본질을 꿰뚫는 독서와 문해력의 구체적인 과정과 관계를 그 누구보다 자세히 제시하였다. 또한, 각 내용이 독자에게 익혀질 수 있도록 돕는 창의적인 질문과 독후 활동을 개발하여 제시하고 있다. 문해력을 독서 그리고 공부와 연결 지음으로 문해력의 본질을 통찰하는 묵직한 울림을 담은 귀한 이 책이 자녀의 학습에 관심을 가진 모든 학부모에게 등불이 될 것이다.

이효정 (가랑비교육연구소 대표, 인천대학교 유아교육과 교수)

사교육 비중이 최고점을 기록한 2023년, 대한민국 초등 부모 역할의 우선순위는 '몇 학년 때, 어떤 과목부터 얼마나 빠른 속도로 선행학습을 달리기 시작할 거냐'가 되어버렸다. 기준은 주변 아이들의 속도, 분량, 학원 개수이며, 이름만 들으면 알 만한 대형학원의 레벨 테스트 결과다. 좋고 나쁨의 문제를 떠나, 과연 이게 공부를 잘하고 싶어 노력하는 아이에게 최선의 방법인가에 관한 진지하고 깊은 고민이 필요한 시점이다. 잘 하고 싶어 한다면, 잘할 수 있게 도와야 하는데 잘할 수 있는 확실한 방법이 선행학습이라는 착각에 빠진 부모들을 보며 안타까움에 때로 한숨이 난다.

이 책을 읽으며 답답했던 속이 뚫리는 경험을 했다. 이 책은 '문해력'을 컴퓨터 사양에 비유하며 왜 공부 문해력이 중요하며, 고등학교 공부에서의 결정적인 차이를 가져올 수밖에 없는지 설명하는데, 이 부분에서 무릎이 탁 쳐졌다. 확신 없이, 오직 진도에 뒤처지지 않기 위해 과열된 사교육 시장의 끝없는 질주를 멈춰 세워줄 해법이 되리라 확신했다. 우리는 고등에서의 성적을 결정짓는 핵심 요소가 공부 문해력을 가진 아이라는 저자의 주장에 주목해야 하는데, 그래서 무엇을 노력해야 하는지, 당장 오늘부터 아이와 함께 가정에서 실천해볼 것은 무엇인지에 관한 작가님의 친절하고 명쾌한 설명에 집중해보길 진심으로 강력히 추천한다.

이은경 (자녀교육전문가, '슬기로운초등생활' 대표)

1부

공부와 문해력의 상관관계

1

공부가
어렵고 힘든 이유

소리가 아닌
문자로 배우기 때문

　　　　　　　　　세상에서 인간만이 가진 특징 중
하나는 바로 언어다. 여기서 말하는 언어는 단순히 의사소통을 위한
소리로 된 언어라기보다는 문자를 사용하는 언어를 말한다. 어느 생
명체도 인간을 제외하고는 문자를 사용하는 경우는 없기 때문이다.
2021년 11월 국제학술지 <네이처>를 통해 최초 언어의 기원은 농
경문화가 확산하기 시작한 신석기시대에 해당하는 기원전 7000년
전이라고 밝혔다. 약 9000년 전쯤이라고 볼 수 있다.

　　그런데 현존하는 가장 오래된 문자는 수메르인들이 사용한 설형
문자로 시기로는 기원전 4000년 경이고, 현재 나이는 약 6000살 정

도가 되었다. 이 문자는 메소포타미아 지방을 중심으로 고대 오리엔트에서 점토판에 남겼던 글자를 의미한다. 비록 숫자 계산과 같은 단순한 표시였지만 그래도 최초의 문자라는 점에서 큰 의미가 있다. 하지만 요즘 우리가 사용하는 개인 간의 일상적인 소통을 위한 언어가 아닌 무언가 독특한 용도로 쓰인 것이었다.

초기 문자는 대부분 사물을 본떠 그 사물이나 관념을 나타낸 상형문자로 다수를 위한 언어 소통의 도구가 아니라 지배 계층만의 편의를 위한 것이었다. 그 이후 고대 문자는 페니키아 문자와 같은 표음 문자(사람이 말하는 소리를 기호로 나타내는 글자)로 발달하면서 점점 문자가 널리 사용되어 교역하는 상인들을 중심으로 퍼지기 시작했다.

기원전 9세기에 이 문자는 그리스 지역에 퍼졌고, 그리스 사람들은 페니키아 문자를 개조해 모음 글자도 넣고, 일부 자음도 보충해서 자신들의 언어에 맞게 문자를 최적화시켰다. 우리가 잘 알고 있는 철학의 근원지 그리스에서의 언어 사용은 기존의 언어활동과는 전혀 다르다는 걸 알 수 있다. 의사소통 기능으로써의 언어 역할과 더불어 당대 철학자들이 이끈 교육은 '대화'로서의 교육이었기 때문이다.

기원전 5세기 그리스뿐만 아니라 비슷한 시기 중국의 춘추전국시대 제자백가도 '대화'를 통해 제자를 양성했다. 또한 기원전 4세기 인도 지역의 석가모니도 제자들과 끊임없이 '대화'를 했다. 비록 사용하는 문자가 있었지만, 언어의 기능은 '문자'보다는 '소리'를 통해 더욱 활발히 이루어졌다는 사실을 알 수 있다.

사실상 문자의 활용이 활발해진 것은 동서양을 불문하고 기원전 3~4세기부터다. 하지만 더 활발히 문자가 활용된 것은 서기 105년 중국 후한의 채륜이 종이를 발명한 이후라고 보면 된다. 종이를 만드는 기술인 초지법이 유럽에 전파된 것은 8세기 중엽으로 그렇게 오래되지 않았다.

이렇게 자세히 언어의 역사, 문자의 역사, 종이의 역사에 관해서 이야기하는 이유는 하나다. 우리가 지금 공부하기 위해서 사용하는 책의 역사가 짧다는 걸 알리기 위해서다. 앞에서도 언급했지만, 언어는 문자보다 소리로 더 오랫동안 사용해 왔다는 걸 강조하기 위해서다. 그래서 인간의 뇌에도 '소리'에 대한 기능은 있어도 '문자'에 대한 기능은 따로 없다. 즉, '읽기'를 통해서 배우는 일은 쉬운 일이 아니라는 말이다.

《문해력 수업》의 저자인 전병규 작가도 우리 뇌에는 읽기를 위한 부위가 없는데 어떻게 글자를 읽을 수 있는지 설명했다. 뇌가 읽기를 위해서는 분업과 협업을 선택한다고 강조하며, 4단계를 거쳐야 비로소 가능하다고 했다. 첫째 문자를 보는 일, 둘째 본 문자를 소리로 바꾸는 일, 셋째 소리를 의미로 바꾸는 일, 넷째 의미를 감정과 생각으로 바꾸는 일 이렇게 4단계가 필요하다고 했다.

《하루 15분 초등 책 읽기의 기적》에서도 '학습을 통해 글자와 발음을 인지하는 것은 글자의 의미를 파헤치는 데 절대적으로 필요한 단계'라고 말했다. 그리고 앞에서 소리를 의미로 바꾸고, 의미를 감정과 생각으로 바꾸는 단계 훈련이 제대로 되어야 비로소 제대로 된 읽기를 할 수 있다고 강조했다.

두 책에서 말하고자 하는 건, 원초적인 시각적 반응과 청각적 반응을 넘어서 '이해'의 단계로 가야만 제대로 된 '읽기'라는 것이다. 여기서 읽기는 '문자'를 해독하고 이해하는 능력을 말한다.

그런데 우리는 어떤가? 물론 공부할 때 수업을 듣는 건 '소리'에 의한 언어를 활용한다고 볼 수 있다. 하지만 이해와 암기라는 완전 학습의 단계로 가기 위해서는 수업 시간에 배운 내용을 복습하면서 쓰인 글을 읽어야 한다. 따라서 공부는 '읽고 이해하는 능력'이 꼭 필요하다. 즉, '문해력'이 필수라는 말이다.

지금까지 살펴본바 언어학적인 관점에서도, 뇌과학적인 관점에서도 '읽기'라는 행위는 쉽게 해낼 수 있는 것이 아니라는 걸 알 수 있다. 다행인 건 우리의 뇌는 가소성이 있다. 생명체에서의 가소성은 환경변화에 적응하고 대처할 수 있는 능력이다. 따라서 뇌는 환경에 적응하며 새로운 걸 익히거나, 진화를 거듭하며 생존에 필요한 능력을 길렀다.

예를 들면, 인간은 다른 동물과 달리 직립보행을 하면서 두 손을 자유롭게 사용할 수 있게 되었고, 말하기에 좋은 구강 구조를 갖게 되었다. 덕분에 인간은 처음에는 소리를 통해 언어를 사용하게 되었고, 나아가 문자를 만들어서 더욱 복잡하고 고차원적인 수준의 사고를 할 수 있었다.

다시 말해 인간은 태어날 때부터 문자를 읽고 이해하는 능력이 있지는 않지만, 읽기 훈련을 통해서 충분히 문해력을 기를 수 있다는 말이다. 실제 우리가 글자를 읽고, 뜻을 이해할 수 있는 것도 이런 이유 덕분이다. 물론 문자가 있는 사회에서 문맹으로 살아가는 사람도 많을 것이다. 생활에 필요가 없다면 굳이 문자를 익힐 이유가 없기 때문이다.

그만큼 문자는 필수가 아니라 인간에게는 선택의 문제인 것이다. 하지만 우리가 말하는 공부를 잘하기 위해서는 문맹이어서는 안 된다. 지식과 정보가 모두 책 속에 있기 때문이다. 누군가 옆에서 책을 읽어 줄 수 있다면, 혹은 고대의 철학자와 선인들처럼 '대화'를 통해서만 공부할 수 있는 상황이라면 큰 문제는 없을 것이다.

하지만 현실은 그렇지 않다. 항상 유한한 삶에는 시간과 공간의 제약이 있다. 이 제약을 없애기 위해 문자를 기록하여 책으로 만들었고, 지금은 책이 널리 보급된 것이다. 우리가 말하는 공부는 이렇게 보급된 책을 통해 이루어지므로 어쩔 수 없이 소리보다는 문자를 거칠 수밖에 없다. 고로 문해력을 기르는 훈련을 하지 않는다면 공부는 쉬운 일이 아닐 것이다.

아마존의 문두루쿠족은 숫자 '2'보다 큰 수를 셀 수 있는 단어가 없다고 한다. 아마존의 또 다른 원주민인 피라항족의 언어에는 숫자를 지칭하는 단어가 단 하나도 존재하지 않는다고 한다. 하지만 그들은 언제나 행복하다. 물고기를 한 마리 잡지 못해도, 오두막이 폭풍우에 날아가도, 좋은 일이든 안 좋은 일이든 어떤 일이 일어나도 웃는다고 한다. 그만큼 문명이 발달하지 않은 대자연에 살고 있기 때문일 것이다.

이미 문명이 크게 발달한 곳에 사는 우리로서는 그만큼 대가가 따르는 법이다. 문명 세상에 적응하며 살기 위해서는 배워야 할 것도, 알아야 할 것도 더 많이 있기 때문이다. 그렇게 보면 우리가 하는 공부도 '사회화'라는 과정의 일부이므로 노력이 필요하다. 그래도 다행인 건 노력하면 필요한 능력이 발달한다는 것이다.

우리는 단순히 수를 계산하는 산수를 할 수 있을 뿐만 아니라 어려운 공식을 적용하는 수학을 공부하면 할수록 더 잘할 수 있다. 이처럼 방법을 알고 노력하면 읽기 능력도 기를 수 있다. 그러니 포기하지 말고 앞으로 다룰 이야기를 살펴보며 '문해력'을 차근차근 길러보기를 바란다.

핵심 내용 요약하기

▶ 소리 언어는 약 9,000년, 문자 언어는 약 6,000년에 만들어졌다.

▶ 언어의 기능은 '문자'보다는 '소리'를 통해 더욱 활발히 이루어졌다.

▶ 문자의 활용이 활발해진 것은 중국 후한의 채륜이 종이를 발명한 이후다.

▶ 인간의 뇌에도 '소리'에 대한 기능은 있어도 '문자'에 대한 기능은 따로 없다.

▶ 원초적인 시각적 및 청각적 반응을 넘어서 '이해'의 단계로 가야만 제대로 된 '읽기'다.

▶ 읽기는 '문자'를 해독하고 이해하는 능력을 말한다.

▶ 공부는 '읽고 이해하는 능력'인 문해력이 꼭 필요하다.

▶ 인간은 태어날 때부터 문자를 읽고 이해하는 능력이 있지는 않지만, 읽기 훈련을 통해서 충분히 문해력을 기를 수 있다.

▶ 공부는 책을 통해 이루어지므로 소리보다는 문자를 거칠 수밖에 없기에 문해력을 기르는 훈련을 해야 한다.

▶ 문해력을 기르는 제대로 된 방법을 알고 노력하면 읽기 능력을 기를 수 있다.

생각 날개 펼치기

1) 우리 뇌는 왜 '문자'가 아니라 '소리'로 이해하는지 그 과정을 작성하시오.

2) 공부를 잘하기 위해서는 왜 '문해력'이 필요한지 그 이유를 작성하시오.

3) 이번 글을 읽고, 새롭게 배우고 느낀 점을 작성하시오.

우리말 70%는
한자라는 사실

        과연 우리말에는 한자가 얼마나 포함되어 있을까? 1920년 조선 총독부가 만든 조선어사전에는 한자가 70% 들어 있다고 했다. 이는 당시 침략자들이 사전에 우리말을 30%만 싣고 나머지는 한자로 채웠다고 한다. 나중에 국립국어원의 표준국어대사전에 실린 51만여 개 낱말을 조사한 결과, 한자의 비중은 57%였다. 하지만 사전에만 실렸을 뿐 일상생활이나 전문 분야에 전혀 사용되지 않는 낱말이 수두룩하다고 한다.

    국립국어연구원이 2002년 발표한 '현대 국어 사용 빈도 조사'를 보면 우리말의 사용 비율은 우리말이 54%, 한자어 35%, 외래어가

2%였다. 우리말 70%는 한자라는 통념은 사실상 거짓으로 밝혀졌지만, 그래도 한자가 우리말의 상당 부분의 비율을 차지한다는 사실은 무시할 수 없다.

모든 나라의 언어 특징은 그 나라의 역사에서 해답을 찾을 수 있다. 현재 세계 공용어로 쓰이는 영어도 순수 영어만 있지 않다. 영어 또한 로마어, 그리스어, 독일어, 프랑스어, 스페인어 등 다양한 유럽 언어의 영향 아래 지금의 영어가 완성되었다. 이는 영어의 본고장인 영국의 역사를 이해하면 충분히 이해할 수 있다.

그렇다면 왜 우리말에는 한자가 이렇게나 큰 비중을 차지하고 있는 것일까? 그것은 우리가 사는 사회의 지배 계층이 누구냐에 따라 언어가 받는 영향이 달라지기 때문이다. 우리나라의 역사를 살펴보면 일본의 식민 지배를 받기 전까지는 계속해서 세계 4대 문명의 발상지가 속한 중국으로부터 가장 큰 영향을 받았다.

이에 세종대왕은 한글을 창제하여 우리 언어가 잘 이어질 수 있도록 큰 영향을 끼쳤다. 하지만 당시는 서민들에게 문자를 가르치는 데 도움을 주었을 뿐이었다. 실제로 지식인층과 같은 기득권층은 모두 한자를 사용하여 기록으로 남겼다. 그래서 예나 지금이나 어려운 학문에는 한자어로 전문 용어가 쓰인 것이다. 심지어 일본의 지배를 받은 시기에도 새로운 분야의 학문과 지식을 일본어를 통해 번역한 것이었기에 순수 우리말이 아닌 한자어로 사용되었다.

태권도와 같이 우리나라에서 가장 먼저 만들어진 것이라면, 용어를 그대로 썼을 것이다. 하지만 다른 나라의 선진 문물을 받아들이며 생긴 용어는 한자어일 확률이 높다. 그래서 우리말을 읽더라도 한자를 잘 모르면, 제대로 이해할 수 없다.

1990년대까지만 해도 한자 교육의 중요성은 대두되었지만, 2000년대부터는 한자 사용이 오히려 사람들에게 불편을 준다고 생각하여 우리말 순화 운동으로 이어졌다. 이것은 2004년 국한문 혼용 문장의 최후 보루였던 서울대학교 '대학국어'가 한글 전용으로 바뀌면서 변화를 일으킨 것이다. 그 결과 많은 교재에서도 한자가 사라졌고, 신문 등 매체에서도 한자를 쓰지 않게 되었다.

덕분에 사람들이 일상생활에서 한자의 벽에 부딪히는 일은 줄었지만, 여전히 문어체로 쓰이는 글에서는 한자어 비중이 크다. 특히 공부하는 학생들의 경우에는 교과서에 한자가 적히지 않아도 학문에 쓰인 용어는 한자어이기에 어려움을 느낄 수밖에 없다. 동아시아의 다른 나라처럼 문어체에서 한자어를 많이 쓰고, 고급 어휘가 대부분 한자어기 때문이다. 예를 들면, 근대에 동아시아로 외국의 사회·과학 지식이 한자어로 번역되어 유입되었기 때문이다. 따라서 학술용어에는 한자어 비중이 높다.

이로 인해 학생들은 어휘력이 부족해지는 현상이 나타나고 있다. 한자를 잘 모르니 책에 나오는 학술용어를 정확히 알지 못하는 것이다. 특히 동음이의어의 경우에는 어떤 한자로 쓰였는지에 따라 뜻이 크게 달라질 수 있는데, 이를 분별하지 못하니 잘못 이해하거나 뜻을 전혀 알 수 없게 되는 것이다.

성균관대 한문교육과 이명학 교수도 한자 공부는 학교 교육과도 밀접한 관련을 맺고 있고, 교과서에 등장하는 주요 개념과 단어가 대부분 한자어이므로 그것만 제대로 이해해도 학업 성취율이 절로 높아질 거라고 말했다. 따라서 역으로 생각해보면, 한자를 잘 모르는 세대인 요즘 학생들이 어휘력 부족 현상으로 인해 문해력이 부족해지는 것은 당연하다고 볼 수 있다.

《EBS 당신의 문해력》에서도 어휘력 점수가 낮은 학생의 경우에 쉬운 단어가 나오면 글을 끝까지 읽었지만, 어려운 단어가 나오기 시작하면 글을 끝까지 읽지 못했다고 밝혔다. 어휘력 부족이 곧 읽기를 중도 포기하게 만드는 가장 큰 이유라 꼬집었다. 그러면서 평소 독서량이 많고 어휘력 점수가 높은 아이들은 어려운 단어가 등장해도 흐트러짐 없이 끝까지 읽는 힘이 있다고 했다.

구체적인 예시로 들어보자. 시험을 준비하는 수험생의 경우라면 교과서를 읽을 때도 그렇지만 시험 문제를 풀 때도 어휘력 수준에 따라 학업 성취도 결과가 달라질 수 있다. 그러니 문해력을 갖기 위해서는 꼭 어휘력을 갖춰야 한다. 어휘력을 갖추기 위해서는 우리말로 공부하는 한 '한자' 공부는 꼭 필요한 것이다.

이렇게 공부가 어려운 이유를 한자 학습 부족이라고 밝히면, 분명 또 너무 어린 시절부터 아이들에게 한자 공부를 강요하지는 않을지 걱정이 된다. 안타깝게도 읽기 능력이 발달하기 전까지는 듣기를 중심으로 공부하는 게 옳다. 그래서 똑똑한 선조들이 어린 시절 서당에서 소리를 외우는 데 더 집중했을지도 모른다.

쉽게 말해 아직 언어 발달이 잘 안 된 아이들에게 한자 읽기부터 강요하면 역 효과가 날 수도 있다는 말이다. 기초 한자를 익히고 그걸 어딘가 적용하여 고급 한자로 이어지는 공부를 어릴 때부터 시킬 필요는 없다. 오히려 독서를 통해 자연스럽게 어휘를 통째로 익히며 뜻을 알아가는 게 더 좋다. 연역적인 방법이 아니라 귀납적인 방법을 써보라는 말이다.

《하루 15분 초등 책 읽기의 기적》 책에서도 문해력 향상을 위한 어휘 훈련을 할 때, 한자어 하나와 연결된 다른 어휘를 떠올리는 훈련을 해보라고 권한다. 바로 이것이 어휘력 향상의 본질이다. 굳이 한자 모양을 외우지 않더라도 어휘에 쓰인 한자의 뜻을 알면 도움이 된다는 말이다.

내 경험과 연결 지어 재미있는 사례를 하나 소개하겠다. 나는 대학교 4학년 때 한자 2급 공인 인증 자격시험에 합격했다. 그때 합격할 수 있었던 이유는 모의고사 20회분의 문제를 거의 달달 외울 정도로 공부했기 때문이다. 시험 결과 80점이 넘어서 합격할 수 있었지만, 막상 실생활에서 그렇게 어려운 한자를 쓸 일이 없었다.

그래도 도움이 된 것은 기초 한자를 익힌 덕분에 지금도 책을 읽을 때 모르는 어휘가 나오면 내가 아는 한자어 중에 어느 것과 관련이 있을지 문맥을 통해서 유추한다. 비록 한자를 정확하게 쓰지는 못하지만, 문맥을 통해 뜻을 예측하는 힘은 남아있다는 말이다. 하지만 가끔 어휘를 유추할 때 한자의 뜻이 틀릴 때면, 부끄러운 마음이 든다. 나름 한자 2급 자격이 있는 사람인데, 이렇게 쉬운 한자도 모를 수 있을까 하는 생각이 들기 때문이다.

여기서 말하고자 하는 바는 한자 2급 자격증을 따는 것보다 독서량을 늘리고 문맥을 파악하며 어휘가 어떻게 쓰이는지 알아가는 시간에 더 투자하는 것이 중요하다는 말이다. 그렇게 훈련하다 보면 한자로 이루어진 어려운 용어를 유추하는 힘이 생길 것이고, 어휘력이 향상되면서 자연스럽게 문해력 향상으로 이어질 것이다.

핵심 내용 요약하기

▶ 국립국어연구원이 2002년 발표한 '현대 국어 사용 빈도 조사'를 보면 우리 말의 사용 비율은 우리말이 54%, 한자어 35%, 외래어가 2%였다.

▶ 모든 나라의 언어 특징은 그 나라의 역사에서 해답을 찾을 수 있다.

▶ 우리가 사는 사회의 지배 계층이 누구냐에 따라 언어가 받는 영향이 달라진다.

▶ 세종대왕이 한글을 창제했지만, 당시 서민들에게 문자를 가르치는 데 도움을 주었을 뿐 실제로 지식인층과 같은 기득권층은 모두 한자를 사용하여 기록으로 남겼다.

▶ 2004년 서울대학교 '대학국어'가 한글 전용으로 바뀌면서 많은 교재에서도 한자가 사라졌고, 신문 등 매체에서도 한자를 쓰지 않게 되었다.

▶ 공부하는 학생들의 경우에는 교과서에 한자가 없어도 학문에 쓰인 용어는 한자어이기에 어려움을 느낀다.

▶ 한자를 잘 모르니 책에 나오는 학술용어를 정확히 알지 못하는 것이다.

▶ 한자를 잘 모르는 세대인 요즘 학생들이 어휘력 부족 현상으로 인해 문해력이 부족해지는 것은 당연하다고 볼 수 있다.

▶ 문해력을 갖추기 위해서는 꼭 어휘력을 갖춰야 하고, 어휘력을 갖추기 위해서는 우리말로 공부하는 한 '한자' 공부는 꼭 필요하다.

▶ 한자 공부는 독서를 통해 자연스럽게 어휘를 통째로 익히며 뜻을 알아가는 게 더 좋다.

▶ 독서량을 늘리고 문맥을 파악하며 어휘가 어떻게 쓰이는지 알아가는 시간에 더 투자하는 것이 중요하다는 말이다.

생각 날개 펼치기

1) 한글 창제 이후에도 계속해서 한자를 사용한 이유를 작성하시오.

2) 요즘 사람들이 '어휘력'이 약한 구체적인 이유를 작성하시오.

3) 이번 글을 읽고, 새롭게 배우고 느낀 점을 작성하시오.

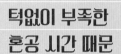

턱없이 부족한
혼공 시간 때문

　　　　　　　학생들이 보통 공부한 시간을 측
정할 때는 자의든 타의든 공부와 관련된 행동이라면 모두 포함한다.
그렇다 보니 학교에서 혹은 학원에서 수업 듣는 시간, 인터넷 강의
를 듣는 시간도 모두 공부하는 시간이 된다. 하지만 공부하는 시간
은 '혼자 공부(혼공)'하는 시간만을 포함해야 한다. 혼자 고민하면서
하는 공부가 진짜이기 때문이다.

　　미국 행동과학 연구소에서 했던 학습 효율성 피라미드 연구를
보면, 공부한 지 24시간 이후 기억에 남아있는 비율이 공부 방법에
따라 달라진다는 걸 확인할 수 있다. 강의 듣기 5%, 책 읽기 10%, 시

청각 수업 20%, 시범강의 듣기 30%, 집단토의 50%, 실제로 해보기 79%, 가르쳐보기 90%로 효율이 달라진다.

우리가 생각하는 수업이나 인터넷 강의를 듣는 것은 5%짜리 공부에 불과하다. 최소한 누군가와 배운 내용에 대해서 토의하며 이야기를 나눠야 그 10배인 50%짜리 공부가 되고, 스스로 직접 해봐야 80%에 가까운 효율을 가진 공부가 된다. 즉, 수업에서 배운 내용을 자신이 직접 생각하면서 의미를 되새겨봐야 진짜 공부라는 말이다.

그런데 우리 주변을 살펴보면 어떤가? 학교 수업을 듣고, 행여나 남들보다 뒤처질까 봐 두려워 아이들을 학원으로 몰고, 과외 시키고, 인터넷 강의를 듣게 하는 모습을 쉽게 볼 수 있을 것이다. 부모가 보기에는 하루종일 쉬지 않고 공부하는 아이의 모습을 보기 때문에 안심이 될 것이다. 하지만 이는 고작 5%짜리 공부만 계속 시키는 꼴이 된다.

쉽게 말해, 깨진 독에 물 붓기인 셈이다. 아무리 물을 많이 부어도 독에 물이 차 있지 않으니 성적은 오르지 않고, 아이들은 공부가 어렵게만 느껴진다. 공부하는 시간은 어마어마한데 결과가 좋지 못하니 '망연자실(茫然自失)'할 수밖에 없지 않겠는가?

이런 아이들은 혼자서 글을 읽고, 의미를 해석하고, 자신의 것으로 만드는 시간이 부족하니 문해력이 좋을 리가 없다. 문해력은 훈련을 통해서만 기를 수 있는 능력인데, 훈련 시간이 턱없이 부족하니 늘지 않는 것이다. 누군가의 도움을 통해서 문해력이 길러질 수도 있지만, 가장 중요한 건 스스로 생각하는 힘을 기르는 것이다.

이것은 또한 공부에 대한 자세와도 관련이 있다. 앞에서 말한 수업이나 강의를 듣는 공부는 수동적인 공부다. 반면에 자기 주도적으로 혼자하는 공부는 능동적인 공부다. 부모가 밥을 떠서 먹여주는 것과 아이가 스스로 밥을 떠먹는 것에 비유해볼 수 있다. 혹은 아이에게 누군가 낚시를 해서 물고기를 잡아주는 것과 아이가 낚시하는 방법을 알아서 스스로 물고기를 잡을 수 있는 것과도 같다.

매일 부모가 먹여주는 밥을 먹는 아이와 스스로 밥을 먹는 아이는 시간이 지나면 차이가 날 수밖에 없다. 전자의 경우에는 계속 누군가 도움을 주어야만 밥을 먹을 수 있을 것이다. 반면 후자의 경우에는 도움 없이도 알아서 밥을 챙겨 먹을 것이다. 낚시 이야기도 이와 같으니 생략하도록 하겠다. 다만 이를 공부에 그대로 적용해서 살펴보자.

중학교 때까지는 누군가의 도움을 받아서 하는 공부가 통할 수 있다. 하지만 고등학교부터는 상황이 달라진다. 일단 공부량도 방대할뿐더러 내용의 깊이도 중학교 때와는 달라서 스스로 모르는 걸 계속 찾아가며 공부하지 않으면 절대 실력이 늘지 않는다. 그래서 초등학교 때부터 스스로 모르거나 부족한 걸 찾는 연습을 해야만 한다.

충분히 스스로 공부하는 힘을 길러온 아이들은 중학교와 고등학교에 올라가서도 무너지지 않고 능동적으로 공부하는 습관을 유지한다. 수업이나 강의를 듣는 것은 공부 방향성을 정하고, 좀 더 효율적인 공부를 위한 수단이지 공부를 대신하는 것이 아니다.

내가 우등생 수십 명을 인터뷰하면서 찾아낸 공통점 하나는, 그들이 학교나 학원 수업, 인터넷 강의, 과외 등을 활용하는 방법이 달랐다는 것이다.

우선 그들은 학교 수업을 듣고 나서 스스로 자신의 언어로 정리하는 시간을 꼭 가졌다. 비율도 최소한 수업을 들은 것이 '1'이라면, 혼자 공부하는 시간은 '2' 이상으로 투자했다. 학원 수업이나 인터넷 강의도 마찬가지였다. 그리고 과외를 받는 경우는 자기가 평소 혼자 해결할 수 없거나 이해가 되지 않는 걸 해결하는 시간으로 활용했다.

EBS 스페셜 프로젝트 <체인지 스터디> 1부에서 '꼴찌가 1등처럼 살아보기'라는 제목으로 1등과 꼴등이 함께 공부하는 프로젝트를 선보였다. 여러 관점으로 이 영상을 해석해볼 수 있지만, 기본적으로 수업을 대하는 태도에서부터 성적이 다르다는 걸 알 수 있었다.

꼴찌 학생은 공부가 어렵고 재미가 없기에 수업 시간에 계속 잠을 잤다. 그런데 미술 시간이나 체육 시간에는 1등보다 더 뛰어난 실력을 보였다.

만일 꼴찌 학생이 어릴 때부터 공부하는 자세를 능동적으로 키워왔다면 어땠을까? 미술이나 운동의 경우도 사실 공부와 다를 바

없다. 자신이 직접 얼마나 연습했느냐에 따라 실력이 달라지기 때문이다. 공부도 마찬가지다. 남이 알려주는 걸 그냥 듣기만 하고 있으면 자신에게 남는 게 없다. 하지만 자신이 직접 모르는 걸 줄여나가는 과정을 경험한다면 결국 공부도 잘할 수 있게 될 것이다.

모르는 것을 스스로 줄여나가고 해결하는 과정이 어떻게 보면 공부할 때 필요한 문해력을 키우는 과정과도 같다. 글을 읽었는데 모르는 내용이라면, 내가 아직 익히지 못한 어휘일 수도 있고, 내가 아직 알지 못하는 지식의 배경 내용일 수도 있기 때문이다. 즉 문해력이 부족했다는 말이다. 단순히 글자를 읽고 이해하는 게 아니라 글자가 혹은 문장이 가진 의미를 문맥에 맞게 해석할 수 있어야 한다. 따라서 문해력을 기르고, 공부를 잘하기 위해서는 스스로 생각하는 시간을 확보해야 한다. 일명 혼공이라 불리는 혼자 공부하는 시간을 확보해야 한다.

20년 전, 생각만큼 수능 모의고사 성적이 잘 나오지 않아 대학입시가 걱정되었던 나의 부모님께서는 고3 때부터 그동안 시키지 않았던 사교육을 몇 배로 더 시키셨다. 덕분에 나는 쉬지 않고 고3 내내 학교 수업 외에도 학원 수업을 많이 받았다. 아쉽게도 그런 노력이 있었지만, 성적은 크게 달라지지 않았다. 그때는 이미 늦어서 그런가 보다 생각했는데, 지금 공부의 본질을 알고 보니 턱없이 부족한 혼공 시간 때문이었다는 생각이 든다. 그리고 깊게 이해하려 하지 않고, 단순히 시험에 자주 나오는 내용 위주로 암기하려고 했던 공부 태도도 성적 향상에 크게 도움이 되지 않았다. 이 부분은 다음 꼭지에서 자세히 다뤄보도록 하겠다.

핵심 내용 요약하기

▸ 혼자 고민하면서 하는 공부가 진짜이기 때문에 공부 시간은 '혼자 공부(혼공)'하는 시간만을 포함해야 한다.

▸ 수업에서 배운 내용을 자신이 직접 생각하면서 의미를 되새겨봐야 진짜 공부다.

▸ 누군가의 도움을 통해서 문해력이 길러질 수도 있지만, 가장 중요한 건 스스로 생각하는 힘을 기르는 것이다.

▸ 아이에게 누군가 낚시를 해서 물고기를 잡아주는 것과 아이가 낚시하는 방법을 알아서 스스로 물고기를 잡을 수 있는 것은 분명한 차이가 있다.

▸ 초등학교 때부터 스스로 모르거나 부족한 걸 찾는 연습을 해야만 한다.

▸ 우등생은 학교 수업을 듣고 나서 스스로 자신의 언어로 정리하는 시간을 꼭 가졌다.

▸ 모르는 것을 스스로 줄여나가고 해결하는 과정이 어떻게 보면 공부할 때 필요한 문해력을 키우는 과정과도 같다.

▸ 단순히 글자를 읽고 이해하는 게 아니라 글자가 혹은 문장이 가진 의미를 문맥에 맞게 해석할 수 있어야 한다.

▸ 문해력을 기르고, 공부를 잘하기 위해서는 스스로 생각하는 시간을 확보해야 한다.

생각 날개 펼치기

1) 혼공(혼자 공부)의 진정한 의미가 무엇인지 작성하시오.

2) 자기 주도적이고 능동적인 학습이 문해력에 어떤 영향을 주는지 작성하시오.

3) 이번 글을 읽고, 새롭게 배우고 느낀 점을 작성하시오.

암기식 공부에
익숙해져 있다

강의식 수업과 암기식 공부는 우리나라에서 가장 오랫동안 이어지고 있는 수업방식과 공부법이다. 왜 그럴까 확인해봤더니 입시 제도와 매우 밀접한 관련이 있었다. 한국전쟁 이후부터 40년 가까이 사고력보다는 암기 위주의 평가가 이뤄졌다. 안타깝게도 지식 암기형 문제가 너무 많다는 비판으로 인해 1994학년도가 되어서야 대학수학능력시험으로 변경되었다.

사고력을 평가하는 대학수학능력시험을 실시한 지 아직 30년이 채 안 된다. 물리적인 시간으로만 봐도 암기식 시험제도의 시기가 더 길었다는 걸 알 수 있다. 또한, 현재의 교육자들은 예전에 자신이 암기식으로 배웠던 방식대로 학생들을 가르칠 가능성도 있다. 비록 수능을 치르고 현재의 학생들을 가르치는 젊은 교육자가 있다고 해도 자신이 배운 걸 그대로 답습할 수 있다고 본다.

암기라는 건 완전학습에 있어서 필수요소다. 이해만 하고 암기하지 않으면 절대 장기기억으로 남길 수 없다. 그러므로 이해와 암기의 비율 설정이 매우 중요하다. 단순히 암기만 하면 또한 오래 기억할 수 없다. 이해를 기반으로 한 암기야말로 완전학습이기 때문이다. 이를 다른 공부법 책에서도 빙하의 부력으로 비유해봤다.

빙하의 일부는 물 위에 있고, 나머지는 물 아래 잠겨 있다. 여기서 물 위에 있는 부분은 '암기'에 해당하고, 아랫부분은 '이해'에 해당한다. 그런데 많은 학생이 빙하의 아랫부분보다는 윗부분에만 신경을 쓰기 때문에 오랫동안 빙하를 유지하지 못한다. 따라서, 단단한 하부 빙하가 없으면 상부 빙하는 금방 물에 녹아 사라진다.

이런 암기식 공부법은 사실 중학교 때까지는 어느 정도 통할 수 있다. 분량이 한정되어 있고, 지식수준도 그렇게 높지 않기 때문이다. 하지만 더 견고한 빙하를 만들고 유지해야 하는 고등학교에 올라가서는 암기식 공부가 통하지 않는다. 그래서 많은 학생이 무너진다. 고로 어린 시절부터 중학교 때까지 암기식이 아닌 이해를 바탕으로 한 올바른 공부법이 필요하다.

그 핵심이 바로 '문해력'을 통한 공부법이라 할 수 있다. 다시 한번 문해력의 뜻을 떠올려보길 바란다. 문해력은 '글을 읽고, 이해하고, 말하고, 쓸 줄 아는 능력'이라고 했다. 보면 알겠지만, 암기라는 말은 없다. 대신 '이해'라는 단어가 들어 있다. 그렇다. 암기식이 아닌 이해를 바탕으로 하는 공부가 바로 문해력을 활용한 공부다. 공부가 어렵지 않으려면 문해력을 키우는 데 집중해야 한다는 사실을 한 번 더 기억하길 바란다.

암기식 공부가 왜 도움이 안 되는지 구체적인 예를 들어서 설명해보겠다. 그리고 문해력을 활용한 공부가 왜 더 효과가 좋은지도 재차 강조하려 한다. 이를 증명하기 위해 연구 중에 놀랍게도 공부를 통한 이해의 과정과 우리 몸의 영양소 소화와 흡수 과정에서 유사점을 찾을 수 있었기에 이를 공유해보겠다.

설명에 앞서 소화와 흡수에 대한 이해가 필요하다. 소화는 영양분 흡수를 위해 음식물을 잘게 부수거나 녹이는 과정을 의미한다. 흡수는 그렇게 소화된 영양분을 소장에 있는 융털의 모세혈관과 암죽관(림프관)으로 옮기는 과정을 의미한다. 그런데 아쉽게도 흡수의 효율은 100%가 나올 수 없다. 그래서 소장에 있는 융털은 최대한 표면적을 넓게 만들어 영양소를 효과적으로 흡수할 수 있게 도우려 한다.

우리가 알고 있는 3대 영양소의 소화와 흡수 과정을 통해 구체적으로 이해해보자. 우선 탄수화물의 경우에는 단당류라고 부르는 포도당, 과당, 갈락토오스 형태로 소화되어 흡수된다. 단백질은 단당류와 같은 형태인 아미노산, 디펩타이드, 트리펩타이드의 형태로 소화된 후 흡수된다. 끝으로 지방은 간단하게 지방산이라는 구조로 흡수된다. 더 쉽게 묘사해보자면, 탄수화물은 물의 형태로 흡수되고, 단백질은 물부터 죽의 형태로 흡수되고, 지방은 건더기만 빼면 흡수할 수 있는 구조가 되는 것이다.

여기서 포인트는 바로 흡수가 되는 형태로 가기 위해서는 소화가 필수라는 점이다. 공부로 비유해보자면, 소화의 과정이 이해의 과정이고, 흡수의 과정이 암기라고 볼 수 있다. 그런데 소화가 제대로 되지 않으면 안 그래도 효율이 낮은 흡수에 전혀 도움이 되지 않는다. 즉 이해가 되지 않으면 암기가 되지 않는다는 말이다.

탄수화물이 흡수되기 위해서는 모든 당류가 단당류의 형태까지 분해되어야 한다. 공부할 때도 많은 지식을 잘게 나눠서 우리가 알고 있는 지식과 연결해야 한다. 만약 소화 과정 중에 문제가 생겨 다당류가 단당류로 분해되지 못하면 절대로 흡수되지 못하게 된다. 마찬가지로 이해의 과정에서 문제가 생겨 제대로 이해하지 못하면 절대로 암기로 이어질 수 없다.

또 다른 예로 유당을 들 수 있다. 유당의 경우 우리 몸에 유당을 분해하는 락타아제가 없거나 부족해서 유당불내증이란 증상을 겪게 된다. 영아기에 소장 내에 많이 존재하던 유당 분해효소가 이유식 시기 이후 서서히 감소하기 시작하면서 이 질환이 생긴다. 대개 성인이 되었을 때 나타나며 동양인의 90%, 흑인의 75%, 서양인의 25%에서 이 증세가 나타난다고 한다.

유당불내증의 원인은 유당 분해효소가 없거나 부족하기 때문인데, 이 효소가 없으면 우유 속의 당이 체액을 흡수해서 설사를 일으킨다. 이는 마치 우리가 문해력이 부족해서 어려운 글을 읽었을 때와 비슷한 반응과 같다고 볼 수 있다. 어린 시절에 쉬운 글을 읽을 때는 이해도 되고 쉽게 암기도 할 수 있다. 하지만 나이를 먹을수록 문해력이 부족하면 글을 소화할 능력이 부족해서 탈이 난다. 즉 문해력은 효소와 같은 역할을 한다고 볼 수 있다.

불행 중 다행인 것은 유당 분해효소는 더는 몸에서 만들 수 없지만, 문해력은 언제든 능력을 기를 수 있다는 점이다. 특히 어린 시절부터 차근차근 문해력을 다져간다면 그 능력은 더욱 단단해질 것이다. 그동안 암기식 공부에 치중했다면, 이제는 이해를 바탕으로 한 공부 방법으로 바꿔보길 바란다. 공부하면서 모르는 내용을 자신이 기존에 알고 있는 지식과 연결하며 '이해(소화)'의 과정을 거친다면 쉽게 '암기(흡수)'가 가능해지는 경험을 하게 될 것이다.

혹시 '속이 빈 강정'이라는 말을 아는가? 속이 빈 강정이란 '속에는 아무 실속 없이 겉만 그럴듯한 걸 비유하여 이르는 말'이다. 우리가 아무 생각 없이 하는 암기식 공부에 딱 맞게 비유한 표현이라 생각한다. 아무리 겉모양이 같더라도 속이 가득히 찬 강정과는 다를 수밖에 없다.

어느 나라에서는 진짜 달걀과 모양이 똑같은 가짜 달걀을 만들어 낸다. 하지만 화학물질로 만들었기에 영양분은 완전 차이가 난다. 내가 아무리 책에 쓰인 내용을 그대로 외웠다고 하더라도 혹시나 '속이 빈 강정'이나 '가짜 달걀'은 아닐지 잘 고민해봤으면 좋겠다.

핵심 내용 요약하기

▶ 강의식 수업과 암기식 공부는 우리나라에서 가장 오랫동안 이어지고 있는 수업방식과 공부법이다.

▶ 이해를 기반으로 한 암기야말로 완전 학습이다.

▶ 빙하의 일부는 물 위에 있고, 나머지는 물 아래 잠겨 있다. 여기서 물 위에 있는 부분은 '암기'에 해당하고, 아랫부분은 '이해'에 해당한다.

▶ 더 견고한 빙하를 만들고 유지해야 하는 고등학교에 올라가서는 암기식 공부가 통하지 않고, 많은 학생이 무너진다.

▶ 암기식이 아닌 이해를 바탕으로 하는 공부가 바로 문해력을 활용한 공부다.

▶ 공부로 비유해보자면, 소화의 과정이 이해의 과정, 흡수의 과정이 암기라고 볼 수 있다.

▶ 공부할 때도 많은 지식을 잘게 나눠서 우리가 알고 있는 지식과 연결해야 한다.

▶ 나이를 먹을수록 문해력이 부족하면 글을 소화할 능력이 부족해서 탈이 난다.

▶ 분해효소는 더는 몸에서 만들 수 없지만, 문해력은 언제든 능력을 기를 수 있다.

▶ 어린 시절부터 차근차근 문해력을 다져간다면 그 능력은 더욱 단단해질 것이다.

▶ '속이 빈 강정'은 우리가 아무 생각 없이 하는 암기식 공부에 딱 맞게 비유한 표현이다.

생각 날개 펼치기

1) 암기식 공부만 하는 것이 도움이 안 되는 이유를 작성하시오.

2) 암기식이 아닌 이해하는 공부 방법은 어떤 것이 있는지 작성하시오.

3) 이번 글을 읽고, 새롭게 배우고 느낀 점을 작성하시오.

머리가 나빠서
공부를 못해요

우리 아이가 성적이 안 나왔을 때
보통 머리가 나빠서 공부를 못 한다고 말한다. 그런데 과연 그 아이는 머리가 나빠서 공부를 못하고 성적이 잘 안 나오는 것일까? 상식적으로 볼 때 좋은 성적을 받을 만큼 노력했는지, 혹은 공부 방법이 효율적이었는지, 시험 유형에 맞게 전략적으로 준비한 게 맞는지 다양한 이유를 찾을 수 있다.

그래도 통념처럼 따라다니는 '머리가 나빠서 공부를 못 한다'는 말을 보면 머리가 좋은 사람이 공부를 더 잘하는 것이 맞다. 그렇다면 공부 머리는 타고난 것일까?

일부는 맞고, 일부는 틀리다. 그 이유는 머리가 좋아도 노력하지 않으면 공부를 못할 수 있기 때문이다. 반면에 머리가 좋지 않아도 노력을 통해 공부를 잘할 수도 있기 때문이다.

다행인지 불행인지 모르겠지만, 전자와 후자 모두 누군가에게 해당하는 사항이니 능력과 노력은 함께 가야 할 것이다. 천재와 같은 공부 머리를 타고난 경우가 아닌 후자의 경우에 특히 주목해야 한다. 그리고 실제 세상의 많은 천재는 선천적인 것보다 후천적인 노력으로 만들어진 경우가 많다. 그들이 남들보다 몇 배를 더 노력하는지 진실을 안다면 아무도 반론할 수 없을 것이다.

희망적인 부분은 인간은 태어날 때 질병이나 장애로 인해 뇌에 영향을 주지 않는 이상 모두 무한한 능력을 가지고 태어난다. 쉽게 말하면 아기들은 천재라는 말이다. 더 쉽게 말하면 누구나 태어날 때부터 머리가 나쁜 아기는 없다는 의미다. 특히 아기의 뇌는 폭발적으로 성장하기 때문이다.

공부와 관련된 기능인 학습과 기억은 뇌의 회로 기능과 관련이 있다. 뇌 회로를 강화시킬 때는 두 가지 조건이 따른다. 우선 시냅스가 충분히 형성되어야 하고, 둘째로 뉴런의 미엘린화가 잘 되어 있어야 한다. 그래야 새로운 정보를 받아들이는 해마와 정보를 장기기억으로 바꾸는 전두엽이 교신을 잘할 수 있다. 그럴 때 이해력과 사고력이 높아지며, 공부를 잘하게 된다는 말이다.

많은 연구에 따르면 효과적인 인지 자극 훈련을 해야만 시냅스를 만든다는 사실이 밝혀졌다. 인간의 경우, 생후 2살이 될 때까지 초당 40,000개 정도의 시냅스가 새로 생성된다고 한다. 여기서 시냅스란 뉴런이라 불리는 신경세포와 신경세포의 사이를 연결하는 부분으로 정보를 전달하거나 결합하는 역할을 한다.

이렇게 지나치게 많이 형성된 시냅스는 기존의 것과 관련 있으면 더욱 강하게 연결하고, 반대로 불필요함을 느끼면 가지치기를 통해서 정교화한다. 만 2~3세 정도에는 경험에 따라 시냅스를 정리하고, 만 12~13세 정도가 되었을 때 만 2~3세에 비해 대략 50% 정도로 시냅스 숫자를 줄인다. 이렇게 지나치게 많이 형성되었던 시냅스의 수가 줄어드는 과정을 시냅스 가지치기라 부르는 데 뇌 회로의 기능을 향상하는 데 꼭 필요한 과정이다.

실제 연구 결과에 따르면, 어린 시절 시냅스 가지치기가 제대로 이뤄지지 않으면 자폐증으로 이어진다고 한다. 그만큼 자신에게 필요한 것이 무엇인지 분별할 수 있어야 올바른 뇌로 성장할 수 있다는 말이다. 그리고 시냅스 가지치기는 계속 변화를 겪는 가소성의 특성이 있고 이 가소성은 학습 및 기억 과정에 중요한 역할을 한다.

뇌과학적인 관점에서 이야기를 풀어가다 보니 좀 어렵게 느껴질 수 있겠지만 요지는 다음과 같다. 아기는 태어날 때 무한한 가능성을 가지고 태어난다. 스스로 새로운 지식과 정보를 받아들이며 기존 지식과 연결하거나 필요 여부에 따라 가지치기를 한다. 중요한 것은 이 과정에서 뇌 발달이 일어나고, 결국 나중에 학습 능력에 영향을 미친다는 말이다.

머리가 좋냐 나쁘냐의 전제에서 뇌 발달의 원리를 설명한 이유는 결국 머리가 좋다는 건 뇌의 기능을 올바르게 할 수 있는지 아닌지에 달렸기 때문이다. 당연히 타고난 성향이 뇌 발달에 영향을 줄 수 있지만, 반대로 후천적인 노력을 통해서도 뇌 발달에 영향을 줄 수 있기에 희망적인 것이다. 게다가 가소성이 있기 때문에 뇌는 변화의 여지가 있다.

가장 좋은 것은 어린 시절에 적절한 인지 및 비인지 능력을 균형 있게 발달할 수 있도록 해주는 것이다. 그러면 뇌에서는 같은 경험을 직접 및 간접적으로 동시에 함으로써 중요하다고 판단하고 가지치기를 하지 않고 더욱 강하게 연결한다. 예를 들어, 책에서 우유를 먹으면 뼈가 튼튼해진다는 내용을 알게 되었을 때, 직접 우유를 마셔보는 경험을 하면 그 기억이 강화된다는 말이다.

뼈가 진짜 튼튼해지는지 알 수는 없더라도 간접 경험을 직접 경험으로 바꾸면서 뇌에서는 같은 내용이 반복되니까 중요하다고 느끼고 연결 작용을 한다. 이런 식으로 다양한 경험을 계속 쌓아간다면 가지치기 되어 사라지는 것보다 남는 것이 많아진다.

시냅스의 수나 구조를 형성하는 것도 중요하지만, 더 중요한 것은 뇌 회로 발달의 두 번째 조건인 미엘린화의 강화다. 미엘린은 축삭의 겉을 여러 겹으로 싸고 있는 인지질 성분의 막으로 미엘린 수초라고도 한다. 전선의 플라스틱 피복과 마찬가지로 신경세포를 둘

러싸는 백색 지방질 물질로 뉴런을 통해 전달되는 전기신호가 누출되거나 흩어지지 않게 보호하는 역할을 한다.

한재우 작가도 《혼자 하는 공부의 정석》을 통해 미엘린화를 전선을 두껍게 하는 것이라 비유했다. 정보가 전달되는 속도는 피복이 더 두꺼워 전기신호가 누출되지 않아야 더 빨라질 수 있다는 것이다. 미엘린화된 뉴런(신경세포)의 경우에는 전달 속도가 무려 100배나 빨라질 수 있고 시속 320킬로미터에 이르러 효율성이 극에 달한다고 한다.

지금까지 뇌과학적인 관점에서 머리가 좋은 것이 무엇인지 알아봤으니 다시 개념을 정립할 필요가 있다. 머리가 좋은지 안 좋은지는 결국 뇌 회로가 잘 형성되었는지 아닌지로 규정할 수 있을 것이다. 다행스럽게도 이 뇌 회로는 성인이 되기 전에 가소성을 가지고 계속 변화할 수 있다.

생후 2세까지는 부모의 영향을 받으며 폭발적으로 시냅스를 형성하거나 가지치기를 하고, 10세 이후부터 20세 초반까지 아이 스스로 뇌의 회로를 발달시키고 변화시킨다. 특히 두 번째 변화의 시기에는 인지 능력을 관장하는 전두엽이 주측이 되는 시기이기에 독서를 통한 인지적 능력 향상이 매우 중요하다.

최승필 작가가 쓴 《공부머리 독서법》에서는 공부를 요리에 비유했다. 초보 독서가는 요리를 처음 해보는 자취생, 숙련된 독서가는 유능한 팀원이 딸린 특급 음식점의 주방장 같다고 말이다. 주방장은 오로지 요리 자체에만 집중하여 빠른 시간 안에 큰 힘 들이지 않고 훌륭한 결과물을 만들어 낼 수 있다고 했다.

따라서 결론은 이러하다. 머리가 좋냐 나쁘냐는 뇌 회로 장치 능력이 좋은지 안 좋은지로 바꿔서 보자는 것이다. 예를 들어, 컴퓨터 중앙처리장치의 속도가 얼마나 빠른지로 바꿔서 볼 수도 있다. 그 처리 속도는 결국에 독서를 통한 뇌 회로 장치를 정교화했느냐로 연결 지어 볼 수 있다.

인간이 뇌에서 만들어 낸 뉴런의 수는 1000억 개, 시냅스는 1000조 개가 있다고 한다. 아쉽게도 성인이 되면 더는 만들어 내지 못 하지만 시냅스의 구조 정보를 받아들이고 결합하기 위한 최적의 상태로 변화시킨다고 한다. 이것은 사실 내가 직접 경험하고 있는 부분이다. 최근 300권 정도의 책을 읽었더니 글을 읽고 이해하는 능력도 좋아졌고, 지식을 연결하는 응용력도 생겼고, 논리적이고 비판적으로 정보와 지식을 보는 사고력도 좋아진 것을 느낀다.

성인이 되어서도 가능성을 보았기에 아직 어린아이라면, 혹은 공부하는 10대의 학생이라면 머리가 나빠서 공부를 못한다는 핑계는 더는 대지 않기를 바란다. 독서를 통한 문해력 향상을 이루고, 뇌 회로 장치를 발달시킨다면 머리는 좋아질 것이기 때문이다.

핵심 내용 요약하기

▶ 머리가 좋아도 노력하지 않으면 공부를 못할 수 있고, 반면에 머리가 좋지 않아도 노력을 통해 공부를 잘할 수도 있다.

▶ 공부와 관련된 기능인 학습과 기억은 뇌의 회로 기능과 관련이 있다.

▶ 뇌 회로를 강화시킬 때는 우선 시냅스가 충분히 형성되어야 하고, 둘째로 뉴런의 미엘린화가 잘 되어 있어야 한다.

▶ 시냅스는 기존의 것과 관련 있으면 더욱 강하게 연결하고, 반대로 불필요함을 느끼면 가지치기를 통해서 정교화한다.

▶ 만 2~3세 정도에는 경험에 따라 시냅스를 정리하고, 만 12~13세 정도가 되었을 때 만 2~3세에 비해 대략 50% 정도로 시냅스 숫자를 줄인다.

▶ 당연히 타고난 성향이 뇌 발달에 영향을 줄 수 있지만, 반대로 후천적인 노력을 통해서도 뇌 발달에 영향을 줄 수 있기에 희망적인 것이다.

▶ 가장 좋은 것은 어린 시절에 적절한 인지 및 비인지 능력을 균형 있게 발달할 수 있도록 해주는 것이다.

▶ 정보가 전달되는 속도는 피복이 더 두꺼워 전기신호가 누출되지 않아야 더 빨라질 수 있다. (미엘린화 비유)

▶ 10세에서 20세 초반까지는 인지 능력을 관장하는 전두엽이 주축이 되는 시기이기에 독서를 통한 인지적 능력 향상이 매우 중요하다.

▶ 최근 300권 정도의 책을 읽었더니 글을 읽고 이해하는 능력도 좋아졌고, 지식을 연결하는 응용력도 생겼고, 논리적이고 비판적으로 정보와 지식을 보는 사고력도 좋아졌다.

▶ 독서를 통한 문해력 향상을 이루고, 뇌 회로 장치를 발달시킨다면 머리는 좋아질 것이다.

생각 날개 펼치기

1) 뇌의 신경 가소성이 학습자에게 주는 의미를 작성하시오.

2) 미엘린화의 강화를 촉진할 수 있는 방법을 작성하시오.

3) 이번 글을 읽고, 새롭게 배우고 느낀 점을 작성하시오.

과정보다 결과를
중요시하는 문화

2018년 유엔아동기금(UNICEF)에
서 발표한 국가별 학업 스트레스 설문 조사에 따르면 우리나라가
50.5%로 세계 1위를 차지했다. 이는 학업 스트레스 지수가 가장 낮
은 네덜란드(16.8%)보다 3배 이상 높은 수치다. 우리나라 청소년 10
명 중 7명은 학업 때문에 스트레스를 받고 있고, 10명 중 4명이 학
업이나 진로 문제로 자살을 생각한 적이 있다는 설문 조사 결과도
있다.

도대체 왜 대한민국 아이들은 이렇게 학업 스트레스가 높은 것
일까? 그 이유를 밝히자면 끝이 없겠지만, 대표적으로 좋은 대학에

들어가야 성공한다는 생각이 기저에 깔려있어서 그런 게 아닐까 싶다. 그리고 대학 입시 방법은 어쨌든 수험생을 한 줄로 세워서 뽑는 방식이 기본으로 세팅되어 있기 때문에 아이들은 경쟁 속에서 살아남아야 하는 환경에 놓인다. 따라서 초등학교에서 중학교로, 중학교에서 고등학교로 계속 올라가면서 경쟁은 심해질 수밖에 없다.

경쟁이라는 건 결국 아이들이 어떤 성적을 내느냐로 이어진다. 성적에 따라 대학 간판이 달라지니 공부하는 과정보다 결과에 초점을 두게 된다는 말이다. 우리가 공부하는 진정한 목적은 모르는 것을 배우고, 익히고, 우리 삶에 적용하기 위함이어야 한다. 하지만 현실은 어떠한가? 반에서 몇 등인지, 수능 점수는 몇 점인지, 그로 인해 어느 대학에 갈 수 있는지 항상 입시만을 위한 공부를 하게 된다.

또한 명문대가 아니면 혹은 인서울이 아니면 입시에 실패한 것이고 낙오자 같은 기분을 느끼게 만드는 사회적 풍토도 한몫한다. 그렇다 보니 1등급 4% 혹은 2등급 11%에 들어가지 못하는 나머지 90% 가까이 되는 학생들은 괴롭다. 웃긴 건 1~2등급에 들어가서 좋은 대학에 들어가는 아이들도 그 과정을 겪고 견디기 위한 학업 스트레스가 어마어마하다. 좋은 결과를 받았든 받지 못했든 아이들은 공부로 인해 행복하지 못하다는 말이다.

비록 좋은 대학에는 들어갔지만, 종종 대학생들도 진로로 방황하는 모습을 볼 수 있다. 그렇게 치열하게 경쟁해서 대학에 들어갔지만, 오히려 세계에 영향을 끼치는 영향력 있는 인물도 많지 않다.

그들은 이미 치열한 경쟁을 하며 공부한 경험으로 인해 공부에 지쳤을 수도 있다. 혹은 공부의 목적이 순수한 학문 탐구가 아닌 대학 입시가 되다 보니 창의적으로 탐구하는 능력이 부족했을 수도 있다.

그런데 더 안타까운 건 공부를 이렇게 하다 보니 책을 읽는 목적도 과정보다 결과에 중점을 둔다. 그리고 한 권을 읽더라도 내용을 차근히 살펴보며 깊게 파고드는 게 아니라, 얼마나 책을 많이 읽었는지, 입시에 도움이 되는 책을 읽었는지, 즉 독서의 과정을 중시하는 독서보다 결과론적인 독서를 하는 모습을 볼 수 있다.

빨리빨리 문화가 정착한 우리나라에서는 독서도 얼마나 빨리 많이 읽느냐가 부각되는 경우도 있다. 우등생들을 인터뷰할 때 독서를 어떻게 했는지 살펴봤다. 대다수가 초등학교 때쯤 '이달의 독서왕'이 되기 위해 많은 책을 읽었다고 했다. 당연히 책을 읽으면 도움이 되는 게 맞지만, 단순히 책을 많이 읽고 남들에게 보여주기 위한 게 목적이라면 다시 생각해봐야 하지 않을까?

실제 정독보다는 속독을 미덕으로 여기는 아이들을 쉽게 주변에서 볼 수 있다. 친구랑 누가 더 책을 빨리 읽는지 시합을 하기도 한다. 그건 글자를 빨리 읽어내는 것이지 책 내용을 빠르게 이해하면서 읽는 것은 아니다. 시각적으로 글자를 읽는 수준에 그치는 독서가 된다는 말이다.

아무리 많은 책을 읽어도 어린 시절 이런 독서 습관을 형성한 아이들이 과연 중학교, 고등학교에 가서 공부할 때 문해력을 발동시킬 수 있을까? 전혀 그렇지 않다. 이렇게 독서를 한 아이들은 아무리 책을 많이 읽어도 머릿속에 남는 게 없기 때문에 시냅스가 형성되지도 않고, 특정 정보에 대한 미엘린화도 되지 않을 것이다. 따라서 앞에 계속 이야기한 문해력은 없다고 봐야 한다.

게다가 시험에 나오는 내용을 공부하고, 정해진 답을 찾는 공부를 하면서 어릴 때 천재로 태어난 아이들도 점점 바보가 되어가는 건 아닌지 안타까운 생각이 든다. 학교 교육은 식민지를 확장하는 시절에 노동자를 대량 생산하기 위한 기관으로 활용했다는 말이 떠오른다. 획일화된 교육과정을 가지고 같은 생각을 하게 만드는 그런 교육이라는 말이다.

리사 손 교수가 쓴 《임포스터》를 살펴보면, 대한민국 아이들은 여러 이유로 가면을 쓰는 법을 배우는 것 같다. 과정보다는 결과가 중요하니 좋은 성적만을 받기 위해 노력하고, 자신이 생각하는 것을 제대로 표현하지 못하고 정답만을 쫓는 그런 공부만 하는 것이다. 따라서 우리 아이들은 결과가 좋지 못하면 실패라고 생각한다.

《메타 인지 학습법》에서는 실수나 실패를 해야 제대로 배울 수 있다고 말한다. 또한, 책을 한 번 볼 때 여러 번 보는 것보다 오히려 시간 간격을 두고 잊은 게 있을 때 다시 보는 게 더 효율적이라 말한다. 그렇게 자신이 아는 것과 모르는 것을 확인할 시간이 있어야 모르는 것을 채우며 공부할 수 있다고 했다.

이렇듯 '메타인지'로부터 우리는 당장 눈앞에 얻을 결과보다는 어떤 과정을 겪어야 하는지가 더 중요하다는 것을 알 수 있다. 실제 선진국에서는 학생들이 배우는 과정에서 스스로 생각해내는 힘을 기르는 교육을 실시하려고 노력한다. 그런데 그 스스로 생각하는 힘은 독서에서 오기 때문에 어린 시절부터 독서 교육이 철저하게 이뤄진다.

우리가 잘 알고 있는 핀란드나 스웨덴과 같은 국가에서는 가정에서, 학교에서, 사회에서 장소 불문하고 독서 후에 토론하는 문화가 자리 잡혀 있다. 여기서 중요한 건 책을 얼마나 많이 읽느냐가 아니라 책을 읽고 자신이 어떤 생각을 하게 되었는지 확인하는 시간을 필수로 여기는 것이다. 책을 읽는 과정에서 느끼는 감정이나 생각이 더 중요하다는 말이다.

그렇다면 어떻게 독서하는 것이 올바른 것일까? 과정을 중시하는 독서 방법에 대해서 자세히 알아보면서 우리나라에서 이뤄지는 독서와 공부는 무엇이 잘못되었는지 다음 글에서 살펴보자. 우리 아이들도 독서와 공부가 어려운 게 아니라 즐기며 행복하게 할 수 있도록 말이다.

핵심 내용 요약하기

▶ 우리나라 청소년 10명 중 7명은 학업 때문에 스트레스를 받고 있고, 10명 중 4명이 학업이나 진로 문제로 자살을 생각한 적이 있다는 설문 조사 결과도 있다.

▶ 성적에 따라 대학 간판이 달라지니 공부하는 과정보다 결과에 초점을 두게 된다.

▶ 우리가 공부하는 진정한 목적은 모르는 것을 배우고, 익히고, 우리 삶에 적용하기 위함이어야 한다.

▶ 독서의 과정을 중시하는 독서보다 결과론적인 독서를 하는 모습을 볼 수 있다.

▶ 빨리빨리 문화가 정착한 우리나라에서는 독서도 얼마나 빨리 많이 읽느냐가 부각되는 경우도 있다.

▶ 실제 정독보다는 속독을 미덕으로 여기는 아이들을 쉽게 주변에서 볼 수 있다.

▶ 과정보다는 결과가 중요하니 좋은 성적만을 받기 위해 노력하고, 자신이 생각하는 것을 제대로 표현하지 못하고 정답만을 쫓는 그런 공부만 하는 것이다.

▶ 자신이 아는 것과 모르는 것을 확인할 시간이 있어야 모르는 것을 채우며 공부할 수 있다.

▶ '메타인지'로부터 우리는 당장 눈앞에 얻을 결과보다는 어떤 과정을 겪어야 하는지가 더 중요하다는 것을 알 수 있다.

▶ 우리가 잘 알고 있는 핀란드나 스웨덴과 같은 국가에서는 책을 얼마나 많이 읽느냐가 아니라 책을 읽고 자신이 어떤 생각을 하게 되었는지 확인하는 시간을 필수로 여긴다.

▶ 책을 읽는 속도보다 과정에서 느끼는 감정이나 생각이 더 중요하다는 말이다.

생각 날개 펼치기

1) 독서를 빠르게 많이 하는 것보다 과정이 중요한 이유를 작성하시오.

2) 스스로 생각하는 힘을 기를 수 있는 독서 방법을 작성하시오.

3) 이번 글을 읽고, 새롭게 배우고 느낀 점을 작성하시오.

하브루타 교육은
먹는 건가요?

《공부머리는 문해력이다》에서는 문해력이란 문자를 자유자재로 활용할 수 있는 역량이라 말한다. 그래서 단순히 글을 읽고 이해하는 독해력을 넘어서서 자신의 생각을 말로 잘 표현하고 글로 잘 써서 문서로 만들 수 있어야 한다고 한다. 또한, 이 문서를 바탕으로 발표 및 의사소통 능력을 갖추었을 때 진정한 문해력을 갖춘 것이다. 결국, 문해력(literacy)은 '글을 읽고 쓸 줄 아는 능력'이기 때문이다.

대학 입시를 준비하는 수험생의 경우에는 보통 객관식 문제로 이뤄진 수능 시험을 준비하기에 문해력을 기르는 데 시간을 쓰기보다는 글을 읽고 해석하는 정도에 그친다. 문해력 일부에 해당하는 독해력만 활용한다. 그런데 이 독해력도 부족해서 누구나 다 1등급을 받는 것이 아니다. 이렇게 글을 읽고 해석하는 정도에 머무른 상태에서 대학에 진학하니 제대로 된 문해력을 갖춘 학생이 적을 수밖에 없는 게 아닐까?

문해력을 잘 갖춘 수험생은 수능 시험도 잘 보고, 자신의 생각을 정리해서 말하는 면접시험도 잘 본다. 학교에서 10년 넘게 지도하면서 명문대에 진학하는 아이들을 살펴보면 '독해력'은 기본이고, '문해력'을 장착한 것처럼 보였다. 자신의 생각을 논리적으로 정리해서 자유롭게 표현할 줄 아는 능력을 가졌다는 말이다.

서울대학교는 일반 수시 전형의 경우 대체로 1차에서 2배수 정도로만 면접대상자를 부여하는데, 결국 최종 합격은 면접을 얼마나 잘 봤느냐에 따라 달라진다. 내신 성적이 아무리 잘 나온 수험생이라도 심도 있는 면접을 통과하지 못해서 떨어지는 경우를 봤다. 이런 결과가 나오는 것은 입시 제도를 보면 당연한 결과가 아닌가 싶다.

반면에 노벨상을 가장 많이 수여하는 세계를 선도하는 유대인들의 경우는 어떠한가? 유대인은 전 세계 인구 80억 명 중 1,600만 명으로 0.2%에 불과하다. 그런데 전체 노벨상의 30%, 노벨 경제학 65% 정도를 유대인이 수상한다. 인구수에 비하면 노벨상을 수상하는 비율이 어마어마하다.

미국의 중앙은행 격인 연방준비은행(FRB)의 역대 의장 15명 중 11명이 유대인이었다. 뿐만 아니라 미국의 대형 금융사인 JP모건과 골드만삭스의 창립자도 유대인이고, 초일류기업 구글과 페이스북 창업자도 유대인이다. 그 유명한 천재 과학자 아인슈타인도 유대인이었고, 다양한 분야에 유대인이 장악하고 있으며, 세계 거대 석유 자본도 대부분 유대인이 소유하고 있다. 쉽게 말해 전 세계 억만장자의 1/3이 유대인이라 한다.

혹시 '하브루타 교육'이라는 말을 들어보았는가? 이미 세상에 많이 알려진 유대인들의 교육법이다. 우리나라의 교육법과는 달리 정답을 찾는 교육이 아니라 스스로 질문하는 힘을 기르도록 하는 교육법이다. 부모나 교사는 학생이 궁금증을 느낄 때 부담 없이 질문할 수 있는 환경을 조성한다. 끊임없는 토론을 하지만 답을 가르쳐 주지 않는다. 스스로 답을 찾을 수 있도록 유도만 한다. 질문으로 답을 찾는 과정을 통해 지식을 완벽하게 체득할 수 있다고 믿으며, 이로써 다양한 시각을 갖고, 새로운 해결법을 찾아낼 수 있다는 것이다.

안타깝게도 한국 사회에서 특히 대학 입시를 치르는 고등학교 시절에 이 방법으로 교육하기에는 무리가 있다. 유대인들은 유대인들만의 문화가 있고, 우리는 우리만의 문화가 조성되어 있기 때문이다. 1점이라도 더 올려서 좋은 성적을 받는 게 미덕인 우리나라 대학 입시에서 이렇게 정처 없이 답을 찾아 떠나는 여행은 사치이기 때문이다. 이 부분에 대해서는 내 경험을 통해 공감하는 부분이 많다.

외국에서 대학원을 다니면서 배운 토론 방식의 수업, 학생 중심의 수업이 너무 좋다고 믿었다. 그런데 막상 한국에 돌아와서 이런 방식으로 수업을 진행해봤더니 1시간 만에 바로 학생들이 피드백을 주었다. 수험생으로서 수능 점수를 더 잘 받는 게 중요하니 강의식 교육으로 정보를 전달해주면 좋겠다는 의견이었다.

20년 전에 내가 배웠던 방식을 거의 그대로 답습하는 느낌이 들었다. 대한민국 입시 제도가 변하지 않는 한 아무리 좋은 교육 방식도 실제 현장에서는 활용할 수 없겠구나 싶었다. 이론과 실제의 괴리를 절실히 느꼈다. 그런데 어쩌겠는가? 수험생들은 내신 성적과 수능 성적이 중요할 수밖에 없다. 나는 현실과 타협하며 10년 넘게 입시를 위한 수업을 진행하고 있다.

아직 확정은 아니지만, 2025년 고교학점제 전면 도입으로 인해 2028년 수능부터는 서술형 및 논술형 형태의 시험이 등장할 수도 있다. 여러 논쟁이 있겠지만, 앞으로는 '문해력'을 기를 수 있는 교육을 할 수 있지 않을까 희망해본다. 실제 사회에서 필요한 역량은 말하는 상대방의 의도를 정확히 파악하고, 자기 생각을 자유롭게 논리적으로 표현할 수 있는 것이기 때문이다.

비록 유대인들처럼 할 수는 없겠지만, 그래도 지금보다는 개선될 수 있지 않을까 생각한다. 물론 입시로 바쁜 중·고등학교 때보다는 초등학교 시기에 충분한 시간이 있으니 문해력을 기를 수 있도록 노력한다면 분명 큰 도움이 되리라 믿는다. 실제 명문대학에 진학한 우등생들 인터뷰에서도 이 부분은 증명되었다. 어린 시절부터 독서하고, 질문하고, 토론하고, 다양한 시각으로 정보와 지식을 탐구해온 아이들은 공부도 잘하고, 자기 생각도 잘 표현했기 때문이다. 즉, 문해력을 무기로 갖춘 학생들이 뭐든 다 잘한다는 말이다.

사실 그러한 노력에는 아이들의 노력뿐만 아니라 부모의 노력도 항상 함께였다. 어릴 때부터 아이들이 책과 친해질 수 있도록 환경을 조성했고, 시간을 내어 무릎에 아이를 앉히고 엄마, 아빠의 다정한 목소리로 책을 읽어줬다. 글자를 깨우치는 시기가 되면, 아이가 좋아하는 분야의 책을 찾을 수 있도록 함께 도서관에 가거나 서점을 갔다. 그런데 우리 현실은 어떤가? 아이에게 책을 읽으라고만 하지, 함께하는 시간이 있는가? (물론 잘하고 있는 부모도 있을 것이라 믿는다.)

여기서 또 오해하지 말아야 할 점은 모든 것을 다해 주라는 말이 아니다. 물고기를 잡아주라는 게 아니라 물고기 잡는 법을 알려주라는 말이다. 낚시하기 위해서는 낚시 장비를 마련하고, 낚시할 수 있는 장소로 가야 하고, 미끼를 어떻게 끼는지 알아야 하고, 낚싯줄은 어떻게 던지고 낚싯대는 어디에 둬야 하는지 세세한 부분까지 알려줘야 한다.

이렇게 배운 방법을 통해 아이가 다양한 장소에서 스스로 낚시하는 법을 익히면 자연스럽게 물고기를 낚을 수 있을 것이다. 그러면 언젠가는 부모가 보살피지 않아도 스스로 물고기를 잡아먹고 살 수 있는 날이 오지 않을까 생각한다. 그것이 부모의 지도 아래 하는 독서 굴

레를 벗어나 아이의 읽기 독립으로 가는 정도(正道)가 될 것이다.

'하브루타'라는 키워드와 함께 등장하는 것이 '메타인지'다. 스스로 생각하고, 자기를 통제하는 힘은 메타인지에서 나오기 때문이다. 메타인지는 속도가 중요한 게 아니라 방향이 중요하다. 만일 아이가 책을 읽고 생각을 말하는 데 시간이 걸려도 기다릴 수 있어야 한다. 그리고 문해력을 기를 수 있는 최적의 시기인 초등 시절부터 입시 주요 과목 공부에 매몰되지 않도록 조심해야 한다.

개인적인 교육 철학적 접근이기는 하지만 성공하는 공부 단계에 대해서 말하며 마무리하려고 한다. 어린 시절의 정서적 안정, 초등학교 때의 문해력, 중학교 때의 공부 습관(루틴), 고등학교 때의 효율적인 공부법을 통한 학습량이라는 단계로 나아간다면 하브루타 교육이 꼭 아니더라도 공부에 성공할 수 있을 것이라 믿는다.

핵심 내용 요약하기

▶ 진정한 문해력은 단순히 글을 읽고 이해하는 독해력을 넘어서서 자신의 생각을 말로 잘 표현하고 글로 잘 써서 문서로 만들 수 있어야 한다.

▶ 글을 읽고 해석하는 정도에 머무른 상태에서 대학에 진학하니 제대로 된 문해력을 갖춘 학생이 적을 수밖에 없다.

▶ 유대인은 전 세계 인구 80억 명 중 1,600만 명으로 0.2%에 불과하다. 그런데 전체 노벨상의 30%, 노벨 경제학 65% 정도를 유대인이 수상한다.

▶ 유대인의 하브루타 교육은 우리나라의 교육법과는 달리 정답을 찾는 교육이 아니라 스스로 질문하는 힘을 기르도록 하는 교육법이다.

▶ 질문으로 답을 찾는 과정을 통해 지식을 완벽하게 체득할 수 있다고 믿으며, 이로써 다양한 시각을 갖고, 새로운 해결법을 찾아낼 수 있다는 것이다.

▶ 실제 사회에서 필요한 역량은 말하는 상대방의 의도를 정확히 파악하고, 자기 생각을 자유롭게 논리적으로 표현할 수 있는 것이다.

▶ 우등생은 어린 시절부터 독서하고, 질문하고, 토론하고, 다양한 시각으로 정보와 지식을 탐구해 온 아이들은 공부도 잘하고, 자기 생각도 잘 표현했다.

▶ 문해력을 무기로 갖춘 학생들이 뭐든 다 잘한다.

▶ '하브루타'라는 키워드와 함께 등장하는 것이 '메타인지'다.

▶ 스스로 생각하고, 자기를 통제하는 힘은 메타인지에서 나온다.

▶ 메타인지는 속도가 중요한 게 아니라 방향이 중요하다.

▶ 부모는 만일 아이가 책을 읽고 생각을 말하는 데 시간이 걸려도 기다릴 수 있어야 한다.

생각 날개 펼치기

1) 유대인들의 노벨상 수상 비율이 높은 이유를 작성하시오.

2) 하브루타, 메타인지를 활용한 독서 방법은 무엇이 있는지 작성하시오.

3) 이번 글을 읽고, 새롭게 배우고 느낀 점을 작성하시오.

낮아지는 독서율,
이대로 괜찮을까?

문화체육관광부(문체부)는 만 19세 이상 성인 6,000명과 초등학생(4학년 이상) 및 중·고등학생 3,320명을 대상으로 '2021년 국민 독서실태' 조사 결과를 발표했다. 이 조사는 2년마다 하는 조사로 조사 결과에 따르면 2020년 9월 1일부터 2021년 8월 31일까지 성인의 연간 독서율은 47.5%, 연간 독서량은 4.5권이었다. 2019년에 비해 독서율은 8.2%, 독서량은 3권 줄어들었다. 2년 전에는 두 달에 1권 정도 읽었는데, 이제는 3개월에 1권 정도 읽는다는 의미다.

초·중·고 학생의 경우에는 연간 독서율은 91.4%, 연간 독서량

34.4권으로, 2019년과 비교하면 독서율은 0.7%, 독서량은 6.6권 감소했다. 사실상 고등학생의 경우에는 연간 평균적으로 30권 넘게 책을 읽을 수 없을 테니 이 숫자도 의구심이 든다. 글자 수가 적은 초등학생들의 책도 1권으로 친다면 평균 30권이라는 숫자가 과연 의미가 있을까?

　그나마 다행인 것은 20대 청년층(만 19세 이상~29세 미만)의 독서율은 78.1%로 2019년에 비해 0.3% 정도 증가했다. 또 20~30대 전자책 이용률이 높게 나타났다. 물론 종이책이면 더 좋겠지만 독서율 증가는 긍정적인 요소로 볼 수 있다. 하지만 중요한 건 대한민국의 전체 독서실태를 보면, 갈수록 독서율도 독서량도 줄어들고 있다는 점이다. 정말 안타까운 현실이다.

　점점 공부의 초석이 되는 독서를 하지 않고 있는 현실에서 우리는 왜 공부가 어려운지 쉽게 알아차릴 수 있다. 객관적인 지표가 보여주는 대로다. 그런데 독서만 많이 하면 공부를 잘할 수 있을까? 분명 독서가 주는 이점은 크다. 하지만 어린 시절부터 초등학교 때까지 아무리 책을 많이 읽은 아이도 입시 공부로 넘어가면서는 상위권 정도는 할 수 있어도 최상위권이 되기란 어렵다.

　《초등 매일 독서의 힘》을 쓴 이은경 작가는 상위권은 태어나지만, 최상위권은 만들어진다고 말하며 초등 시기 독서와 중·고등 시기 학습량 이렇게 두 가지로 결정된다고 주장했다. 나도 이 부분에 매우 공감하고, 나의 교육적 관점과 비슷한 점이 많다고 생각한다.

독서로 착실히 쌓은 어휘력, 이해력, 문해력, 사고력과 중학교 때까지 형성한 공부 습관 및 문제 풀이 능력을 바탕으로 고등학교 시기에 학습량의 정점을 찍는다면 분명 좋은 결과로 이어질 것이기 때문이다.

초등학교 시절 전교에서 독서광으로 소문난 아이가 있었다. 얼굴 한 번 본 적 없는 아이의 이름을 부모님들이 알 정도였으니 정말 유명한 아이라는 걸 알 수 있었다. 그런데 중학교, 고등학교에 가서도 이 아이는 공부를 잘했을까? 초등 시절의 독서량만 봤을 때는 분명 최상위권을 놓치지 않았어야 할 텐데 실제는 그렇지 않았다. 독서가 공부의 초석은 맞지만 무조건 독서만 많이 한다고 성적이 잘 나오는 건 아니기 때문이다.

독서와 학습량은 공부에 있어서 필요충분조건이다. 둘 중에 하나만 있는 경우에는 최대 효과를 볼 수 없다. 특히 독서를 통해 기른 기본 역량 없이 학습량을 늘리기는 어렵다. 어려운 내용의 글을 읽고 이해하지 못하면, 제자리걸음을 하다가 지쳐서 포기할 것이기 때문이다. 반면 독서를 통해 문해력을 갖춘 아이들은 효율적인 공부 방법을 배우면 금방 속도가 붙어서 학습 효율도 높이고 나아가 선순환 구조로 학습량이 늘어나게 된다.

공부 노력이 공부 능력보다 중요하다고 많이 이야기하지만, 사실 공부 능력이 생기면 공부 노력은 더 쉬워진다. 그래서 초등학교 시절까지 독서 임계량을 채우는 게 중요하다는 말이다. 혹은 늦더라도 중학교 때까지는 충분한 독서량을 확보해서 문해력을 장착하고 고등학교에 진학하는 것이 좋다. 문해력이라는 공부 능력을 바탕으로 고등학교 때 공부량을 늘리는 공부 노력을 기울이면 분명 공부가 어렵지만은 않을 것이다.

여기에 추가로 중학교 때의 공부 습관을 기르는 것도 하나의 팁이다. 아무리 독서를 좋아해도 공부는 별로 좋아하지 않을 수 있다. 그 이유는 우리가 말하는 공부는 시험공부이기 때문이다. 시험을 보고 점수를 매겨서 줄을 세우고, 우리 인생을 결정하는 대학 입시를 치르는 건 너무나도 스트레스가 많은 일이다. 순수하게 작가의 생각을 읽고, 다양한 지식을 탐구하는 과정을 즐길 수 있는 독서와는 다르다는 말이다.

인체를 구성하는 물질의 질량 비율은 물 66%, 단백질 16%, 지방 13%, 무기염류 4%, 탄수화물 1%라고 한다. 이 구성 성분은 하나라도 결핍이 일어나면 신체에 문제가 생긴다. 비록 비율은 다르지만 모두 중요하다. 개인적인 의견이지만 이런 식으로 공부를 비유해 보면 독서(문해력) 66%, 공부 습관(루틴) 16%, 공부량 13%, 공부 정서 4%, 효율적인 공부법 1%라고 할 수 있다.

사람은 다른 건 없어도 20일 정도 물을 섭취할 수 있으면 살아남는다고 한다. 그만큼 물이 인체에서 차지하는 비율이 큰 이유이다. 공부도 마찬가지다. 독서(문해력)가 튼튼하게 기반을 다져야 공부를 이어가게 한다. 그리고 우리 몸이 움직이려면 근육을 길러야 하는데 이때 꼭 필요한 게 단백질이다. 마찬가지로 공부를 하려면 공부 습관을 길러야 하기에 단백질과 같은 역할을 한다고 볼 수 있다. 지방의 경우에는 필요할 때 꺼내서 쓸 에너지를 축적하는 힘이 있다. 공부에서 공부량도 마찬가지라고 생각한다. 충분한 공부량을 통해 지식을 배운 내용을 머릿속에 축적해야 하기 때문이다.

무기염류의 경우에는 비중은 적지만 부족할 시에 큰 질병으로 이어진다. 예를 들어, 비타민D가 부족하면 구루병이나 골연화증이 발생한다. 치료를 통해 극복할 수 있지만 심한 결핍의 경우 일상생활에 큰 영향을 줄 수 있다. 마찬가지로 어린 시절에 형성한 정서가 불안정하면 입시에 대한 스트레스로 인해 슬럼프를 겪거나 정신적 질환을 얻어 공부를 중도 포기하기도 한다. 실제 많은 수험생을 통해 이는 증명되었다.

끝으로 탄수화물은 1%로 가장 적은 비율을 차지하지만, 에너지를 제공하는 주 에너지원이다. 입시 공부를 하면서 과목마다 특성이 있고, 공부법이 있는데 이를 잘 알지 못하면 효율성이 떨어진다. 에너지 효율을 올리기 위해 바로 탄수화물을 투입하는 것처럼, 효율적인 공부법을 통해 공부 효율을 높이는 것이다.

실제 생활에서도 충분한 물 섭취가 건강에 이롭다고 말한다. 그리고 지나친 탄수화물 섭취는 건강에 악영향을 준다고 한다. 이것은 어린아이도 알만한 상식이다. 우리는 어떤가? 물 섭취는 충분히 하지 못하면서 맨날 맛있는 탄수화물만 섭취하려고 한다. 그래서 현대인들은 건강을 점점 잃어가는 듯하다. 공부도 마찬가지다. 공부 잘하는 방법만 찾으려 애쓰지 정말 큰 비중을 차지하는 독서의 중요성은 잊고 있다. 그게 우리 아이들이 공부를 어렵고 힘들게 생각할 수밖에 없는 현실이다.

핵심 내용 요약하기

▶ 중요한 건 대한민국의 전체 독서실태를 보면, 갈수록 독서율도 독서량도 줄어들고 있다.

▶ 점점 공부의 초석이 되는 독서를 하지 않고 있는 현실에서 우리는 왜 공부가 어려운지 쉽게 알아차릴 수 있다.

▶ 어린 시절부터 초등학교 때까지 아무리 책을 많이 읽은 아이도 입시 공부로 넘어가면서는 상위권 정도는 할 수 있어도 최상위권이 되기란 어렵다.

▶ 독서로 착실히 쌓은 어휘력, 이해력, 문해력, 사고력과 중학교 때까지 형성한 공부 습관 및 문제 풀이 능력을 바탕으로 고등학교 시기에 학습량의 정점을 찍는다면 분명 좋은 결과로 이어질 것이다.

▶ 독서와 학습량은 공부에 있어서 필요충분조건이다.

▶ 독서를 통해 기른 기본 역량 없이 학습량을 늘리기는 어렵다.

▶ 독서를 통해 문해력을 갖춘 아이들은 효율적인 공부 방법을 배우면 금방 속도가 붙어서 학습 효율도 높이고 나아가 선순환 구조로 학습량이 늘어나게 된다.

▶ 문해력이라는 공부 능력을 바탕으로 고등학교 때 공부량을 늘리는 공부 노력을 기울이면 분명 공부가 어렵지만은 않을 것이다.

▶ 공부를 비유해보면 독서(문해력) 66%, 공부 습관(루틴) 16%, 공부량 13%, 공부 정서 4%, 효율적인 공부법 1%라고 할 수 있다.

▶ 어린 시절에 형성한 정서가 불안정하면 입시에 대한 스트레스로 인해 슬럼프를 겪거나 정신적 질환을 얻어 공부를 중도 포기하기도 한다.

▶ 공부 잘하는 방법만 찾으려 애쓰지 정말 큰 비중을 차지하는 독서의 중요성은 잊고 있다.

생각 날개 펼치기

1) 공부 능력(문해력)이 공부 노력에 주는 장점은 무엇인지 작성하시오.

2) 문해력을 인체 구성 물질 중 '물'에 비유한 이유를 작성하시오.

3) 이번 글을 읽고, 새롭게 배우고 느낀 점을 작성하시오.

2

문해력이
공부에 미치는 영향

공부의 기초체력을
키워주는 힘

'공부를 못해서 운동한다'라는 말은 옛말이라 생각한다. 운동에서도 피나는 노력을 통해 이미 정점을 찍은 사람이라면 공부를 잘할 수 있기 때문이다. 오히려 어설프게 공부하는 사람보다 좋은 체력을 바탕으로 끈기 있게 공부할 수 있을 것이다. 왜냐하면, 운동도 공부와 마찬가지로 단계를 밟아가며 올라가기 때문이다. 단계를 밟아가며 최고 자리에 오른 자는 이미 무언가를 해낼 수 있는 자신감부터 포기하지 않고 끝까지 해내는 능력을 갖추었기에 공부라는 분야에 들어와서도 충분히 잘 해낼 수 있으리라 믿는다.

문해력과 공부의 관계를 살펴보기 이전에 우선 운동을 잘할 수 있게 되는 원리부터 살펴볼 것이다. 운동에서도 가장 힘들다고 알려진 트라이슬론(triathlon : 철인3종경기)를 예를 들어보자. 올림픽 표준 코스는 수영 1.5km, 사이클 40km, 마라톤 10km이다. 그런데 극한에 도전하는 아이언맨 코스의 경우에는 수영 3.8km, 사이클 180km, 마라톤 42.195km이다.

보통 사람으로서는 도저히 상상도 할 수 없는 거리다. 그런데 어떻게 이러한 운동하는 사람들은 한계를 넘어설 수 있을까? 예전에 한 인터뷰에서 봤던 글이 생각난다. 50대 후반인 정형외과 의사가 42.195km 마라톤 완주만 90회 이상. 100km 거리를 달리는 울트라 마라톤만 60회 이상 완주했다는 내용이었다. 게다가 철인3종경기 아이언맨 코스는 4번이나 달렸다. 지금은 몇 년이 지났으니 아마도 더 횟수는 늘어났을 것이다.

이렇게 극한을 경험하면서 이겨내는 운동을 50대 후반이 해낸다니 믿을 수 없었다. 비결이 궁금했다. 수영, 사이클, 마라톤을 효율적으로 하는 방법이 있을까? 그런데 특별한 비결은 찾을 수 없었다. 오히려 그가 말하는 비결은 기초체력이었다. 어린 시절 저질 체력에 평발이라 항상 열외의 대상이던 그가 해낼 수 있었던 비결은 체력 훈련 덕분이었다고 했다.

등산하다가 우연히 자신보다 나이가 많은 시니어들이 체력이 좋은 모습을 발견하고 비결을 물었다고 한다. 다름 아닌 시니어들의 운동 비결은 꾸준하게 뛰는 것이라 했다. 뛰는 운동은 유산소와 무산소 운동을 모두 포함한 운동으로 기초 체력을 기르는 데 큰 도움이 된다. 다시 말해 폐활량과 근력을 모두 기를 수 있는 운동이라는 말이다. 이 두 요소는 운동에서 빠져서는 안 되는 필수요소다.

이제는 공부로 돌아와서 운동에서의 기초체력에 해당하는 부분을 짚어보자. 공부에서의 기초체력은 무엇이라 생각하는가? 물론 건강한 신체도 포함되겠지만, 공부는 우리의 두뇌와 관련이 있으니 뇌와 관련해서 생각해보면 좋겠다. 아쉽게도 뇌에는 근육이 없지만, 뇌에도 근육이 있다고 가정하고 근육을 기르는 방법을 찾아보자는 말이다.

근육이 커지는 과정은 다음과 같다. 평소 근육에 부과되는 자극보다 더 높은 수준의 자극이 가해질 때 근원섬유는 그 과부하를 견디지 못하고 상처가 생긴다. 반복해서 상처가 생기면 근육이 파괴되어 근육의 선명도가 올라가고 질겨진다. 나아가 근육이 견딜 수 없는 무게로 인한 파괴가 이루어지면 근육의 부피가 커진다. 즉, 더 무거운 무게와 더 큰 자극에 적응하기 위해 파열된 근육을 재생시키며 근육이 성장한다는 말이다.

근육은 이전에 경험한 부하를 기억하고 그 강도 이상을 견딜 수 있도록 더 강하고 크게 보강되므로 근육이 성장한다. 근원섬유가 회복하는 과정에서 근육이 전보다 크고 단단하게 자란다. 이것이 바로 동화 작용이다. 그런데 이 동화는 우리 뇌에서도 그대로 나타난다.

심리학자 장 피아제가 말한 인지발달이론이 이를 증명한다.

장 피아제는 인간은 도식-동화-조절-평형의 과정을 통해 인지 발달을 한다고 했다. 도식(schema)은 자신이 새로운 정보를 받아들이는 지식의 틀로 기존 경험과 지식을 활용한다. 동화(assimilation)는 기존 지식에 새로운 지식을 넣어서 일반화하는 것을 말한다. 조절(accommodation)은 새로운 정보를 알맞게 수정하고 업데이트하는 것이다. 평형(equilibration)은 기존의 도식을 깨고 조절 과정을 통해 새롭게 알게 된 지식을 틀로 맞추는 과정이다.

인지 능력은 뇌의 작용으로 이루어지는 것이니 뇌 근육이 성장하려면 인지발달 과정이 활발하게 일어나야 할 것이다. 그런데 기존 지식만 있고, 새로운 지식이 유입되지 않는다면 과연 뇌는 발달할까? 그렇지 않다. 운동할 때 근육을 기르기 위해 매일 뛰는 것처럼, 공부할 때는 가상이지만 뇌에 근육이 붙을 수 있게 새로운 지식과 정보를 매일 주입해야 한다. 그때 가장 좋은 방법이 바로 독서이다.

책을 읽으며 새로운 지식을 자신의 기존 지식의 틀에 넣어보고, 일치하면 넘어가고 불일치하면 수정 작업을 통해 지식의 틀을 바꾸어가는 과정이 반복된다. 그러면 자연스럽게 지식의 틀이 확장되고, 다음에 지식을 받아들일 때는 더 신속하고 정확하게 반응할 수 있다. 근육이 충분히 있으면 운동할 때 원하는 방향으로 빠르고 정확하게 움직일 수 있는 것처럼 말이다.

근육 형성을 위해 꼭 필요한 것은 충분한 단백질 섭취다. 단백질은 근육 회복을 돕는 아미노산을 인체에 공급할 뿐만 아니라 테스토스테론 수치를 높이는 데 중요하기 때문이다(참고로 근육은 단백질과 남성호르몬인 테스토스테론의 합성으로 만들어진다).

그런데 단백질뿐만 아니라 다른 에너지원도 충분히 공급되어야 근육이 유지될 수 있다. 신체에서 사용하는 에너지는 몸속에 있는 탄수화물을 처음으로 사용하고, 탄수화물이 소진되면 지방을 사용하고, 지방이 소진되면 근육을 파괴하여 에너지로 사용하는 원리이다.

반면 뇌 근육 형성을 위해 꼭 필요한 요소는 다양한 분야의 독서이다. 다양한 주제의 독서는 어휘력, 이해력, 문해력, 사고력 등 뇌 발달을 도울 수 있다.

초등학교 2학년 때 영어 공부를 시작해서 4년 만에 수능 만점을 받은 공부법을 소개한 《영어 공부 잘하는 아이는 이렇게 공부합니다》에서도 다양한 분야의 책을 읽는 것이 학습에 큰 영향을 준다고 강조한다. 수능 영어는 이해력과 사고력을 요구하는데, 단순히 영어 공부만 한 게 아니라 독서를 기반으로 진행한 성공적인 학습법이라는 점이 주목할 만하다.

게다가 독서는 기억력에도 도움을 주기에 꼭 필요하다. EBS 프로그램 <당신의 문해력>에서 독서는 뇌의 전전두엽을 활성화하여 글을 읽고 단기기억을 장기기억으로 바꾸는 능력을 길러준다고 했다. 공부에 있어서 이해와 암기는 필수요소인데 독서는 이 두 요소를 모두 해결할 수 있으니 공부의 기초체력 훈련으로 제격이 아닐 수 없다.

근육의 부피를 늘리는 근원섬유의 분열 현상은 1년 이상 꾸준히 운동해야 일어난다고 한다. 그러니 뇌 근육을 늘리기 위한 독서도 마찬가지로 꾸준하게 해야 효과가 있을 것이다. 그러니 어릴 때부터 차근차근 아이의 수준에 맞는 독서를 통해 다양한 공부 능력을 기르면서 공부의 기초 체력을 꼭 길러야 한다. 그리고 처음부터 너무 무리하지 않았으면 좋겠다. 준비가 안 된 상태에서 철인3종경기에 도전하는 것은 무모한 일이기 때문이다.

심리학자 비고츠키는 근접발달영역 이론을 통해 학습할 때 적절한 수준의 지식을 제시할 것을 강조했다. 근육을 차근차근 키워나가야 하는 것처럼, 우리의 뇌 근육도 단계를 밟아서 키워야 한다. 무리하게 운동하면 오히려 근육이 찢어져서 되돌릴 수 없는 상처가 남아 부상으로 이어진다. 이는 너무 어려운 수준의 지식을 습득하려고 하면 소화하지 못하는 것과 같다. 그러니 너무 늦었다고 서두르지 말고 지금 아이의 수준에 맞는 독서부터 시작하도록 추천한다.

핵심 내용 요약하기

▶ 단계를 밟아가며 최고 자리에 오른 자는 이미 무언가를 해낼 수 있는 자신감부터 포기하지 않고 끝까지 해내는 능력을 갖추었기에 공부라는 분야에 들어와서도 충분히 잘 해낼 수 있다.

▶ 근육은 이전에 경험한 부하를 기억하고 그 강도 이상을 견딜 수 있도록 더 강하고 크게 보강되므로 근육이 성장한다.

▶ 인지 능력은 뇌의 작용으로 이루어지는 것이니 뇌 근육이 성장하려면 인지 발달 과정이 활발하게 일어나야 할 것이다.

▶ 책을 읽으며 새로운 지식을 자신의 기존 지식의 틀에 넣어보고, 일치하면 넘어가고 불일치하면 수정 작업을 통해 지식의 틀을 바꾸어가는 과정이 반복된다.

▶ 뇌 근육 형성을 위해 꼭 필요한 요소는 다양한 분야의 독서다.

▶ 다양한 주제의 독서는 어휘력, 이해력, 문해력, 사고력 등 뇌 발달을 도울 수 있다.

▶ 독서는 뇌의 전전두엽을 활성화하여 글을 읽고 단기기억을 장기기억으로 바꾸는 능력을 길러준다.

▶ 어릴 때부터 차근차근 아이의 수준에 맞는 독서를 통해 다양한 공부 능력을 기르면서 공부의 기초체력을 꼭 길러야 한다.

▶ 근육을 차근차근 키워나가야 하는 것처럼, 우리의 뇌 근육도 단계를 밟아서 키워야 한다.

▶ 무리하게 운동하면 오히려 근육이 찢어져서 되돌릴 수 없는 상처가 남아 부상으로 이어진다. 이는 너무 어려운 수준의 지식을 습득하려고 하면 소화하지 못하는 것과 같다.

생각 날개 펼치기

1) 근육이 성장하는 원리와 독서를 통한 뇌 발달 원리의 공통점을 작성하시오.

2) 다양한 주제의 독서가 왜 도움이 되는지 구체적으로 작성하시오.

3) 이번 글을 읽고, 새롭게 배우고 느낀 점을 작성하시오.

어휘력이 부족하면
성적이 낮다

　　　　　　　　　　공부를 잘한다는 기준은 어떻게
세울까? 객관적인 지표가 필요하니까 우리는 시험 성적이 잘 나오
는 경우를 공부 잘하는 기준으로 세운다. 그러면 문해력과 공부 관
계를 밝히는 것은 문해력과 성적이 관계가 있음을 밝히는 것과 같
고 볼 수 있지 않을까? 문해력을 대표하는 능력 중에서도 가장 기본
이 되는 어휘력이 어떻게 성적에 영향을 줄 수 있는지 알아보며 그
상관관계를 살펴보자.

　　이해를 돕기 위해 우리가 열심히 공부의 과정을 통해 받게 되는
성적표라는 결과를, 집을 짓기 위해 필요한 노력의 과정과 완성된

집으로 비유해보자.

집을 짓기 위해서 우선 필요한 것은 무엇일까? 동화 <아기 돼지 삼형제>에서도 나오지만 집을 지을 재료가 최우선적으로 필요하다. 이왕이면 튼튼한 집을 지어야 하니까 그 재료를 벽돌이라고 해보자. 벽돌의 질은 우수해야 하고 충분한 양이 있을 때 더 크고 멋진 집을 지을 수 있을 것이다.

벽돌도 재료의 성질에 따라 질이 다를 수 있다. 쉽게 생각해보면 얼마나 단단한 벽돌인지 아닌지 외관만 봐도 알 수 있을 것이다. 흠 집 하나 없는 단단한 벽돌일 수도 있고, 모서리가 부서진 벽돌일 수도 있기 때문이다. 게다가 벽돌의 양도 충분해야 자신이 원하는 대로 집을 지을 수 있다. 만일 벽돌이 부족하다면 더 큰 집을 짓고 싶어도 한계에 부딪히게 되니까 말이다.

집을 짓는 과정에서 우선적으로 필요한 것이 벽돌이라고 했다. 공부(성적)에서도 지식을 쌓기 위해 가장 기본이 되는 일은 글을 읽는 것인데, 그때 첫 단계로 필요한 것이 바로 어휘력이다. 어휘가 모여서 문장을 이루고, 문장이 모여서 문단을 이루고, 문단이 모여서 하나의 글을 이루어간다. 글을 읽고 해당하는 문제를 풀기 위해 지식을 끌어내는 행위까지 해야 좋은 성적을 받을 수 있다. 고로 어휘력이 얼마나 잘 준비되어 있느냐에 따라 시작점이 달라질 수 있다.

EBS 다큐프라임 <언어발달의 수수께끼>에서는 어휘력은 아이의 학습 능력과 지능을 좌우하는 요인이라고 분석하며 미국의 한 실험을 소개했다. 가정환경이 비슷한 학생들을 두 그룹으로 나누었는데, A그룹은 학교 정규과목만 가르쳤고, B그룹은 정규과목과 어휘력 학습을 추가해 가르쳤다. 일정 시간이 흐른 뒤 두 그룹의 성적을 비교해보니, B그룹 학생들의 성적이 더 높게 나타났다. 흥미로운 점은 어휘력과 관련 없는 과목까지 성적이 높았다는 점이다.

어휘력과 성적의 상관관계는 이런 사례를 통해 단순하게 밝힐 수 있다. 하지만 실제 우리나라 학교 현장에서 어휘력이 성적에 얼마나 영향을 주는지 자세히 살펴볼 필요가 있다. 어휘력이라는 능력을 더 세분화해서 보면 조금이나마 성적 향상을 위한 어휘력 향상 방향이 어느 방향인지 알 수 있을 것이다.

여기서 이해가 필요한 부분은 '사고도구어(Academic Vocabulary)'다. 쉽게 설명해보자면, 일상생활에서 편하게 쓰는 쉬운 어휘가 아니라 학문 분야에 쓰이는 어려운 용어를 의미한다. 즉, 사고 및 논리 전개 과정을 담당하는 어휘로서 교과서, 논문, 단행본 등의 글을 읽을 때 많이 접할 수 있다.

국어교육학회에서 진행한 <국어 사고도구어 능력과 교과서 읽기 능력의 관계에 대한 연구>에서는 중학교 3학년 국어, 사회, 과학 교과서를 말뭉치화한 후 기초어휘와 사고도구어의 비율을 분석했다. 교과서에 수록된 사고도구어는 어휘 비율이 7.3%밖에 되지 않지만, 전체의 20%를 차지한다고 했다. 혹시 파레토 법칙을 기억하는가? 20%라고 했지만, 사실은 나머지 80%를 모두 끌고 가는 중요한 비중이라고 볼 수 있다.

실제 이 연구에서는 학습자들의 사고도구어 능력이 곧 교과서 읽기 여부를 결정하는 핵심 능력이라는 것을 밝혔다. 사고도구어 능력이 약한 학습자들은 사고도구어에 주목하여 교과서를 읽지 않아 교과서의 내용을 섬세하게 이해하는 데 실패했다는 것이다.

예를 들어, 근로자의 권리 침해에 대한 구제라든가, 헌법재판소의 위상이라는 말에서 '구제'나 '위상'이라는 어휘를 정확히 이해하지 못해 결국 전체 글을 제대로 이해하지 못하게 된다는 말이다.

그렇다면 사고도구어 능력을 기르기 위해서는 어떻게 해야 할까? 당연히 다양한 분야의 독서를 통해 어휘력을 기르는 방법이 있다. 단순히 책을 읽는다고 어휘력 향상이 일어나는 건 아니다. 아이의 어휘력 수준과 시기별 방법이 다르기 때문이다. 시기별 문해력 향상법에 대한 자세한 내용은 4장에서 다룰 예정이지만 간략히 어휘력을 중심으로 살펴보겠다.

우선 아이가 기본 생활 어휘력이 약한데 사고도구어가 중요하다고 너무 어려운 학문 용어만 학습하도록 강조하면 안 된다. 밥은 안 먹고 매운 반찬만 먹는 격이 된다. 모든 것에는 단계가 있듯이 어휘력도 아이가 실제 생활에서 접하는 쉬운 어휘부터 시작해서 직접 혹은 간접 경험을 통해 다양한 어휘를 학습해야 한다.

《4~7세보다 중요한 시기는 없습니다》에서 인지 능력과 비인지 능력의 조화를 강조한 이유도 어린 시절 아이들은 단순히 글이 아닌

보고, 듣고, 느끼고, 직접 경험하면서 학습하기 때문이다. 어찌 보면 어린 시절에는 감정을 중요시하는 비인지 능력을 기반으로 어휘력이 향상된다고도 볼 수 있다. 부모가 하는 말 한마디도 아이가 어떤 감정이냐에 따라 받아들일 수도 혹은 거부할 수도 있다는 말이다.

정리해보면, 어린 시절에는 아이가 이해할 수 있는 쉬운 표현으로 시작해야 하고 긍정적인 감정이 전달되도록 소통해야 한다는 말이다. 참고로 미국 스탠퍼드 대학교 심리학과 앤 퍼날드 교수는 어휘력이 지능과의 상관관계가 있다고 봤다. 실제 생후 24개월 아이들의 어휘력을 측정하고 3년 후 추적 관찰했는데 표현 어휘 지수와 어휘 인식 속도가 높았던 아이들이 지능 및 학업 성취도가 높았다고 밝혔다.

단순히 독서가 중요한 게 아니라 어린 시절 부모 혹은 양육자와의 소통에서부터 아이의 지능 발달에 영향을 줄 수 있다는 점에서 유효한 연구라 볼 수 있다. 물론 그렇게 어린 시절을 보내지 않더라도 나중에 스스로 글을 읽게 되고, 감정적인 요소가 아닌 이성적인 요소를 활용하여 문해력 향상을 보이기도 한다. 그래도 이왕이면 어린 시절부터 차근차근 정석을 밟는 게 더 좋지 않을까 싶다.

어린 시절도 중요하지만, 이성적 사고가 발달하는 시기에 사고도구어 학습이 왜 필요한지 밝히고자 한다. 어린 시절에 해외 거주 경험이 있거나, 영어 유치원을 다니거나 해서 영어 발음이 좋은데 영어 시험 성적이 잘 안 나오는 경우를 봤다. 일상생활 영어는 매우 유창하게 하는데 수업 시간에 배우는 교과서 내용이나 어려운 시험 지문을 읽고 이해하는 능력은 부족했다. 그 이유는 어려운 사고도구어가 들어간 글을 많이 접하지 않았기 때문이었다.

반면 어린 시절 말하기와 듣기 중심으로 언어를 배웠지만, 독서를 스스로 할 수 있는 나이가 되어서는 다양한 학문적인 글을 꾸준하게 읽었던 아이들은 학교에서 배우는 교과서를 비롯하여 시험에 나오는 어려운 지문을 이해하고 좋은 성적을 만들어 냈다. 한편, 다른 과목에서도 학문적인 글 읽기를 통해 형성된 사고도구어 어휘력이 어떤 영향을 끼치는지에 관한 연구 결과도 있다.

<고등학생의 사고도구어 어휘력과 학업성취도의 상관관계>라는 논문에서는 사고도구어가 국어, 사회, 과학 과목의 텍스트를 이해하고 학습하는 데 있어 좋은 도구가 될 수 있음을 보여준다. 특히 이미 사고도구어를 충분히 학습한 상위 그룹이나 다른 요인으로 인해 학업성취도가 낮은 하위 그룹이 아닌 중위 그룹에서 사고도구어 어휘력과 학업성취도 상관관계가 유의미했다는 점에서 이 연구는 유효하다고 볼 수 있다.

눈치를 챘는지 모르겠지만, 지금까지 말한 '사고도구어'는 EBS 다큐프라임 <당신의 문해력>에 나온 '학습도구어'다. 현재 학생들의 학습도구어 어휘력이 너무 낮은 상태라 더욱 독서를 통한 어휘력 향상이 필요한 시기라 생각한다. 따라서 문해력의 가장 기초가 되는 (학습)어휘력 향상을 위한 노력은 끊임없이 있어야 할 것이다.

핵심 내용 요약하기

▶ 어휘가 모여서 문장을 이루고, 문장이 모여서 문단을 이루고, 문단이 모여서 하나의 글을 이루어간다.

▶ 어휘력이 얼마나 잘 준비되어 있느냐에 따라 시작점이 달라질 수 있다.

▶ 사고도구어(Academic Vocabulary)는 사고 및 논리 전개 과정을 담당하는 어휘로서 교과서, 논문, 단행본 등의 글을 읽을 때 많이 접할 수 있다.

▶ 학습자들의 사고도구어 능력이 곧 교과서 읽기 여부를 결정하는 핵심 능력이다.

▶ 어린 시절에는 아이가 이해할 수 있는 쉬운 표현으로 시작해야 하고 긍정적인 감정이 전달되도록 소통해야 한다.

▶ 단순히 독서가 중요한 게 아니라 어린 시절 부모 혹은 양육자와의 소통에서부터 아이의 지능 발달에 영향을 줄 수 있다.

▶ 독서를 스스로 할 수 있는 나이가 되어서는 다양한 학문적인 글을 꾸준하게 읽었던 아이들은 학교에서 배우는 교과서를 비롯하여 시험에 나오는 어려운 지문을 이해하고 좋은 성적을 만들어 냈다.

▶ '사고도구어'는 EBS 다큐프라임 <당신의 문해력>에 나온 '학습도구어'다.

▶ 현재 학생들의 학습도구어 어휘력이 너무 낮은 상태라 더욱 독서를 통한 어휘력 향상이 필요한 시기다.

▶ 문해력의 가장 기초가 되는 (학습)어휘력 향상을 위한 노력은 끊임없이 있어야 할 것이다.

생각 날개 펼치기

1) 공부할 때 사고(학습)도구어가 필요한 이유를 구체적으로 작성하시오.

2) 효율적으로 사고(학습)도구어를 학습하는 방법을 구체적으로 작성하시오.

3) 이번 글을 읽고, 새롭게 배우고 느낀 점을 작성하시오.

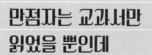

만점자는 교과서만
읽었을 뿐인데

수능 만점자들의 공통적인 대답 '교과서로 공부했어요.'라는 말은 과연 사실일까? 그런 의구심은 분명 한 번 이상은 품어 봤을 것이다. 놀랍게도 그들의 말은 모두 사실이다. 왜냐하면, 수업 시간에는 교과서를 기반으로 수업이 진행되기 때문이다. 대부분 우등생은 수업에 충실히 참여하기에 추론할 수 있는 것이다.

모든 사설 교재는 교과서 내용을 기반으로 한다는 점도 잊지 않아야 한다. 교과서는 교육과정 내용을 최대한 압축해서 만든다. 어느 정도 분량이 정해져 있어서 과목과 관련된 모든 내용을 담을 수 없기 때문이다. 게다가 미사여구는 최소화하고 사실 정보 위주로 요약된 책이라고 볼 수 있다.

교과서를 쓰는 전문가들이 아무리 쉽게 쓰려고 노력해도 여러 제약으로 인해 압축된 글이 들어갈 수밖에 없다. 심한 경우에 앞뒤 문맥 없이 정보만 나열될 수도 있다. 그래서 교과서를 읽고 이해하기 위해서는 부연 설명이 있는 참고서나 교재를 통해 내용을 보충하고, 쉽게 풀어서 설명하는 강의를 듣는 것이다.

대부분 학생에게는 여기에서 공부의 맹점이 생긴다. 교육과정의 핵심이 모두 담긴 교과서 중심이 아니라 교과서를 풀어놓은 교재를 우선으로 공부하는 경우가 발생하기 때문이다. 그리고 교재를 설명하는 사람이 강조하는 내용 중심으로 공부를 하게 되어 기본적이고, 사소한 내용을 놓치고 지나갈 수 있다.

반면 우등생들은 시험에 나오는 핵심이 무엇인지를 교과서에서 찾으려고 노력한다. 이것은 마치 책을 읽기 전에 목차를 먼저 살펴보는 것과 같다. 목차를 보면서 무슨 내용이 핵심인지 파악하고 나서 본문 내용을 세세하게 알아가는 과정과 같다는 말이다.

수업 시간에 배우는 교과서 내용을 바탕으로 더욱 깊게 이해하면서 공부하는 과정이 이와 일치한다. 일명 학습도구어라 불리는 핵심 용어들을 먼저 파악하며 공부하는 것이다.

실제 대학 입시 전형 중 하나인 논술 전형에서 제시되는 문제의 내용이 교육과정에서 배우는 교과서 내용을 바탕으로 한다. 대학 입학처 사이트에 가서 확인해보면 교육과정 내용을 기반으로 출제된다고 명시된 것을 확인해 볼 수 있다. 교과서 지문이 그대로 활용된 예도 있고 아닌 예도 있지만, 교과서에서 배운 내용을 바탕으로 관련 내용이 출제된다는 말이다.

어느 교육 전문 신문 기사에서는 교과서 내용이 그대로 출제되지 않았다고 해서 교육과정 외에서 출제된 것이 아니냐는 문제를 제기하기도 했었다. 하지만 대학 입시의 초석이 되는 수능 시험 문제도 교과서 지문 내용이 그대로 나오기도 하지만 확장되어 문제가 출제된다는 점에서 같은 맥락으로 볼 수 있다.

교과서가 어떻게 시험에 활용되는지를 길게 설명한 이유는 따로 있다. 압축된 교과서를 이해하는 게 힘든 학생에게는 과연 문해력이라는 무기가 있었을까 하는 의구심을 밝히기 위해서다.

반면 성적이 잘 나오는 우등생의 경우에는 교과서 위주로 공부를 하는데 어떻게 그렇게 성적이 잘 나올 수 있는지 밝히기 위해서다.

앞에 거론한 대로 교과서는 정보 중심 전달의 글이고, 매우 핵심만 요약되어 있다. 그래서 배경 지식을 최대한 활용해야지만 이해할 수 있다. 게다가 학습도구어에 대한 이해가 부족하면 무슨 말인지 전혀 알 수 없는 경우가 발생한다. 특히 어려운 이론에 관한 용어가 등장하기도 해서 아무리 예시를 들어 설명해도 깊게 이해하지 못한다.

예를 들면, 교과서에 '교류 분석' 이론 설명이 나왔다고 가정해보

자. 교류 분석 이론의 정의부터 관련 예시를 매우 압축적으로 설명할 것이다. '교류 분석'이라는 말을 1차원적으로 이해했다고 하더라도 실제 어떤 이론인지 자세히 살펴보지 않으면 무슨 말인지 알 수 없다. 그래서 구체적으로 교류 분석 이론이 무엇인지 살펴보며 교과서 공부를 할 때 문해력이 어떻게 발동되어야 하는지 알아볼 것이다.

교류 분석(Transactional Analysis) 이론은 행동 분석을 위해 의사소통자의 자아를 부모(Parent), 성인(Adult), 아이(Child)로 삼원화하여 자아 구조를 제안하여 사회적 상호교류를 분석하는 이론이자 정신 치료 방법이다. 의사소통자는 정서 문제를 해결할 때 자아 상태를 변경하도록 배우는 데 초점을 둔다. 나아가 이 세 자아의 상태는 성격에 따라 다르게 표현되고 기능한다.

우선 첫째로 부모의 역할은 두 가지로 나뉜다. 아이에게 원칙과 규율을 가르치는 '통제적인 역할'과 아이를 이해하고 보듬어주는 '양육적인 역할'이 있다. 그래서 부모는 통제적 부모(Controlling Parent)와 양육적 부모(Nurturing Parent)로 구분된다.

어른 자아는 논리적이고 합리적인 상태의 한 가지 역할로만 나타나는데 'Now and Here'이라는 문구로 이상적인 어른을 표현한다.

아이의 경우에는 부모와 마찬가지로 역할이 두 가지로 나뉜다. 부모가 정해 놓은 규칙을 거부하거나 순응하는 경우다. 규칙을 따르지 않는 자유로운 아이(Free Child)와 순응하는 아이(Adapted Child)로 구분된다.

결국, 우리 성격에는 5가지가 있고 각 성격에는 긍정적인 측면과 부정적인 측면이 공존한다. 이러한 교류 분석 이론을 바탕으로 교류 분석 이론의 대가인 에릭 번은 다른 사람과 대화하고 교류할 때 자신의 자아와 성격이 어떻게 바뀌는지 정확히 알고, 상대방의 성격 유형도 바로 파악할 수 있다면 좋은 관계로 개선 또는 유지될 수 있다고 말했다.

지금까지의 내용은 교과서의 국어 비문학 지문이나 사회 과목의 예시로 나올 수 있기에 예로 들어본 것이다. 만일 위의 내용을 쉽게 이해했다면, 문해력이 있다고 볼 수 있다. 하지만 무슨 말인지 잘 이해되지 않는다면 문해력 부족을 고려해봐야 할 것이다. 그리고 단순히 내용을 표면적으로 받아들이려고 했다면 반성이 필요하다. 우등생들은 지금 내용을 읽고 그냥 외우려 하지 않고 분명히 자신의 방식으로 이해하려고 노력했을 것이기 때문이다.

위와 같은 교류 분석 이론을 매우 쉽게 연결하여 설명한 책이 있다. 스피치 소통 전문가로 활동하는 임정민 작가의 《어른의 대화법》이라는 책에서는 교류 분석 이론을 영화 <인사이드 아웃>에 나오는 캐릭터와 연결지어서 설명했다. 통제적인 부모는 화끈이, 양육적인 부모는 포용이, 이성적인 어른은 침착이, 자유로운 아이는 솔직이, 순응하는 아이는 끄덕이로 연결하여 교류 분석 이론을 독자가 이해하기 쉽게 풀었다.

공부하는 수험생도 마찬가지로 교과서를 공부할 때 이런 방식을 활용할 필요가 있다고 생각한다. 단순히 교과서에 나온 문자에만 집중하는 게 아니라 자신이 알고 있는 배경 지식을 활용하거나 주변의 경험에 연결 지어서 정보를 이해하려고 노력하라는 말이다. 그런데 배경 지식이 부족하거나 (간접) 경험이 부족하다면 교과서를 이런 식으로 볼 수는 없을 것이다.

다시 처음으로 돌아가서 수능 만점자와 우등생들이 교과서 위주로 공부했다는 말을 떠올려보자. 그들은 어린 시절부터 다양한 독서 경험과 실제 생활 속에서 겪은 다양한 경험을 통해 교과서를 읽으며 충분히 지식을 확장하는 능력을 지녔다는 걸 유추해 볼 수 있다. 결론은 문해력이 기반이 될 때 교과서 위주의 공부는 분명 효력이 있다는 말이다.

하지만 어휘력을 비롯한 전반적인 문해력이 부족한 수험생이라면 교과서 위주의 공부법이 절대 이해되지 않을 것이다. 그들은 여전히 교과서를 이해하기 위해 다른 도구 혹은 사람의 도움이 필요할 것이기 때문이다. 그러면 한정된 지식의 틀에 갇혀서 헤어 나올 수 없게 되고 스스로 생각하는 힘을 영원히 기를 수 없게 될 것이다.

교과서는 압축 파일이다. 압축 파일을 풀려면 압축 프로그램이 필요하다. 이때 말하는 압축 프로그램은 '문해력'이라고 볼 수 있다. 성능이 좋은 프로그램일수록 압축을 오류 없이 빠르고 정확하게 풀어낼 수 있다. 마찬가지로 우리는 교과서를 읽으며 오류 없이 빠르고 정확하게 이해하기 위해서는 좋은 문해력을 갖춰야 할 것이다.

핵심 내용 요약하기

▶ 교과서는 교육과정 내용을 최대한 압축해서 만든다.

▶ 교과서를 쓰는 전문가들이 아무리 쉽게 쓰려고 노력해도 여러 제약으로 인해 압축된 글이 들어갈 수밖에 없다.

▶ 교과서는 정보 중심 전달의 글이고, 핵심만 요약되어 있기에 배경지식을 최대한 활용해야지만 이해할 수 있다.

▶ 학습도구어에 대한 이해가 부족하면 무슨 말인지 전혀 알 수 없는 경우가 발생한다.

▶ 특히 어려운 이론에 관한 용어가 등장하기도 해서 아무리 예시를 들어 설명해도 깊게 이해하지 못한다.

▶ 단순히 교과서에 나온 문자에만 집중하는 게 아니라 자신이 알고 있는 배경지식을 활용하거나 주변의 경험에 연결 지어서 정보를 이해하려고 노력해야 한다.

▶ 수능 만점자들은 어린 시절부터 다양한 독서 경험과 실제 생활 속에서 겪은 다양한 경험을 통해 교과서를 읽으며 충분히 지식을 확장하는 능력을 지녔다는 걸 유추해 볼 수 있다.

▶ 결론은 문해력이 기반이 될 때 교과서 위주의 공부는 분명 효력이 있다.

▶ 교과서는 압축 파일이다. 압축 파일을 풀려면 압축 프로그램이 필요하다. 이때 말하는 압축 프로그램은 '문해력'이라고 볼 수 있다.

▶ 교과서를 읽으며 오류 없이 빠르고 정확하게 이해하기 위해서는 좋은 문해력을 갖춰야 할 것이다.

생각 날개 펼치기

1) 교과서로만 학습하는 것이 어려운 이유를 구체적으로 작성하시오.

2) 수능 만점자들이 교과서 위주로 공부했어도 성공한 이유를 작성하시오.

3) 이번 글을 읽고, 새롭게 배우고 느낀 점을 작성하시오.

**아는 것을 연결하는 게
곧 공부다**

초등학교 6학년 때 반에 공부를 매우 잘하는 친구가 있었다. 매시간 선생님 질문에 대한 답변은 항상 그 친구의 몫이었다. 교과서에 나오는 내용에 추가로 자신이 아는 지식을 덧붙여서 자신 있게 생각을 말하는 그 친구의 성적은 항상 최상위권이었다. 비결이 무엇일까 궁금했다. 그런데 그 친구는 특별히 문제집을 더 풀거나 하지 않았다. 항상 손에 책을 들고 있었고, 도서관을 놀이터처럼 다니는 친구라는 차이 하나밖에 없었다.

같은 초등학교를 졸업했지만, 그 친구는 다른 곳으로 이사 가서 중학교는 같이 다니지 않았다. 그런데 신기하게도 고등학교 때 다시 그 친구를 만나게 되었다. 비평준화 지역이라 시험을 보고 고등학교에 진학했기에 만날 수 있었다. 그리고 평범했던 나도 공부 잘하는 그 친구와 같은 학교에 다니게 된 것이었다.

나는 인문계이고 그 친구는 자연계라서 같은 반이 될 수는 없었지만, 종종 학교 도서관에서 자습할 때면 얼굴을 볼 수 있었다. 역시나 그 친구는 문제집을 풀지 않았다. 대신 다양한 종류의 교재를 두고 같은 내용을 반복해서 봤다. 혹은 교과서 내용과 관련된 책을 읽었다. 보통 친구들이 공부하는 방법과는 분명히 다른 공부 방법이었다.

그리고 자신만의 특화된 공부법 덕분인지 모르겠지만, 그 친구는 명문대 의대에 진학했다. 분명히 그 친구에게는 공부에 대한 비법이 있었다는 것만은 직감적으로도 결과적으로도 알 수 있었다. 놀랍게도 대학에 진학하고 나서 나도 모르게 그 친구의 공부법을 활용했다. 효과도 톡톡히 봤기에 어떤 공부법이었는지 공유해보려고 한다.

혹시 땅따먹기 게임을 아는가? 우선 직사각형 각 모서리에서 손바닥 한 뼘을 대고 부채꼴 모양으로 자신의 땅을 그린다. 부채꼴 모양은 내 땅인데, 거기에서 돌을 세 번 튕기면서 선을 그리고 다시 내 땅으로 들어오면 그 범위만큼 내가 땅을 먹을 수 있는 게임이다. 땅을 확장하기 위한 게임의 전제는 내 땅 안에서 시작해서 다시 내 땅 안으로 돌아와야 한다는 점이다.

그 친구의 공부 방법이 바로 이 땅따먹기 게임의 원리와 같았다. 물론 나도 깨우친 방법이기도 했다. 수업 시간에 배우는 교과서 내용을 기반으로 관련 주제의 책을 최소 세 권 이상 구한다. 물론 교재일 수도 있고, 단행본일 수도 있고, 논문일 수도 있다. 종류에 상관없이 주제가 같으면 수집한다.

처음에 읽을 때는 세 권의 책에서 내가 수업 시간에 배운 내용과 같은 부분을 찾아가며 읽는다. 신기하게도 교과서와 다른 종류의 책 세 권에서 공통분모가 분명히 나타난다. 자연스럽게 그 내용이 핵심 내용이라는 걸 깨닫는다.

두 번째로 읽을 때는 책마다 다른 내용이 무엇인지 확인하며 읽는다. 이미 알고 있는 내용에 조금 다른 내용을 연결하여 추가로 확인하다 보면 자연스럽게 무엇이 다른지 분별하게 된다.

별거 아닌 듯 보이지만, 이 방법이 공부의 본질을 꿰뚫는 공부법이다. 진짜 공부는 내가 모르는 걸 알아가는 과정이기 때문이다. 또한 뇌의 작동 원리를 최대한 활용하는 방법이기도 하다.

우리의 뇌는 익숙한 것에 더욱 집중하는 경향이 있다. 혹은 계속해서 반복되는 것을 중요하다고 생각하여 장기기억으로 남겨둔다. 반면 익숙하지 않거나 자주 반복되지 않는 것에는 관심을 잘 두려고 하지 않는다. 하지만 이미 알고 있는 것과 다른 점이 무엇인지 그 이유를 찾으려고 노력하면 새로운 지식이라도 관심을 두게 된다.

바로 이 원리를 통해 공부를 잘했던 내 친구는 좋은 결과를 얻을 수 있었다. 나도 대학교에서는 이 공부법 덕분에 좋은 성적을 받았고, 해외 대학원에 진학할 때 큰 도움이 되었다. 물론 대학원에서 공부할 때도 이 방법을 써서 좋은 성적을 받을 수 있었다.

문해력과 공부의 상관관계를 밝히면서 어린 시절 친구의 공부 방법에 대해 말하는 이유는 다음과 같다. 공부는 내가 알고 있는 내용을 새로운 지식과 연결하는 과정이라고 할 수 있다. 그때 필요한 능력이 바로 문해력이고, 문해력을 통해서 공부의 효율을 높인다. 단순히 교과서 내용에만 매몰되어 공부해도 물론 여러 번 반복을 통해 지식을 얻을 수 있지만 깊고 넓게 공부하는 힘은 얻지 못한다.

반면에 기본 지식을 바탕으로 지식을 확장하는 공부 방법은 배경 지식에 대한 코어를 단단하게 만든다. 알고 있던 지식을 더욱 강화하여 장기기억으로 가져가고, 새로운 지식도 최대한 연결 지어 받아들이려 하기 때문이다. 예를 들어, 어린 시절에 충분한 독서를 통해 다양한 지식이 머릿속에 남아있다면 새로운 지식을 받아들일 때 더 효율성이 높아진다는 말이다.

《초6의 독서는 달라야 합니다》를 쓴 전영신 작가도 초등학교 고학년부터는 단순히 책 읽는 걸 즐기는 게 아니라 사고력을 발휘해서 자기 생각과 연결 지을 수 있어야 한다고 말한다. 즉 아는 것을 고차원적으로 연결할 수 있어야 한다는 뜻이다.

저학년 때까지는 단순히 누군가 읽어주는 내용을 듣고 단순 사실만을 확인하게 되지만, 고학년부터는 단순 사실을 넘어서 우리 삶에 지식을 연결하는 연습이 필요하다. 그래야 고등학교에 가서 고도의 사고력을 요구하는 수능 시험을 볼 때 도움이 된다고 한다.

이렇게 어린 시절 독서의 중요성을 강조하면 이미 늦은 나이에 들어선 사람들은 어떻게 해야 하나 걱정하기 마련이다. 운 좋게도 우리의 뇌는 가소성을 가지고 있어서 죽을 때까지 계속 변한다. 어린 시절이 아니라도 독서를 통해 문해력을 기르면 뇌 구조가 바뀌는 걸 느낄 수 있다는 말이다. 대표적인 사례는 내 이야기를 통해 증명할 수 있다.

나는 2019년 1월부터 시작한 독서 프로젝트를 통해 현재까지 300권의 책을 읽었다. 물론 중간에 둘째가 태어나 1년 정도 휴식기를 가졌지만, 3년 동안 300권을 읽은 경험으로 인해 인생에 큰 변화를 줄 수 있었다. 생소했던 뇌과학 분야를 비롯해 다양한 분야에 대한 지식을 책을 통해 얻을 수 있었다.

물론 처음에는 생소한 지식을 내 것으로 만들기가 쉽지 않았다. 하지만 같은 분야의 책을 여러 권 읽으면서 공통분모를 찾게 되고, 반복해서 나오는 인용 글에 익숙해지면서 자연스럽게 핵심 내용을 파악할 수 있었다. 그리고 책마다 작가가 강조하고 싶은 내용이 달라서 차이점도 분별할 수 있게 되었다. 그렇게 아는 게 많아지면서 책 읽는 속도도 빨라지고, 내가 알고 있던 지식을 새로운 지식과 연결하는 사고력을 기를 수 있었다.

독서 덕분에 나는 아는 것을 연결하는 힘이 생기면서 폭발적인 아이디어가 떠오르게 되었다. 책을 읽을 때마다 단순히 작가의 의도만 파악하는 게 아니라 글을 구조화하면서 읽게 되었다. 그리고 내 삶과 연관 지어 해석하는 습관이 생겼으며, 나아가 내가 쓰는 책에 어떻게 인용하면 좋을지 항상 고민하게 되었다.

　한 예로, 《1등급 공부법》 책을 쓰면서 내가 가르치지 않는 국어, 수학, 사회, 과학, 제2외국어 과목에 대한 글을 쓸 때 아는 것을 연결하는 힘이 얼마나 위대한지 알 수 있었다. 20명 멘토의 공부법 사례를 취합하고, 20~30권의 공부법 책에 나온 내용을 요약하는 과정에서 기존에 내가 알던 지식을 최대한 끌어와 연결할 수 있었다.

　계단을 한 단계씩 위로 만드는 과정에서 아래 있는 계단이 탄탄하게 받쳐주는 게 얼마나 중요한지 느낄 수 있었다. 과목별로 필요한 공부 방법을 설명할 때도 비유를 통해서 쉽게 내용을 전달할 수 있었기 때문이다. 추가 연구를 해야 할 때도 이미 키워드가 머릿속에 있으니 빠르게 필요한 정보를 찾을 수 있었다.

　우리 뇌에 있는 시냅스는 우리가 어떤 지식을 접하느냐에 따라 구조가 바뀐다고 한다. 만일 내가 독서 없이 책을 쓰려고 했다면, 지식을 연결하는 힘이 부족했을 것이다. 다행히도 매주 한 권씩 책을 읽고, 그 한 주 동안 내가 겪은 모든 경험과 쓸 글의 주제와 최대한 연결하는 과정이 있어서 글이 나왔고, 책으로 완성되었다고 생각한다.

　공부도 마찬가지다. 독서를 통해 아는 것이 점점 많아질수록 지식의 간격을 좁히는 힘이 생기기 때문에 공부를 더욱 잘할 수 있게 된다. 무엇보다 시냅스 구조가 변하고, 정보를 전달하는 연결망이 촘촘하게 엮이면서 뇌 안에서 정보 처리가 더욱 빠르게 이뤄질 수 있다. 삼단 논법에 따르면, "독서는 문해력이다. 문해력은 공부다. 고로 독서는 공부다." 독서를 통해 지식을 확장하여 아는 것을 연결하는 것이 곧 공부라는 사실을 잊지 말아야 한다.

그런데 현실은 어떠한가? 단순히 교과서를 읽고 문제집을 푸는 걸 공부라 한다. 진정한 공부는 내가 아는 것을 무한으로 늘리는 과정이라 봐야 한다. 자신이 아는 게 많을수록 모르는 것이 더 많다는 걸 알게 되기 때문이다. 다행히도 꼬리에 꼬리를 물고 모르는 걸 찾아가는 과정이 공부라서 멈추지 않고 끝없이 공부에 매진할 수 있을 것이다.

핵심 내용 요약하기

▶ 땅따먹기와 같은 원리의 공부법은 수업 시간에 배우는 교과서 내용을 기반으로 관련 주제의 책을 최소 세 권 이상 구하는 것이다.

▶ 처음에 읽을 때는 세 권의 책에서 내가 수업 시간에 배운 내용과 같은 부분을 찾아가며 읽으며 자연스럽게 그 내용이 핵심 내용이라는 걸 깨닫는다.

▶ 두 번째로 읽을 때는 책마다 다른 내용이 무엇인지 확인하며 읽고, 이미 알고 있는 내용에 조금 다른 내용을 연결하여 추가로 확인하다 보면 자연스럽게 무엇이 다른지 분별하게 된다.

▶ 우리의 뇌는 익숙한 것에 더욱 집중하거나 계속해서 반복되는 것을 중요하다고 생각하여 장기기억으로 남겨둔다.

▶ 공부는 내가 알고 있는 내용을 새로운 지식과 연결하는 과정이라고 할 수 있다.

▶ 기본 지식을 바탕으로 지식을 확장하는 공부 방법은 배경지식에 대한 코어를 단단하게 만든다.

▶ 알고 있던 지식을 더욱 강화하여 장기기억으로 가져가고, 새로운 지식도 최대한 연결 지어 받아들이려 한다.

▶ 어린 시절에 충분한 독서를 통해 다양한 지식이 머릿속에 남아있다면 새로운 지식을 받아들일 때 더 효율성이 높아진다는 말이다.

▶ 운 좋게도 우리의 뇌는 가소성을 가지고 있어서 죽을 때까지 계속 변한다.

▶ 어린 시절이 아니라도 독서를 통해 문해력을 기르면 뇌 구조가 바뀐다.

▶ 계단을 한 단계씩 위로 만드는 과정에서 아래 있는 계단이 탄탄하게 받쳐주는 게 중요하다.

▶ 독서를 통해 아는 것이 점점 많아질수록 지식의 간격을 좁히는 힘이 생기기 때문에 공부를 더욱 잘할 수 있게 된다.

생각 날개 펼치기

1) 땅따먹기와 같은 공부법 원리를 구체적으로 작성하시오.

2) 늦은 나이에 독서하는 것이 늦지 않은 이유를 뇌과학적 관점으로 작성하시오.

3) 이번 글을 읽고, 새롭게 배우고 느낀 점을 작성하시오.

서울대 추천도서
100선에 관하여

　　　　　　　　많은 교육 전문가들이 서울대학
교에서 선정한 권장도서 100선을 말한다. 그런데 과연 이 추천도서
를 읽는다고 해서 공부를 잘할 수 있게 되고, 좋은 성적을 받아 좋은
대학에 진학할 수 있을까? 그것은 의문이 든다. 왜냐하면, 서울대에
서 추천하는 도서를 읽기만 해서 서울대에 진학하는 건 아니기 때문
이다. 그렇다면 왜 전문가들은 추천도서를 제시하는 것일까?
　서울대학교에서 선정한 권장도서 100선은 한국문학 17권, 외국
문학 31권, 동양사상 14권, 서양사상 27권, 과학기술 11권으로 5개
분야에 걸쳐있다. 이 책들은 과거의 일들이 현재의 우리에게 중요한

깨달음을 주기에 '고전'이라 일컫는다. 고전은 또한 지식과 품성을 갖춘 교양인 혹은 지성인으로 거듭나도록 도울 수도 있다. 다행히도 현재 상황에 적시적으로 맞는 책들을 추렸기에 현대인들에게 도움이 되는 필독서라 할 수 있다.

사실 추천도서 목록이 주는 의미는 꼭 100권의 책을 다 읽으라는 말은 아니다. 진정한 핵심은 이 책을 읽고 책 속에서 스스로 자신에게 필요한 걸 찾으며 연결하라는 의미다. 예를 들어 의대 혹은 공대에 가려는 학생이 베르너 하이젠베르크의 《부분과 전체》를 읽어야 하는 이유는 의학자 혹은 공학자가 가져야 할 철학적 사유 능력을 기르고, 윤리적 깨달음을 얻게 하기 위해서다. 그리고 책 속에서 드러나는 노벨상 수상자의 모습을 통해 배울 점들이 있기 때문이다.

그렇다면 문학이나 고전은 어떤가? 과거 역사에 기록된 사건을 통해 현재와 연결되는 부분을 찾기 위한 혹은 비문학적인 글에서는 느낄 수 없는 감수성, 상상력 등의 영역을 키우기 위한 목적이 있다. 의사나 공학자는 전문 지식을 가지고 이성적이기도 해야 하지만, 동시에 누구보다 풍부한 상상력을 가져야 하기 때문이다.

동양 사상이나 서양 사상의 경우에는 어떠한가? 만일 의대나 공대에 지원하고자 하는 학생이 자신이 연구하려는 의학이나 공학 분야의 기술이 인간과 사회에 어떤 영향을 미치게 할지를 알기 위해서는 책을 읽을 필요가 있다. 이렇듯 서울대 추천도서 100선의 의미는 객관적인 사실이나 지식을 전달하고자 하는 것이 아니다. 책을 통해서 세상을 대하는 태도나 자세를 배우기를 더 바랄지도 모른다. 학생으로서는 공부하는 태도나 자세로 이어질 수 있다.

동양 사상 분야를 살펴보면 《주역》이라는 책이 눈에 띈다. '주역'은 본래 고대로부터 점을 쳐보는 책으로 전해져 내려왔다. 그래서 우리는 쉽게 이 책을 점치는 책이라 생각한다. 주역을 점괘를 보는 책으로 여기고 공부하는 사람이라면 모르겠지만, 현대인들에게 있어서 이 책의 본질은 인생을 살아갈 때 필요한 수양서 정도로 생각하는 게 맞을 것이다.

하지만 공자는 자신의 남은 수명이 조금만 더 있었으면 '주역'을 더 연구하고 몰두하고 싶어 했다고 전해진다. 참고로 공자는 주역을 '위편삼절(韋編三絕)' 했다고 전해진다. '위편삼절'이라는 말은 '책을 묶은 가죽끈이 세 번이나 떨어질 정도로 많이 읽었다.'라는 의미로 전해지는데, 이는 종이가 없던 과거에는 대나무에 글자를 써서 책으로 만들어 사용했기에 나온 말이다. 대학자인 주자도 주역으로 점을 쳤다고 하고, 진시황의 분서갱유 때도 주역은 태워지지 않고 보전되었다. 비록 점치는 책이지만 그만큼 중요한 서적이라는 걸 유추할 수 있다.

그렇다면 사람들은 왜 주역에서 답을 구하고자 했을까? 우리는 살아가면서 수많은 선택을 하는데 선택의 갈림길에서 확신이 없을 때가 있다. 이런 순간에 점이라도 쳐 보면 어떨까 하는 마음이 든다. 바로 이때 주역이 필요하다고 느낀다. 주역은 자신의 갈망을 담은 질문에 괘를 통해 답을 준다. 그 답은 확신을 위한 것이다. 이렇듯 주역은 인간에게 내재한 불확실성(불안과 공포)과 같은 부정적인 요인이 발현될 때 자신을 다스릴 힘을 주는 책이다.

물론 현대판 해석으로 이뤄진 주역 책은 다른 동양 사상 책들과 비슷하게 교훈을 주는 내용으로 구성되어 있다. 행여나 자신이 지금 처한 상황이나 맥락 속에서 비슷한 사례가 연결된다면 느끼거나 깨닫는 지점이 발생할 것이다. 또한 음양의 조화를 바탕으로 균형을 강조하는 책이라고도 볼 수 있다. 주역에서는 모두 섭리에 따른 당연한 결과로 이어지기에 어떤 상황이라고 해도 새삼스럽지 않을 수 있다.

나도 독서를 많이 하게 되면서 해결하고 싶은 지점이 하나 생겼다. 그것은 바로 '고전'을 통해 배움과 깨달음을 얻는 일이었다. 수험생들에게 많이 추천되는 책인 '데미안'을 읽을 기회가 있었다. 물론 10대에도 읽었던 것 같은데 내용이 많이 생소하게 느껴졌다. 그리고 나이가 들어서일까 데미안에 나오는 자아에 대한 성찰을 다양한 관점으로 해볼 수 있었다. 항상 느끼는 것이지만 책을 읽으면서는 자신이 처한 현실에 투영해보게 된다.

단순히 서울대에서 추천하는 도서를 읽어 문해력, 독해력, 배경지식 등 단순한 결과를 얻으려 한다면 오산이 될 것이다. '고전'이라 불리는 추천도서는 독자에게 다양한 관점으로 사건을 바라보게 하고, 과거와 현재를 잇고, 자신의 상황과 연결 짓도록 하면서 사고력을 확장하게 만드는 책이라 생각한다. 사고력 확장은 결국 생각하는 힘을 길러주기에 공부와 관련이 있다고 볼 수 있다.

서울대학교 입학본부 웹진 '아로리'에 가면, 서울대 지원자가 가장 많이 읽은 책을 소개하는 곳이 있다. 그곳에서 찾아본 합격생들의 독서에 대한 이야기 몇 가지를 소개해볼까 한다.

사회과학대학 사회복지학과에 재학 중인 한 합격생은 책을 통해 고등학교 교실이라는 한정된 공간에서도 다양한 간접 경험을 할 수 있었다고 말했다. 한 예로 종 차별주의와 동물 착취에 관한 책을 읽으면서 인간 중심적 사고를 반성했고, 정의 이론을 다루는 철학책을 읽으면서 인권을 바라보는 경제적 관점, 사회적 관점, 문화적 관점에 대한 새로운 시야를 얻었다고 했다. 가족주의를 다루는 책을 읽으면서 가족의 기능에 대한 성찰을 할 수 있었고, 다양한 여성주의 관련 책을 읽으며 '교차성 이론'을 배우고 여성주의의 확장 가능성과 연대에 대해 생각해 볼 수 있었다고 했다.

특히 독서를 통해 자신이 가지고 있던 세계관이 무너지고, 재구성되고 확장되는 경험을 했다고 고백했다. 또한 독후 활동으로 여러 독서 토론을 하면서 다양한 사람의 다양한 시각을 접한 것이 사회를 보는 새로운 눈을 얻는데 큰 도움이 되었다고 밝혔다. 이를 통해 얻은 새로운 시각은 고등학교 생활 전반에 매우 큰 도움이 되었고, 발표하거나 보고서를 쓸 때 책을 참고하여 더 다양하고 풍부한 논의를 할 수 있었다고 했다. 끝으로, 책을 읽으며 대학 공부를 상상하고, 동기 부여를 받았다고 했다.

비록 책에 모든 이야기를 담을 수는 없기에 한 명의 사례만을 소개했다. 그래도 분명히 느끼는 점이 있을 것이다. 참고로 이 사이트에는 학과별로 합격자가 가장 많이 읽은 책 리스트 등 다양한 정보가 있으니 독서를 하는 것이 왜 좋은지 그 의미를 직접 찾아보기를 바란다.

그리고 합격생들의 독서 목록을 살펴보면, 서울대에서 추천하는 도서 100선을 읽지 않았더라도 자신에게 의미가 있었던 책에 대한 소감을 분명히 드러낸 경우에도 합격으로 이어질 수 있다는 사실을 발견했다. 따라서 서울대 추천도서의 본질은 100권을 모두 읽어보라는 게 아니다. 말 그대로 추천도서일 뿐이라는 말이다. 이렇게 책을 통해서 많은 생각을 해볼 수 있었다면, 그것만으로도 충분히 추천할만한 도서가 될 수 있다고 본다. 그것이 공부의 본질이자 확장해야 할 방향성이라는 생각이 든다. 독서와 공부의 상관관계에 있어서 이런 부분이 본질이라는 걸 잊지 않기를 바란다.

핵심 내용 요약하기

▶ 서울대학교에서 선정한 권장도서 100선은 한국 문학 17권, 외국 문학 31권, 동양사상 14권, 서양사상 27권, 과학기술 11권으로 5개 분야에 걸쳐있다.

▶ 고전은 지식과 품성을 갖춘 교양인 혹은 지성인으로 거듭나도록 돕는다.

▶ 사실 추천도서 목록이 주는 의미는 꼭 100권의 책을 다 읽으라는 말은 아니라 진정한 핵심은 이 책을 읽고 책 속에서 스스로 자신에게 필요한 걸 찾으며 연결하라는 의미다.

▶ 문학이나 고전은 과거 역사에 기록된 사건을 통해 현재와 연결되는 부분을 찾기 위한 혹은 비문학적인 글에서는 느낄 수 없는 감수성, 상상력 등의 영역을 키우기 위한 목적이 있다.

▶ 단순히 서울대에서 추천하는 도서를 읽어 문해력, 독해력, 배경지식 등 단순한 결과를 얻으려 한다면 오산이다.

▶ '고전'이라 불리는 추천도서는 독자에게 다양한 관점으로 사건을 바라보게 하고, 과거와 현재를 잇고, 자신의 상황과 연결 짓도록 하면서 사고력을 확장하게 만드는 책이다.

▶ 서울대 합격생은 독서를 통해 자신이 가지고 있던 세계관이 무너지고, 재구성되고 확장되는 경험을 했다고 고백했다.

▶ 서울대에서 추천하는 도서 100선을 읽지 않았더라도 자신에게 의미가 있었던 책에 대한 소감을 분명히 드러낸 경우에도 합격으로 이어질 수 있다는 사실을 발견했다.

생각 날개 펼치기

1) 서울대 추천도서 100선이 주는 진정한 의미에 대해 작성하시오.

2) '고전'을 통해 독자들이 얻을 수 있는 혜택은 무엇인지 작성하시오.

3) 이번 글을 읽고, 새롭게 배우고 느낀 점을 작성하시오.

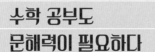

수학 공부도
문해력이 필요하다

우리는 보통 수학이라고 하면, 공식을 외우고 주어진 문제에 맞게 응용해서 푸는 걸 생각한다. 그래서 수학에 문해력이 필요하다고 말하면, 이해가 되지 않을 것이다. 글자보다 기호나 숫자가 더 많은 수학에서 글을 읽고 이해하는 문해력을 논하는 게 어색할 수 있지만, 사실 많은 교육 전문가들은 수학에서도 문해력이 꼭 필요하다고 외치는 중이다.

《초등생을 위한 수학 공부몸 만들기》에서는 수학을 잘하기 위해서는 생각하는 힘을 길러야 한다고 한다. 생각하는 힘에는 이해력과 논리력이 포함되어 있다. 이 두 가지 힘을 기르기 위해서는 수학 문제에 집중하는 힘과 공식을 문제에 연결하여 해결하는 힘을 기르는 훈련이 필요하다는 말이다.

실제 이 책에서는 '문해력'이라는 개념을 설명하면서, 수학에서는 단순히 글을 읽고 해석하는 능력뿐만 아니라 문제에서 요구하는 논리가 무엇인지 파악할 수 있도록 '이해력'을 길러야 한다고 강조한다. 그런데 한국 교육에서는 빠르게 답을 찾는 걸 좋게 생각하다 보니 수학 문제가 어려우면 금방 포기하게 된다고 말한다. 그래서 어른들은 아이들이 스스로 생각할 수 있도록 기다릴 줄 알아야 하고, 문제에 더 집중해서 분석하고 이해하려는 노력을 기를 수 있게 해야 한다고 주장한다.

사실 문해력이라는 것은 언어를 읽고 해석하는 능력과 더불어 이해하는 능력이기에 수학에서도 수학 언어를 읽고 해석하고 이해할 필요가 있다. 수학 기호도 알고 보면, 수학 언어라서 정확히 기호를 읽고, 쓸 줄 알아야 문제를 해결할 수 있다. 영어와 같은 외국어도 새로운 언어를 배우는 것이고, 코딩도 컴퓨터 언어를 새로 배우듯이 수학도 하나의 언어를 배우는 과정이라 생각한다면 쉽게 이해될 것이다.

《1일 1페이지로 완성하는 초등 국영수 문해력》에서도 국어와 영어 과목에 이어 수학에서도 문해력이 필요한 이유에 대해 설명한다. 이 책에서는 국영수 세 과목 모두에서 읽기 능력, 어휘력, 쓰기 능력을 주요 키워드로 분류하고 강조한다. 문해력이 결국엔 어휘를 읽고 이해하는 것도 중요하지만, 직접 쓸 줄 아는 능력도 포함한다는 걸 알 수 있다.

우선 읽기 능력을 기르기 위해서는 독서 습관이 중요하다고 강조한다. 그리고 어휘력 향상을 위해서도 학년별 필요한 어휘 수준이 어느 정도이고, 어떻게 하면 어휘를 늘릴 수 있는지 그 방법을 제시한다. 끝으로 쓰기 능력을 늘리기 위해 국어 과목에서는 우선 한 문장부터 차근차근 생각하면서 글을 써야 하고, 영어에서는 문법보다는 생각한 내용을 꾸준히 표현해야 하며, 수학에서는 문제를 다시 써 보거나 요약 혹은 문제를 만들어 보라고 한다.

결국에 어떤 과목이든 생각하는 힘을 길러야 한다는 건 불변의 진리인 것 같다. 생각하는 힘은 그냥 길러지는 게 아니라 우리가 한 주제에 대해서 여러 관점으로 생각해보거나, 문제가 있으면 어떻게 해결해야 할지 방법을 모색하거나, 우리가 알고 있는 지식을 활용하여 적용해볼 때 성장하는 것이다. 당연히 독서를 통해 배경 지식의 확보, 문제 해결 능력, 다양한 관점으로 살펴보기 등 사고력 증진을 기반으로 한다.

쉬운 예로, 수학 문제에는 시간, 거리, 속력을 구하는 공식을 이용하는 문제가 나온다. 물론 단순히 '거리=시간×속력' 공식만 대입하면 답이 나오는 쉬운 문제도 있지만, 이해력과 응용력을 요구하는 문제의 경우에는 생각을 깊게 하지 않으면 오답을 구하게 된다. 즉 문해력과 사고력이 부족하면 수학 문제를 풀 수 없다는 말이다.

아래 몇몇 문제를 풀어보며 이를 증명해 보겠다.

〈문제 1〉

길이가 1km인 강이 있다. 배를 타고 강을 거슬러 오르는 데 20분, 다시 내려오는 데 10분이 걸린다면, 정지한 물에서 배의 속력은 분속 몇 m인가?(단, 강을 올라갈 때와 내려올 때 배의 속력은 일정하다.)

우선 길이가 1km라고 되어 있는데, 보기에 단위는 분이므로 미터(m)로 고쳐서 길이는 1,000m가 된다. 올라갈 때는 20분, 내려갈 때는 10분이 소요되는 이유는 올라갈 때는 배의 속력에서 물의 속력과 마찰이 생기므로 물의 속력을 빼면 배가 느려진다. 반면에 내려갈 때는 배의 속력에 물의 속력을 더해줘야 하므로 배의 속력이 빨라진다.

따라서 거리 구하는 공식(거리=시간×속력)을 활용하여 식을 세우면 다음과 같다. 올라갈 때는 거리(1,000m)=시간(20분)×속력(배의 속력-물의 속력), 반면 내려갈 때 거리(1,000m)=시간(10분)×속력(배의 속력+물의 속력)이다. 이때 배의 속력을 'a'라 하고, 물의 속력을 'b'라고 정하면 우리는 쉽게 방정식을 활용하여 배의 속력을 구할 수 있다.

1000m=20분×(a−b)와 1000m=10분×(a+b)라서 'a−b=50'과 'a+b=100'이라는 식 두 개를 얻을 수 있다. 이제 두 식을 더하거나 빼는 방식을 통해, 배의 속력에 해당하는 a의 값을 구할 수 있다. 두 식을 더하면 2a=150이라는 값이 나오고, 'a=75'가 된다. 따라서 정답은 75m/분이 된다.

이 문제를 통해 알 수 있지만, 아무리 '거리=시간×속력'이라는 공식을 안다고 해도 생각하지 않고서는 쉽게 문제를 풀 수 없을 것이다. 우선은 'km'가 나타내는 거리는 '1,000m'로 바꿀 수 있어야 한다. 분당 속력을 구하려면 단위를 미터(m)로 맞춰야 하기 때문이다. 그리고 올라갈 때와 내려갈 때 배의 속력과 물의 속력의 관계를 파악할 수 있어야만 식을 만들어 낼 수 있다. 그렇지 않으면 계속 머릿속에서는 공식이 떠올라도 실제 문제가 요구하는 정답은 찾아내지 못할 것이다.

수학을 풀 때 문해력과 이해력이 왜 필요한지 한 문제를 더 풀어보며 그 이유를 살펴보도록 하자.

<문제 2>

유정이가 현재 집에서 출발하여 학교까지 시속 6km로 걸어서 가면 수업 시간 10분 후에 도착하고, 시속 15km로 자전거를 타고 가면 수업 시간 32분 전에 도착한다고 한다. 이때 유정이네 집에서 학교까지의 거리를 구하시오.

이 문제는 더 늦은 도착과 빠른 도착의 언급이 있어서 그때의 각자 상황에 따른 '도착 시간'이 다르므로, 시각과 시각 사이에 발생하는 '시간 차이'를 이용한 식을 세워야 한다. 그리고 'km' 단위는 '시간' 단위와 같이 쓰여야 하므로, 분 단위를 시간 단위로 바꾸기 위해 60을 분모로 하여 분수로 만들어서 계산해야 한다.

유정이네 집에서 학교까지의 거리를 'x' km라 하고, '거리=속력×시간'이라는 기본 공식을 '시간=거리/속력'으로 바꾸어 대입하자. 우선 시속 6km로 가는 데 걸린 시간은 10분이 추가되었으니 '10분 $= \dfrac{x}{6}$', 시속 15km로 가는 데 걸린 시간은 32분 단축되었으니 '-32분

$=\frac{x}{15}$'로 바꾸어 계산하자. 앞 식에서 뒤 식을 빼면 42분$=\frac{x}{6}-\frac{x}{15}$이 될 것이다. 여기서 단위를 맞추기 위해 42분 아래 분모로 60을 넣자. 그러면 $\frac{42}{60}=\frac{x}{6}-\frac{x}{15}$이 될 것이다. 분모를 모두 60으로 맞추고 분자만 계산하면, 42=10x-4x이라는 식이 생긴다. 최종적으로 42=6x가 되어 x=7이 된다. 따라서 유정이네 집에서 학교까지의 거리는 7km이다.

여기에서도 마찬가지로 단위의 쓰임에 대한 이해, 시간 차이에 대한 개념 이해가 우선 되어야 방정식을 이용하고, 분수 계산법을 적용하여 답을 찾을 수 있다. 그런데 만일 문제를 제대로 이해하지 못하거나, 단위에 대한 이해가 부족하면 아무리 공식을 많이 알아도 답을 해결하는 과정을 찾을 수 없으니 헤매게 된다.

수학이라고 하면, 다양한 기호를 활용하고 숫자를 계산하는 정도로 생각하는 경우가 많다. 하지만 실제 수학 문제를 해결하는 능력은 단순한 공식 암기와 적용에서 나오지 않는다. 문제를 읽고 정확하게 상황을 파악하는 능력이 필요하다. 그러기 위해서는 글을 정확하게 읽고 이해하는 능력이 필수다. 나아가 다양한 각도로 생각하며 자신이 알고 있는 공식을 적절하게 활용할지 생각하는 힘도 필요하다. 그래서 수학에서도 다양한 사고 능력을 요구하는 문해력이 필수라는 말이다.

핵심 내용 요약하기

▸ 많은 교육 전문가들은 수학에서도 문해력이 꼭 필요하다고 외치는 중이다.

▸ 수학에서는 단순히 글을 읽고 해석하는 능력뿐만 아니라 문제에서 요구하는 논리가 무엇인지 파악할 수 있도록 '이해력'을 길러야 한다.

▸ 결국에 어떤 과목이든 생각하는 힘을 길러야 한다는 건 불변의 진리인 것 같다.

▸ 생각하는 힘은 그냥 길러지는 게 아니라 우리가 한 주제에 대해서 여러 관점으로 생각해보거나, 문제가 있으면 어떻게 해결해야 할지 방법을 모색하거나, 우리가 알고 있는 지식을 활용하여 적용해볼 때 성장한다.

▸ 독서를 통해 배경지식의 확보, 문제 해결 능력, 다양한 관점으로 살펴보기 등 사고력 증진을 기반으로 한다.

▸ 만일 문제를 제대로 이해하지 못하거나, 단위에 대한 이해가 부족하면 아무리 공식을 많이 알아도 답을 해결하는 과정을 찾을 수 없으니 헤매게 된다.

▸ 실제 수학 문제를 해결하는 능력은 단순한 공식 암기와 적용에서 나오지 않는다.

▸ 수학은 문제를 읽고 정확하게 상황을 파악하는 능력이 필요하다.

▸ 나아가 다양한 각도로 생각하며 자신이 알고 있는 공식을 적절하게 활용할지 생각하는 힘도 필요하다.

▸ 그래서 수학에서도 다양한 사고 능력을 요구하는 문해력이 필수다.

생각 날개 펼치기

1) 수학에서도 '문해력'이 필요한 이유를 구체적으로 작성하시오.

2) 수학 문제를 풀면서 공식을 알아도 풀지 못하는 이유를 작성하시오.

3) 이번 글을 읽고, 새롭게 배우고 느낀 점을 작성하시오.

문해력과 공부 자존감은 쌍방이다

　　　　　　　　　　　　　　　앞에 가던 차가 갑자기 멈춰 섰다. 뒤에서 따라오던 차가 앞차를 들이박았다. 보기 좋게 교통사고가 났다. 앞차 운전자가 목을 부여잡고 차에서 나온다. 뒤에 있던 운전자도 문을 열고 나와서 차를 살핀다. 그리고는 상대방의 잘못을 지적하며 싸움이 시작된다. 과연 이 사고는 누구의 잘못일까?

　우리는 공부에서 중요한 것이 문해력이라는 것을 이제는 잘 알고 있다. 그런데 공부 감정도 공부에 큰 영향을 미친다는 것도 알아야 한다. 공부 감정 중에서도 '자존감'은 존재감이 대단하다. 여기서 궁금해진다. 공부 자존감과 문해력은 무슨 상관관계가 있을까? 정답부터 공개하자면, 둘 다 공부에 영향을 주는 요소이자 서로에게도 영향을 주는 요소다. 왜 그런지 지금부터 차근히 알아보겠다.

공부에서 사실 가장 본질이라고 할 수 있는 건 '공부 자존감'이다. 어린 시절 형성된 공부 정서가 미치는 영향이 크기 때문이다. 그런데 긍정적인 공부 정서와 자존감은 문해력과도 밀접한 관련이 있다. 책을 읽을 때 자존감이 높은 아이들은 모르는 내용이 나와도 도전적으로 읽는 경향을 보인다. 반면 자존감이 낮은 아이들은 책을 읽다가 모르는 게 나오면 쉽게 포기한다. 그 이유는 새로운 도전에 대한 큰 부담감을 느끼기 때문이다.

책을 읽는다는 건 글을 통해 새로운 모험을 떠나는 것과 같다. 새롭게 정복해야 할 어휘와 문장이 책 속에서 기다리고 있기 때문이다. 따라서 공부 자존감이 높은 아이들은 스스로 모르는 걸 찾아보거나 주변에 적극적으로 물어보거나 하면서 어려움을 헤쳐나간다. 그런데 자존감이 낮다면 모르는 내용은 극복해야 할 대상이 아니라 두려워서 피해야 할 대상으로 인식하게 된다. 모르면 모른 채로 그냥 넘기고, 읽는 둥 마는 둥 하며 수동적인 태도를 보인다. 자신이 없어서 지금 위기 상황을 어떻게든 넘기는 게 최선이라 믿기 때문이다.

그렇다면, 책을 읽으며 새로운 내용을 대하는 태도는 어떻게 생긴 것일까? 독서를 강조하는 많은 학자와 작가를 비롯한 전문가들은 어린 시절 부모와 함께 책 읽는 시간의 중요성을 강조한다. 특히 어린아이를 부모가 무릎에 앉히고 책을 읽어주는 것은 아이의 정서 발달에 큰 영향을 줄 수 있다고 한다. 책을 읽는 행위가 사실은 글과 그림을 해석한다기보다는 부모와 피부를 맞대고 함께 시간을 보내 며 정서 교류를 하는 것이기 때문이다.

부모와 아이의 스킨십 과정에서는 옥시토신이라는 행복 호르몬 이 뇌에서 나오기 때문에 정서적 안정을 느끼고, 사랑받는 느낌을 강하게 가지게 된다. 즉 부모라는 울타리 안에서 평화롭고 안정적인 정서가 발달한다는 말이다. 또한 이런 행위 속에서 부모와 아이의 신뢰가 쌓여 믿음이 더욱 강해진다. 이 믿음이 결국 아이의 '자존감' 과 직결되어 아이는 자신이 하는 행동에 자신감을 가지고 앞으로 나 아갈 수 있다.

《초등 공부는 문해력이 전부다》에서도 아이의 자존감을 높여주 는 것이 곧 문해력을 높일 수 있는 방법이라 강조한다. 그리고 이 공 부 정서를 지키기 위해서는 골든타임을 놓치지 않아야 한다고 말한 다. 고등학교에 올라와서 대학 입시 스트레스로 무너지는 수험생들 도 사실은 어린 시절에 충분히 공부 정서가 안정화되지 않았을 때 그런 모습을 보인다. 정확한 시기를 명명하기는 어렵지만, 공부 정 서에 대한 부분은 어린 시절부터 초등학교 때까지 차근차근 쌓아 올 려야 무너지지 않는 것이다. 속담에 '공든 탑이 무너지랴.'라는 말도 그래서 있는 게 아닐까?

교통사고에서도 거의 항상 쌍방 과실이 있는 것처럼, 공부 자존감과 문해력의 영향 관계에서도 쌍방으로 문제점이 나타나는 경우가 허다하다. 문해력이 낮은 아이들의 경우 공부 자존감이 낮고, 정서적으로도 불안감을 보이기 때문이다. 그로 인해 교우 관계를 포함한 모든 인간관계에서도 부정적인 상황에 놓이는 경우가 많다. 심각한 경우에는 정체성 혼란이나 우울증과 같은 정신적 질환까지 이어지는 경우가 있으니 주의해야 한다.

EBS 다큐 <당신의 문해력>에서도 이 부분에 대해서 꼬집었다. 문해력이 낮으면 자신이 알지 못하는 어휘로 인해 수업에 집중하지 못하고, 결국엔 공부도 포기하게 된다고 한다. 또한 문해력이 낮으니 자기 생각을 제대로 표현할 수 없어서 자신이 원하는 것을 얻지 못하게 되어 박탈감도 커진다. 심지어는 부족한 문해력으로 인해 친구들과 어울리는 과정에서 소통의 문제가 생겨 점점 더 위축된다. 비단 친구와의 관계뿐만 아니라 부모, 선생님, 다른 사람들과도 대화 속에서 자기 생각을 표현하는데 미숙하니 부정적인 감정 표현을 하게 되어 관계가 더욱 악화되는 경우도 발생한다.

이렇듯 문해력이 낮으면 단순히 인지 능력과 지적인 능력에만 문제점이 국한되는 것이 아니다. 비인지적 능력, 즉 정서적인 문제와 정체성 문제까지도 악영향을 미치게 된다. 결국 이것은 자존감 상실, 우울증과도 연결될 수 있어서 심각한 문제에 빠질 수 있다. 문해력으로 인해 공부 자존감뿐만 아니라 비인지적인 모든 능력에 대한 신뢰가 바닥까지 떨어질 수 있다는 말이다.

만일에 이런 상태에서 성인이 되고, 사회에 나가게 된다면 업무를 수행하는 부분에서도 분명 문제점이 발생할 것이다. 우리는 보통 공부는 입시와 연결 짓는 경향이 있다. 그런데 사실 공부하며 쌓는 능력들은 우리가 사회에 나가서 살아가는 힘을 기르기 위한 것이다. 업무를 하더라도 새로운 지식과 정보를 익혀서 실제에 활용하는 능력이 필요하기 때문이다. 그때 공부 자존감이 높은 사람은 업무 자존감이 높아서 어려움을 잘 헤쳐나갈 수 있을 것이다.

어떻게 보면 공부 자존감은 컴퓨터에서 전원 공급 장치와 같다고 할 수 있다. 문해력은 정보를 처리하는 능력이니 CPU라고 볼 수 있을 것 같다. 아무리 CPU가 좋다고 하더라도 전원이 공급되지 않으면 CPU는 작동할 수 없는 것처럼, 공부 자존감이 없는 아이라면 문해력이 발동하지 않을 것이다. 그리고 전원 장치가 출력이 충분하더라도 CPU가 성능이 좋지 않으면 그 컴퓨터는 처리 속도가 떨어져서 사람들이 그 전원을 켤 일이 없을 것이다.

달걀이 먼저냐 닭이 먼저냐 알 수 없는 것처럼, 공부 자존감이 먼저인지 문해력이 먼저인지 따질 수는 없다. 하지만, 두 요소가 공부와 성적에 있어서 분명히 중요한 요소라는 건 부정할 수 없다. 그리고 둘 사이에서도 긴밀하게 연결되어 공부 자존감이 문해력에 영향을 주기도 하고, 문해력이 공부 자존감에 영향을 주기도 한다. 그래서 쌍방이라는 말이다.

개인적인 경험이지만 공부 자존감을 키워주고 아이를 믿어주는 것이 왜 문해력에 도움이 되는지 공유해볼까 한다. 예전에 공부와 담을 쌓은 고등학생을 과외한 적이 있었다. 학교에서 받는 성적도 엉망이었으나 과외를 시작하고, 나는 그 학생이 열심히 공부하면 성적이 잘 나올 거라는 믿음을 주었다. 잘 모르면 다그치기보다는 아직 배우지 않아서 모르는 거니까 익혀보자고 타이르고, 성실하게 수업이 진행되도록 좋은 관계를 쌓으며 계속 지냈다.

3개월 정도 같이 공부한 후 첫 시험을 봤는데, 평균 50점대 나오던 아이가 일부 과목에서는 90점대를 받았다. 물론 시험 점수가 모든 걸 다 말해줄 수는 없지만, 짧은 기간에 이렇게 많이 발전한 모습을 보였다는 점이 유효했다. 그동안 15년 넘게 살아오면서 쌓은 문해력을 믿음과 신뢰라는 울타리 안에서 재정비하면 크게 키울 수 있지 않을까 생각해보는 사례라 믿는다. 결국 문해력 향상을 위해서는 독서도 물론 중요하지만, 공부 감정과 자존감도 꽤 중요하다는 걸 의미한다고 볼 수 있다.

핵심 내용 요약하기

▶ 공부에서 사실 가장 본질이라고 할 수 있는 건 '공부 자존감'이다.

▶ 긍정적인 공부 정서와 자존감은 문해력과도 밀접한 관련이 있다.

▶ 책을 읽을 때 자존감이 높은 아이들은 모르는 내용이 나와도 도전적으로 읽는 경향을 보이는 반면, 자존감이 낮은 아이들은 책을 읽다가 모르는 게 나오면 쉽게 포기한다.

▶ 공부 자존감이 높은 아이들은 스스로 모르는 걸 찾아보거나 주변에 적극적으로 물어보거나 하면서 어려움을 헤쳐나간다.

▶ 자존감이 낮다면 모르는 내용은 극복해야 할 대상이 아니라 두려워서 피해야 할 대상으로 인식하게 된다.

▶ 어린아이를 부모가 무릎에 앉히고 책을 읽어주는 것은 아이의 정서 발달에 큰 영향을 줄 수 있다.

▶ 부모와 아이의 스킨십 과정에서는 옥시토신이라는 행복 호르몬이 뇌에서 나오기 때문에 정서적 안정을 느끼고, 사랑받는 느낌을 강하게 가지게 된다.

▶ 공부 정서 부분은 어린 시절부터 초등학교 때까지 차근차근 쌓아 올려야 무너지지 않는 것이다.

▶ 사실 공부하며 쌓는 능력들은 우리가 사회에 나가서 살아가는 힘을 기르기 위한 것이다.

▶ 공부 자존감이 높은 사람은 업무 자존감이 높아서 어려움을 잘 헤쳐나갈 수 있을 것이다.

▶ 둘 사이에서도 긴밀하게 연결되어 공부 자존감이 문해력에 영향을 주기도 하고, 문해력이 공부 자존감에 영향을 주기도 한다. 그래서 쌍방이라는 말이다.

▶ 문해력 향상을 위해서는 독서도 물론 중요하지만, 공부 감정과 자존감도 꽤 중요하다.

생각 날개 펼치기

1) 독서만큼 공부 자존감이 중요한 이유를 작성하시오.

2) 공부 자존감을 기르기 위한 방법에 대해 구체적으로 작성하시오.

3) 이번 글을 읽고, 새롭게 배우고 느낀 점을 작성하시오.

중학교부터 시작되는 공부 격차

《공부가 쉬워지는 청소년 문해력 특강》이라는 책에서는 공부에도 마태 효과가 적용되는 것이 바로 '문해력'이라고 말한다. 문해력의 빈익빈 부익부 현상이 주위에서 흔하게 나타나는데 이것이 결국 공부에 많은 영향을 끼칠 수 있다고 한다. 실제 돈이 많은 사람이 돈 벌기가 더 수월한 것처럼, 문해력을 더 많이 기른 아이가 공부할 때 더욱 수월하게 할 수 있는 것과 같다.

독서량이 문해력과 직결되는 건 누구나 알고 있다. 독서량과 비례해서 배경 지식이 늘어나고, 개념어에 대한 이해도가 높으면 공부에 재미가 붙는다. 더 어려운 글을 읽더라도 금방 익숙해져서 더 수준 높은 독서를 할 수 있게 된다. 이렇게 선순환 구조로 문해력을 쌓는 아이들은 중학교나 고등학교에 가서도 공부에 뒤처지지 않을 수 있다.

반면 어린 시절부터 독서와 담을 쌓고 지냈다면 말이 달라진다. 문해력을 가장 잘 기를 수 있는 독서가 기반이 되지 않은 공부는 한계가 있기 때문이다. 공부 능력을 기르는 것과 나무 기르는 것을 비유할 때, 독서와 문해력은 나무의 핵심이 되는 뿌리를 내리는 것과 같다. 아무리 큰 나무도 뿌리를 깊게 내리지 않으면 풍파에 쓰러질 수밖에 없다. 하지만 뿌리가 튼튼하면 어떤 시련에 닥쳐도 끄떡없이 버틸 수 있다.

뿌리 깊은 나무가 되어야 뿌리 뽑히는 나무가 되지 않는다. 그만큼 뿌리는 나무에 있어 생명을 좌우하는 중요한 부위라 볼 수 있다. 즉, 아래로 깊이 뿌리를 내려야만 위로 높이 자랄 수 있다. 그리고 위로 줄기와 가지를 뻗으려는 노력보다 아래로 뿌리를 내리는 일이 더 힘들고 어렵다. 게다가 눈에 보이지 않는 일이라서 뿌리가 잘 내렸는지 아닌지 확인하기도 어렵다. 뿌리가 단단히 내려졌다면, 자연스럽게 줄기도 튼튼하게 자라고, 가지도 뻗어가고, 꽃봉오리를 맺고, 열매를 맺으며 꽃을 피울 수 있다. 하지만 뿌리를 제대로 내리지 못하면 그 나무는 성장을 보장받을 수 없다.

나무가 성장하는 모습을 공부에 비유해보면 쉽게 이해가 된다. 독서와 문해력은 뿌리를 내리는 작업이다. 어린 시절부터 초등학교 때까지 성실하게 독서를 통해 어휘력, 문해력, 이해력, 논리력 등을 늘리면 중학교에 가서 몸통을 키우고 줄기를 길게 뻗을 때도 문제가 없다. 나아가 고등학교에 가서 가지를 뻗고, 10년의 정규 교육 과정의 꽃인 대학 입시에서 아름답게 꽃을 피우거나 열매를 맺을 수 있다.

하지만 사람들은 예쁜 꽃과 달콤한 열매만 생각할 뿐 어떤 노력을 해야 그런 결과를 얻을 수 있는지 신경 쓰지 못하는 것 같다. 땅 아래 숨겨진 뿌리를 보지 못하고 겉에 드러난 것만 보기 때문이다. 열매의 달콤함은 결국 뿌리의 깊이와 힘겨운 노력으로 버텨낸 인고의 시간에서 비롯된다는 걸 알아야 한다.

시기적으로 볼 때, 초등학교 때까지가 문해력의 결정적 시기라고 해보자. 그러면 그때까지가 뿌리를 내리는 시기라 할 수 있다. 만일에 문해력이라는 뿌리를 제대로 내리지 못했다면, 그 나무의 몸통인 줄기는 어떻게 자라날까? 개인적인 의견이지만, 중학교 시기는 뿌리의 힘을 바탕으로 줄기를 뻗어 나가는 시기라고 생각한다. 이때 뿌리가 튼튼한 아이는 몸집을 잘 키울 것이고, 그렇지 못한 아이는 아무리 노력해도 튼튼한 줄기를 만드는 게 힘들 것이다. 그래서 중학교에서부터 격차가 벌어지기 시작한다.

그렇다면 중학교 시기가 되어서 문해력을 극복하기에는 많이 늦은 것일까? 그렇지 않다. 물론 노력은 배가 되어야 할 것이다. 그러나 다행히도 독서 습관을 잘 들이고, 독서량의 임계점을 넘기면 다시 뿌리를 잘 내릴 수 있다. 어린아이가 처음 줄넘기를 배울 때보다 청소년이 처음 줄넘기를 배울 때 속도 면에서는 빠를 수 있기 때문이다. 아무리 문해력이 부족해도 그동안 살아온 경험이 있기에 계속해서 독서를 통해 문해력을 늘린다면 분명 효과는 있다.

초등학교 때는 비록 독서를 많이 하지 않았지만, 중학교 때 폭발적으로 독서량을 늘리고, 꾸준한 독서 습관을 들였던 경우에는 고등학교에 가서도 무너지지 않고 가지도 뻗고, 꽃도 피우고, 열매까지 맺는 우등생이 될 수 있었다. 그 이유는 중학교 때 다시 뿌리를 깊게 내리는 작업에 집중했기 때문이다. 물론 그동안 해온 독서량이 부족했기 때문에 그들이 극복해야 할 독서량은 어마어마했다.

대신 자신이 좋아하는 분야의 책을 여러 번이고 반복해서 읽었다. 이 과정은 초등학교 때 독서량이 많은 아이에게 나타나는 현상이다. 시기는 좀 늦었지만, 매우 긍정적인 반응이 나타났고 그로 인해 한 분야에 깊이 들어갔다가 더 분야를 확장하여 점점 어려운 수준의 독서로 넘어서게 된 것이다. 아쉽게도 당장 중학교 때는 성적이 잘 나오지 않았더라도, 땅을 뚫고 줄기가 올라와 가지를 뻗을 때는 속도가 붙어서 고등학교에 가서 다른 나무들의 성장 속도를 따라갈 수 있게 되는 것이다.

긴 시간 땅 아래 뿌리와 땅속줄기를 견고하게 내리고, 급성장하는 나무의 경우에는 '대나무'만큼 좋은 예는 없는 것 같다. 대나무는 일본 히로시마 원자폭탄의 폭격에도 살아남은 유일한 식물이다. 또한 베트남 전쟁 때 미군이 사용한 고엽제에도 죽지 않고 똑바르게 싹을 튼 생명력이 강한 나무다.

그런데 이 강인한 생명력은 바로 대나무 숲을 지탱하고 있는 땅속줄기 덕분이다. 대나무의 땅속줄기는 땅속 10m 아래까지 내리고, 심지어 콘크리트나 벽돌까지 뚫고 내려간다. 물론 이 기간은 무려 5년이라는 시간이 걸린다. 하지만 5년 후에는 하루에 20cm씩 죽순이 자라고 최대 줄기는 30m 높이까지 순식간에 자란다.

우리 아이들도 어떻게 보면 이 대나무처럼 공부 능력을 키우는 게 아닌가 싶다. 눈에 보이지 않지만, 계속해서 땅속 깊이 뿌리와 땅속줄기를 내려서 영양분을 잘 저장한 후에 때가 되면 빠르게 땅위줄기를 튼튼하게 뻗어서 흔들리지 않는 강인함을 보여줄 것이라 믿는다. 실제 고등학교에서 성적을 유지하고, 많은 향상을 보이는 아이들은 대부분 튼튼하게 뿌리를 다져온 경우가 많았기에 충분히 증명된다고 믿는다.

지금까지 문해력이 어떻게 공부에 영향을 주고, 성적에 영향을 줄 수 있는지 나무의 성장에 비유하면서 알게 되었을 것이다. 그런데 어떻게 그 문해력을 잘 다지고 기를 수 있는지 구체적인 독서 방법은 아직 감이 잘 안 올 것이다. 실제 나무도 종류에 따라서 기르는 방법이 다른 것처럼, 독서를 통해 문해력 및 공부와 관련된 다양한 능력을 키우는 방법도 다르기 때문이다. 따라서 다음 장에서는 다양한 독서 방법에 대해 알고, 어떤 장단점이 있는지 세세하게 살펴보도록 하겠다.

핵심 내용 요약하기

▶ 실제 돈이 많은 사람이 돈 벌기가 더 수월한 것처럼, 문해력을 더 많이 기른 아이가 공부할 때 더욱 수월하게 할 수 있다.

▶ 선순환 구조로 문해력을 쌓는 아이들은 중학교나 고등학교에 가서도 공부에 뒤처지지 않을 수 있다.

▶ 독서와 문해력은 나무의 핵심이 되는 뿌리를 내리는 것과 같다. 아무리 큰 나무도 뿌리를 깊게 내리지 않으면 풍파에 쓰러질 수밖에 없다. 하지만 뿌리가 튼튼하면 어떤 시련에 닥쳐도 끄떡없이 버틸 수 있다.

▶ 어린 시절부터 초등학교 때까지 성실하게 독서를 통해 어휘력, 문해력, 이해력, 논리력 등을 늘리면 중학교에 가서 몸통을 키우고 줄기를 길게 뻗을 때도 문제가 없다.

▶ 다행히도 중학교 시기에 독서 습관을 잘 들이고, 독서량의 임계점을 넘기면 다시 뿌리를 잘 내릴 수 있다.

▶ 한 분야에 깊이 들어갔다가 분야를 더 확장하여 점점 어려운 수준의 독서로 넘어설 수 있다.

▶ 대나무의 땅속줄기는 땅속 10m 아래까지 내리는데 무려 5년이라는 시간이 걸린다. 하지만 5년 후에는 하루에 20cm씩 죽순이 자라고 최대 줄기는 30m 높이까지 순식간에 자란다.

▶ 실제 나무도 종류에 따라서 기르는 방법이 다른 것처럼, 독서를 통해 문해력 및 공부와 관련된 다양한 능력을 키우는 방법도 다르다.

생각 날개 펼치기

1) 중학교 때부터 공부 격차가 벌어지는 이유를 작성하시오.

2) 중학교 때부터 독서해도 문해력을 기를 수 있는 이유를 작성하시오.

3) 이번 글을 읽고, 새롭게 배우고 느낀 점을 작성하시오.

2부

공부 문해력 향상을 위한 노력

3

공부 문해력 향상을 위한
올바른 독서법

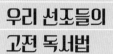

우리 선조들의
고전 독서법

　　　　　　　　　우리나라의 시초인 고조선 시대
부터 최근까지 우리 선조들이 지혜를 얻는 방법을 알면 어떻게 독
서를 해야만 할지 알 수 있다. 기록이 남아있는 삼국시대에는 불교
가 세상에 이치를 깨닫게 하는 종교이자 학문으로서, 지혜를 얻는
방법에는 3가지가 있다고 했다. 일명 문사수혜(聞思修慧)로 가르침을
듣고 얻은 지혜, 생각하여 얻는 지혜, 실천 수행하여 얻는 지혜를 의
미한다.

　　조선 시대의 유교 사상의 경우에도 지혜를 얻는 방법으로 5가지
를 강조했다. 박학(博學), 심문(審問), 신사(愼思), 명변(明辨), 독행(篤行)

의 가르침에 대하여 설명한다. 이는 또한 다산 정약용 선생의 <다산 시문집>의 '오학론'에 보면 선조들의 고전 독서법이 소개되어 있다.

첫 번째 방법은 박학(博學)으로 두루 혹은 널리 배운다는 것이다.

두 번째 방법은 심문(審問)으로 자세히 묻는다는 것이다.

세 번째 방법은 신사(愼思)로서 신중하게 생각한다는 것이다.

네 번째 방법은 명변(明辯)인데 명백하게 분별한다는 것이다.

다섯 번째 방법은 독행(篤行)으로 곧 진실한 마음으로 성실하게 실천한다는 것이다.

불교든 유교든 지혜를 얻는 방법은 일맥상통한다고 볼 수 있다. 우선 정보를 듣거나 찾고, 사고의 과정을 통해 옳은지 확인하고, 결론에 도달하면 실제로 해보라는 말이다. 결국에는 실천하는 독서에 이르기를 바라는 마음으로 이 책에서도 여러 독서 방법에 관해 소개할 예정이다. 지금부터는 이런 큰 틀을 기반으로 조선 시대 지식인들의 독서법에 대해 알아보겠다.

《리딩으로 리드하라》에서는 인문고전 독서법을 강조하며 선조들은 다음과 같은 단계로 독서한다고 말한다. (1) 반복 (2) 필사 (3) 사색 (4) 황홀한 기쁨 (5) 깨달음, 5단계의 독서를 따른다는 말이다.

우선 1단계 '반복'의 경우에는 조선 시대의 인문고전 독서법으로 알려져 있다. 세종대왕의 경우에는 백독백습(百讀百習)을 한 것으로 유명하다. 말 그대로 백번 읽고, 백번 쓰는 독서법이다. 《구소수간》이라는 책의 경우에는 1,100번 읽었다고 한다. 정조대왕은 '맹자가 내 안에 들어앉게 하려면 수백 수천 번 읽으면 된다'는 주자의 말을 좌우명으로 삼고 실제 무한 반복 독서법을 실천했다. 왕 중에서도 왜 '대왕'이라는 칭호를 받을 수 있었는지 알 수 있다.

2단계 '필사'의 경우에는 책을 손으로 직접 베껴 쓰는 일을 말한다. 조선 시대 학자인 퇴계 이황과 다산 정약용 모두 인문고전 독서를 하면서 필사의 중요성을 강조했다. 정약용은 '진정한 필사는 종이 위에 베껴 쓴 넋이 아니라 영혼 속에 새겨 넣는 것이다'라고 했다. 필사의 장점은 느리게 독서를 하며 깊이 있는 독서를 할 수 있다는 점이다. 특히 시대적으로 볼 때 시험에서 자기 생각을 표현하는 것이 필요했기에 '필사'는 필수가 아닐까 싶다. 다양하게 쓰려면 읽어야 하지만, 잘 쓰려면 필사를 하라는 말도 있기 때문이다. 현대에 와서 밝혀진 것이지만, 손을 쓰면 뇌도 함께 발달하기에 필사는 확실히 효과가 있는 방법이라 할 수 있다.

그런데 지금까지 살펴본 반복 독서와 필사는 요즘 시대의 천재들도 활용하는 방법이지만, 낮은 수준의 인문고전 독서에 불과했다. 어찌 보면 단순한 행위로 보이기 때문이다. 그렇다면 무엇이 더 필요할까? 그것은 바로 3단계인 '사색'의 과정으로 넘어가야 한다. 퇴계 이황은 '낮에 읽은 것은 반드시 밤에 깊이 사색해야 한다.'라고 했다. 율곡 이이는 '책을 읽으면 반드시 그 이치를 궁리하고 탐구해야 한다.'라고 했다. 조선 전기의 대학자로 알려진 두 사람 모두 '사색'의 중요성에 대해 잘 알고 있었다.

조선 후기의 유명한 실학자인 다산 정약용은 자신이 모르는 글자의 어원을 공부하고, 여러 책에서 그 글자가 사용된 문장들을 뽑아서 따로 한 권의 책으로 엮어내는 '격물(格物) 독서법'을 따랐다. '격(格)'은 밑바닥까지 다 캐낸다는 말로 이렇게 근본을 찾아가는 방식으로 책을 읽는다면 한 권의 책을 읽어도 수백 권의 책을 읽는 효과를 얻을 수 있는 것과 같다. 유배지에서 깨달음을 얻고 자식들에게 보낸 편지를 보면 그 사실을 알 수 있다.

> "내가 최근 몇 년 이래 독서에 대해 자못 깨달은 점이 있다. 한갓 읽기만 해서는 비록 날마다 백 번 천 번을 읽는다 해도 읽지 않은 것과 마찬가지다. 무릇 독서란 매번 한 글자를 읽을 때마다 뜻이 분명치 않은 부분이 있게 되면 널리 살펴보고 자세히 궁구하여 그 근원되는 뿌리를 얻어야 한다. 그래야만 차례대로 글을 이룰 수 있게 된다. 날마다 언제나 이렇게 한다면 한 종류의 책을 읽더라도 곁으로 백 종류의 책을 아울러 살피게 될 뿐 아니라 그 책의 내용도 환하게 꿰뚫을 수 있게 될 터이니, 이점을 알아두지 않으면 안 된다."

이 방법을 활용하려면 필연적으로 '초서(抄書)'를 해야 한다. 이는 가려 뽑아 요약하고 옮겨 적는 방법으로 쉽게 말해 '학습 메모'라 할 수 있다. 필사는 단순히 내용을 베껴 쓰는 것이라면 이 방법은 자기 생각을 정리하는 것이라 보면 된다. 자연스럽게 생각을 정리하며 독서를 하는 동안에 4단계의 황홀한 기쁨을 느낄 수 있다고 말한다. 그 이유는 독서를 통해 이치를 깨달았을 때 느끼는 감정이기 때문이다.

인문고전 독서의 마지막 단계는 '깨달음'이다. 지금까지 소개했던 퇴계 이황이나 다산 정약용의 경우에도 이 단계까지 올라와 독서했다. 하지만 조선 전기와 후기로 넘어가는 시기에 많은 영향을 미친 실학의 선구자인 반계 유형원의 사례를 살펴볼까 한다. 그는 현실과의 괴리가 많았던 성리학에서 벗어나 실용적 학문인 실학을 주장했던 인물이다.

그는 서울에서 태어나 5살 때 학문 공부를 시작했고, 소과 시험에 합격해 진사가 되었지만, 그 이후로는 과거시험에 도전하지 않았다. 유형원은 과거시험으로 관직에 나가는 것보다 피폐한 삶을 사는 백성들의 삶에 관심이 많았기 때문이다. 왜란과 호란으로 인해 토지가 황폐해 식량 부족 문제가 발생했는데, 양반들이 남은 땅을 다 수탈하게 되면서, 지주와 소작농 간의 양극화는 점차 심해졌다.

왜란과 호란 이후에 국가 체제가 정비되어야 했지만, 당쟁만 이루어졌을 뿐 나아진 것은 하나도 없었다. 이에 유형원은 우주의 중심을 중시하는 성리학 대신 실생활에 도움이 되는 실학에 관심을 가졌다. 가문의 유산으로 내려온 땅이 있는 부안으로 내려와 '반계서당'을 짓고, 실학을 연구하고, 제자들을 가르쳤다. 그후 모순으로 가득한 조선 사회를 바꾸려고 관직을 그만두고 《반계수록》을 제작했다.

반계수록은 떠오르는 아이디어를 적은 책이다. 성리학에만 신경 쓰는 조선 제도에 개혁안을 제시함으로써 무려 19년 동안 제작되었다. 반계수록 내용은 크게 정치, 경제, 토지, 군사제도 등에 관심을 보였다. 토지의 국유화를 원칙으로 정하고 농민에게 균등하게 분배하는 제도인 균전론도 이 책에서 주장했다. 약해진 국력을 끌어올리기 위해서는 나라가 부강해야 하고, 부강하기 위해서는 백성의 삶이 풍족해야 한다는 사실에 주목했기 때문이다. 비록 그 시절에는 현실성이 떨어진다는 이유로 외면당했지만, 그로부터 100년 뒤 영조 때 관심을 두기 시작해서 정약용 등 많은 관료가 사회 개혁의 필요성을 받아들이며 유형원의 정책을 정치에 반영시켰다.

사실을 토대로 진리를 탐구하는 것을 목표로 하는 '실사구시(實事求是)'의 정신을 알리고자 했던 유형원은 독서를 통해 세상을 바라보고, 잘못된 세상을 바꿔야만 한다는 '깨달음'이 있었다고 볼 수 있다. 반면 현대 사회에 사는 우리는 어떠한가? 시험을 잘 보기 위한 암기식 독서를 하고 있지는 않은가? 이런 상황이라면 결국에는 수준 낮은 독서에 불과하다는 말이다.

반면에 선조들이 했던 수준 높은 독서를 따라 한다면, 단순히 시험을 잘 보고, 대학에 잘 진학하고, 취직을 잘하는 인생이 아닐 것이다. 지혜로운 선조들처럼 우리도 '깨달음'을 통해 우리의 인생을 바꾸고, 나아가 세상을 바꿀 수 있을 것이다. 다산 정약용은 아이로 하여금 글쓴이의 마음을 깨닫게 해서 두뇌 속에 숨어 있는 지혜의 문을 활짝 열게 하는 것을 목적으로 해야 한다고 주장했다. 즉, 문심혜두(門心慧竇)를 못하면 만권을 읽어도 헛된 일이라고 했다. 사색의 단계를 넘어서려면 '위대함을 향한 열정과 사랑'이 꼭 필요하다는 의미다.

실제 깊은 사색에 빠질 때는 뇌에서는 전혀 다른 뇌파가 나온다고 한다. 사색 수준을 넘어서 깨달음의 경지에 이르면 모든 뇌의 신경세포와 신경회로가 전혀 다른 형태로 재배열, 재탄생될 수 있다. 또한 누군가의 말에 따르면, '무언가를 받으면 큰 기쁨을 맛보지만, 무언가를 주면 그보다 더한 기쁨인 참된 이치를 깨달았을 때 느끼는 황홀한 느낌을 누린다'고 한다. 따라서, 우리가 책을 읽는 이유가 단순히 지식과 정보의 습득에 그치지 않고, 깨달음을 얻고 누군가에게 그 깨달음을 공유하기 위한 목적이 된다면 얼마나 좋을까 상상해본다.

핵심 내용 요약하기

- 삼국시대에는 지혜를 얻는 방법은 문사수혜(聞思修慧)로 가르침을 듣고 얻은 지혜, 생각하여 얻는 지혜, 실천 수행하여 얻는 지혜를 의미한다.

- 조선 시대의 유교 사상의 경우에도 지혜를 얻는 방법으로 박학(博學), 심문 (審問), 신사(愼思), 명변(明辨), 독행(篤行)의 5가지를 말한다.

- 박학(博學)은 두루 혹은 널리 배운다는 것이다.

- 심문(審問)은 자세히 묻는다는 것이다.

- 신사(愼思)는 신중하게 생각한다는 것이다.

- 명변(明辯)은 명백하게 분별한다는 것이다.

- 독행(篤行)은 곧 진실한 마음으로 성실하게 실천한다는 것이다.

- 요약하자면, 우선 정보를 듣거나 찾고, 사고의 과정을 통해 옳은지 확인하고, 결론에 도달하면 실제로 해보라는 말이다.

- 인문고전 독서법으로 선조들은 (1) 반복 (2) 필사 (3) 사색 (4) 황홀한 기쁨 (5) 깨달음이라는 5단계의 독서를 따랐다.

- '반복'의 경우에는 세종대왕이 백독백습(百讀百習)을 한 것으로 유명하다.

- '필사'의 경우에는 책을 손으로 직접 베껴 쓰는 일을 말한다.

- '사색'의 경우에는 퇴계 이황은 '낮에 읽은 것은 반드시 밤에 깊이 사색해야 한다.'라고 했고, 율곡 이이는 '책을 읽으면 반드시 그 이치를 궁리하고 탐구 해야 한다'라고 했다.

- '황홀한 기쁨'의 경우에는 조선 후기의 유명한 실학자인 다산 정약용은 자신 이 모르는 글자의 어원을 공부하고, 여러 책에서 그 글자가 사용된 문장들을 뽑아서 따로 한 권의 책으로 엮어내는 '격물(格物) 독서법'을 따랐다.

- '깨달음'의 경우에는 유형원이 독서를 통해 세상을 바라보고, 잘못된 세상을 바꿔야만 한다는 깨달음으로 실천했던 사례가 있다.

생각 날개 펼치기

1) 삼국시대, 조선시대 등 선조들의 독서 방법 공통점을 작성하시오.

2) '깨달음, 실천' 등 높은 수준의 독서 단계로 넘어가야 하는 이유를 작성하시오.

3) 이번 글을 읽고, 새롭게 배우고 느낀 점을 작성하시오.

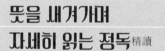

뜻을 새겨가며 자세히 읽는 정독精讀

　　　　　　　'급한 마음으로 책을 대하면 얻을
건 하나도 없다. 여유로운 마음으로 뜻을 새겨가면서 자세히 읽어야
한다. 다시 말해서 정독이야말로 진짜 책 읽기다.'

　이 말은 퇴계 이황이 남긴 명언 중 하나다. 조선 시대 '공부의 신'
이라 할 수 있는 대학자의 소신이기도 하다. 정독은 책 읽기의 기본
중 기본이다. 이 방식은 처음부터 끝까지 천천히 책에 있는 정보를
모두 읽는 방식이다. 사전적으로는 '글자와 낱말의 뜻을 하나하나
새겨가며 자세하고 꼼꼼하게 글을 읽는 것'을 뜻한다.

　사전적 정의만으로는 이해되지 않을 수 있다. 그래서 정독할 때 필요한 기술 3가지를 소개하고자 한다. 첫째는 음독(소리 내어 읽기)을 해야 한다. 둘째는 필요한 부분은 되새기며 읽어야 한다. 셋째는 질문하며 읽어야 한다.

우리가 착각하는 것 중 하나는 정독이라면 천천히 읽기만 하면 된다고 생각하는 것이다. 물론 속도를 천천히 해서 읽는 것이 첫 단계이기는 하지만, 실제 정독의 효능을 보려면 두 번째와 세 번째 단계까지 발전시켜야 한다.

우선 정독을 할 때의 속도는 소리 내어 읽는 속도가 적당하다. 특히 어린아이의 경우에는 어린 시절 음독(소리 내어 읽기)을 많이 할 것이다. 앞에서도 말했지만, 초등학교 저학년 때까지는 뇌 발달과 관련지어 볼 때 음독을 하는 것이 훨씬 정보 습득에 도움이 된다. 하지만 초등학교 고학년 이후라면 묵독(마음속으로 소리 내어 읽기)을 하면 속도가 비슷하게 맞춰진다.

음독이든 묵독이든 소리 내어 읽어야 하는 이유 중 가장 큰 이유는 읽는 속도 때문이다. 만일 눈으로만 글자를 읽고 넘어가면, 뇌에 각인이 되지 않는다. 글자를 다 읽지 않고 건너뛰며 글을 읽게 된다는 말이다. 단순히 글자를 읽는 것도 중요하지만, 글자가 모여서 이루는 글의 의미를 파악하며 읽어야 한다. 즉, 의미 단위로 글을 끊어가며 읽어야 이해가 된다는 말이다. 예를 들면, 쉼표는 쉬고, 마침표는 더 많이 쉬어가며 글의 흐름을 파악하는 것이다. 그것이 진정한 정독이라 할 수 있다.

두 번째로 중요한 것은 글을 읽을 때 이해가 되지 않으면 반복해서 읽어야 하는 점이다. 간혹 우리는 독서를 하다가 다른 생각에 빠져서 흐름을 놓치는 경우가 있다. 그러면 다시 원래 자리로 돌아가서 다시 시작해야 한다. 혹은 아무리 읽어도 글의 내용이 이해가 되지 않으면, 다시 읽으면서 의미를 파악하려고 노력해야 한다. 이는 마치 소가 여물을 먹다가 소화가 안 되면 되새김질을 하는 것과 같다.

그런데 많은 아이가 책이나 교과서를 읽으라고 하면, 그냥 한 번만 스치듯이 읽고 지나가는 경우가 많다. 하지만 정독을 제대로 하는 아이는 몇 번이고 반복하더라도 자신이 이해될 때까지 여러 번 이해가 되지 않는 부분을 읽고 의미를 찾을 때까지 뜻을 되새기며 생각한다. 심지어 모르는 개념이나 어휘가 나오면 사전을 찾는 노력을 기울이며 모르는 것을 해결하려고 노력하는 자세를 보인다. 이것이 바로 정독할 때 두 번째로 필요한 부분이다.

여기까지 강조한 방법을 활용하여 정독한다면 충분한 효과를 볼 수 있다. 하지만 한 단계 더 높이 올라서려면 꼭 해야 할 것이 있다. 그것은 바로 질문하며 읽는 방법이다. 만일 소설이나 시와 같은 문학작품이라고 한다면, '등장인물은 왜 그랬을까? 왜 마음과 행동이 바뀌었을까? 왜 이렇게 묘사가 되었을까? 나라면 이럴 때 어떻게 했을까?'와 같은 질문을 끊임없이 하는 것이다. 이런 과정을 거치면서 등장인물의 말과 행동이 모두 기억이 나고, 자연스럽게 내 것으로 스며들게 할 수 있다.

비문학의 정보를 전달하는 글이라고 할지라도 크게 다를 바 없다. 비문학의 경우에는 개념이나 사례(예시)가 자주 나온다. 글에 등장하는 개념의 경우에는 보통 한자의 의미를 알면 파악하기가 쉽다. 그래서 어떤 한자로 쓰였는지 확인하면서 읽는 것도 개념을 빠르고 정확하게 파악할 수 있는 하나의 방법이 될 수 있다. '이 말은 왜 생겼을까? 이 개념의 한자는 무엇일까? 왜 이 예시를 들었을까? 글쓴이가 주장하는 바는 무엇일까?' 등 설명하는 글이든 주장하는 글이든 계속해서 글을 읽으며 질문을 하는 방법이 필요하다.

《신비롭고 재미있는 날씨 도감》은 초등학생들이 읽어도 좋을 날씨와 관련된 지식과 정보가 들어간 책이다. 그런데 중간에 어려운 개념이 한 번씩 등장한다. 예를 들어, 바람이 부는 원리를 설명하면서 '기압경도력'이라는 개념을 설명하는데 이 말이 무슨 말인지 어렵게 느껴질 수 있다. 그러면 '기압경도력'을 설명하는 글 주변을 맴돌면서 천천히 다시 읽어봐야 할 것이다. 책에는 다음과 같이 설명되어 있다.

> 바람은 왜 부는 걸까요? 정답은 저기압이 고기압의 힘에 눌리기 때문이에요. 저기압은 기압이 주변보다 낮고, 고기압은 반대로 주변보다 높은 걸 말해요. 참고로 기압에 기본 수치가 있는 것은 아니에요. 기압은 대기가 사물을 누르는 압력으로 고기압과 저기압이 가까이 있으면 밀고 밀리기를 반복하다가 힘이 강한 고기압이 이기게

됩니다. 이때 고기압과 저기압 사이에는 기압이 한쪽으로 쏠리는 기압경도력이라는 힘이 작용하면서 공기가 움직이고 바람이 불게 됩니다.

고기압과 저기압의 특징

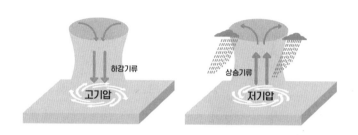

	고기압	저기압
주위보다 상대적으로	기압이 높은곳▲	기압이 낮은곳▼
바람방향	시계 방향	반시계 방향
기류	하강기류	상승기류
날씨	대체로 맑음	비나 눈 내리는 경우 많음

만일 이 글을 빠르게 대충 읽으면 어떻게 될까? 고기압이니 저기압이니 이런저런 이야기가 보이고, 마지막에는 '기압경도력'이라는 어려운 말이 나와서 헷갈리게 만들 수 있다. 하지만 다시 천천히 되새기면서 읽어보면 기압경도력이 한자로 어떤 의미인지 알 수 없더

라도 충분히 유추해낼 수 있다. 밑줄 친 부분을 다시 읽어보면 결국에는 기압이 한쪽으로 기울어져 작용하는 힘이라는 걸 알 수 있다. 실제 한자어는 아래와 같이 풀 수 있다.

氣壓傾度力
기압경도력

氣 기운기　壓 누를 압　傾 기울 경　度 법도 도　力 힘 력(역)

또한, 단순히 어떻게 바람이 부는지에 그치지 않고 고기압과 저기압은 왜 생기는지 궁금증을 가질 수 있어야 한다. 여기까지 이해했을 때 진정으로 바람이 부는 원리를 이해할 수 있기 때문이다. 잠시 고기압과 저기압이 각각 어떻게 형성되는지 알아보자.

주위보다 온도가 낮은 공기는 압축되어 밀도가 높아진다. 그런 곳에서는 공기가 압축되는 만큼 상공에서 주위로부터 공기가 흘러 들어간다. 그래서 지상부터 상공까지의 공기 무게가 주위보다 무거워지는 것이며 결국 지상의 기압이 높아져 고기압이 된다. 고기압은 기압이 높으므로 중심에서 주위로 바람이 불어 나오는 것이고, 그로 인해 고기압의 중심 부근에서는 하강 기류가 발생한다.

한편 지상의 공기 온도는 장소와 시간에 따라 달라지며 주위와 비교했을 때 온도가 높은 공기는 팽창해서 밀도가 낮아진다. 그런 곳에서는 지상부터 상공까지의 공기 무게가 주위에 비해 가벼워지고 그래서 지상의 기압이 낮아져 저기압이 된다. 저기압은 기압이 낮으므로 주위에서 저기압의 중심을 향해 바람이 불어 들어가는 것이며, 거기서 상승 기류가 발생한다.

이렇게 고기압과 저기압의 생성 원리까지 이해할 수 있다면, 바람이 불어 나오는 곳이 고기압이고 바람이 불어 들어가는 곳이기에 바람의 이동 방향을 알 수 있다. 게다가 보통 힘의 원리에 의해 압력이 높은 곳에서 낮은 곳으로 밀어내기 때문에 고기압에서 저기압으로 바람이 흘러가게 되는 점도 유추할 수 있을 것이다.

만일 앞의 글을 읽고 아무 생각 없이 받아들이려고 했다면 어땠을까? 단순히 '기압경도력'이라는 용어만 외우려고 했을 것이다. 하지만 이해가 되지 않으니 기억에 오래 남지 않을 것이다. 이해가 안 되는 것은 '왜(why)'라는 물음을 통해 해결하고, 깊게 고민하면 더욱 자기 것으로 만들 수 있게 된다. 공부할 때 가장 중요한 것은 이해 기반 암기여야 하기에 정독의 3단계를 거치면서 글을 읽는 것이 바람직하다고 할 수 있다.

정독할 때는 3가지만 기억하자. 소리 내어 읽기 정도의 속도로 읽기, 이해가 안 되면 반복해서 읽기, 궁금한 점은 질문을 통해 해결하며 읽기. 이 3가지를 잘 활용한다면 분명히 책을 통해 얻는 지식과 정보를 장기기억으로 가져갈 수 있을 것이다. 그뿐만 아니라 선조들이 했던 것처럼, 정독을 통해 인문고전 책에서 시사하는 의미를 더 깊게 사색하여 깨달음의 경지로 이끌어줄 것이다.

핵심 내용 요약하기

▶ 급한 마음으로 책을 대하면 얻을 건 하나도 없다. 여유로운 마음으로 뜻을 새 겨가면서 자세히 읽어야 한다. 다시 말해서 정독이야말로 진짜 책 읽기다.

▶ 정독은 사전적으로는 '글자와 낱말의 뜻을 하나하나 새겨가며 자세하고 꼼 꼼하게 글을 읽는 것'을 뜻한다.

▶ 정독할 때 필요한 기술 3가지는 첫째는 음독(소리 내어 읽기), 둘째는 필요한 부분은 되새기며 읽기, 셋째는 질문하며 읽기이다.

▶ 정독할 때의 속도는 소리 내어 읽는 속도가 적당하다.

▶ 중요한 것은 글을 읽을 때 이해가 되지 않으면 반복해서 읽어야 한다.

▶ 정독을 제대로 하는 아이는 몇 번이고 반복하더라도 자신이 이해될 때까지 여러 번 이해가 되지 않는 부분을 읽고 의미를 찾을 때까지 뜻을 되새기며 생 각한다.

▶ 정독의 한 단계 더 높이 올라서려면 질문하며 읽어야 한다.

▶ 이해가 안 되는 것은 '왜(why)'라는 물음을 통해 해결하고, 깊게 고민하면 더 욱 자기 것으로 만들 수 있게 된다.

▶ 문학 작품을 읽을 때는 질문의 과정을 거치면서 등장인물의 말과 행동이 모 두 기억이 나고, 자연스럽게 내 것으로 스며들게 할 수 있다.

▶ 설명하는 글이든 주장하는 글이든 계속해서 글을 읽으며 질문하는 방법이 필요하다.

▶ 정독을 통해 인문고전 책에서 시사하는 의미를 더 깊게 사색하여 깨달음의 경지로 이끌어줄 것이다.

생각 날개 펼치기

1) 정독의 개념을, 자신이 이해한 것을 바탕으로 작성하시오.

2) 정독을 위한 3가지 방법이 각각 어떻게 도움이 되는지 작성하시오.

3) 이번 글을 읽고, 새롭게 배우고 느낀 점을 작성하시오.

필요한 정보를
빠르게 얻는 속독速讀

                       '새는 알을 깨고 나온다. 알은 새
의 세계이다. 태어나려는 자는 한 세계를 파괴해야만 한다.'

    이 문구는 헤르만 헤세의 작품《데미안》에 나오는 말이다. 이 말
을 보면서 무슨 생각이 드는가? 새를 자신으로 생각하고, 알은 내가
사는 세계로 바꿔서 생각해볼 것이다. 그러면 다음으로 생각이 꼬리
를 물고 이어질 것이다. 그렇게 사색의 시간을 가짐으로써 깨달음의
단계로 넘어갈 수 있을 것이다. 그것이 바로 정독의 본질일 테니까
말이다. 누구든 정독을 한다면, 이 문장들을 두고 깊게 생각해볼 것
이다.

이처럼 모든 책을 정독하는 것이 가장 좋겠지만, 상황에 따라 빠르게 전체적인 흐름만을 파악해야 하는 경우가 있다. 그럴 때 필요한 독서법이 속독이다. 속독은 말 그대로 빠르게 전체 내용을 파악하거나 필요한 부분에만 집중하면서 읽는 방식이다. 같은 주제의 책을 여러 권 읽으면서 공통되는 주제를 찾거나 교집합 분모를 통해 요약하고 싶을 때 주로 쓰는 독서 방법이기도 하다. 혹은 이미 알고 있는 내용은 넘기고 새로운 내용만 읽는 방법에도 해당한다.

이 독서 방법의 장점은 짧은 시간에 많은 정보를 받아들일 수 있다는 점이다. 그런데 도대체 얼마나 빨리 읽어야 속독이라고 할 수 있을까? 묵시적으로 1분에 2,400자를 읽으면 그때부터 속독이라 한다. 일반 성인이 보통 1분에 500~700자 정도의 속도로 독서를 하니까 4배 정도 빠르게 독서를 한다면 '속독'을 한다고 할 수 있다. 보통 사람이라면 소설책을 2~4시간 정도의 시간이 걸리겠지만, 30분~1시간 안에 읽을 수 있다는 말이다.

그래서 깊게 고민해야 하는 인문고전 책보다는 다양한 정보와 지식이 담긴 실용서를 읽고자 할 때 적합한 방법이라고 볼 수 있다. 혹은 소설이나 가볍게 읽고 넘길 수 있는 이야기책을 읽을 때도 유용하다. 이렇게 짧은 시간 안에 필요한 정보를 얻을 수 있다는 장점이 있는 반면에 빠르게 읽기 때문에 글의 내용을 잘못 이해하거나 글쓴이의 의도와 다르게 오해하며 읽을 가능성도 크다. 하지만 나무보다 숲 전체를 보는 능력을 기를 수 있다는 장점이 있다.

정독하는 사람은 문장마다 의미를 부여하고, 깊게 생각하면서 읽는 경향을 보인다. 실제 주변에만 봐도 내가 2시간이면 충분히 끝내는 책을 4시간 넘게 걸려서 읽는 경우가 있다. 나는 속독까지는 아니지만, 정독과 속독을 섞어가면 혼합해서 읽는 성향이라 빠르게 책을 읽는 편이다. 그동안 읽은 책이 누적되어 배경 지식이 있는 경우에는 빠르게 넘어가서 그럴 수도 있다. 따라서, 천천히 읽는 사람보다 짧은 시간에 책을 읽어도 책을 쓴 작가가 전하고자 하는 메시지를 잘 이해하고 포착할 수 있다.

그 이유는 항상 책을 읽을 때마다 책의 내용을 한 문장으로 줄여서 무슨 말을 하려는 것인지 파악하려고 노력하기 때문이다. 특히 한 꼭지를 읽더라도 꼭지 제목이 과연 전체 꼭지 글의 내용과 어떤 관계가 있는지 예상하며 읽기에 속도는 빠르지만, 글 전체 내용을 이해하려고 노력한다. 아무 생각 없이 글자만 보는 게 아니라 빠르게 글자를 읽더라도 '핵심 내용'을 파악하며 읽는다는 말이다. 그래서 책을 읽는 속도는 점점 빨라지고 이해력도 상승한다.

게다가 집중력도 높일 수 있다. 운전할 때 빠르게 속도를 올린다고 가정해보자. 그러면 운전자는 더욱 집중해서 주변을 살피고 위험 요소를 피하려고 노력한다. 속독할 때도 마찬가지다. 빠르게 읽기 때문에 행여나 중요한 내용을 놓치지는 않을까 더욱 집중해서 글의 내용을 파악하려고 한다. 혹시 '독서삼매경(讀書三昧境)'이라는 말을 들어봤는가? 이 말은 모든 잡념을 없애고 한 가지 일에 힘쓰는 것을 의미한다. 쉽게 말해 그만큼 독서에 열중한다는 말이다.

즉, 독서에 몰입한 상태에 이르게 된다. 황농문 교수의 책《몰입》에서도 '시간 가는 줄 모르고 무언가를 경험하는 것'이 몰입이라고 하며 몰입도를 올릴 때 필요한 부분에 대해 언급했다. 그는 "온몸의 힘을 빼고 의자에 편안히 앉아 알파파를 유지한 채 천천히 생각하듯 공부하면 몰입도가 높아지고 오랜 시간 지치지 않게 될 것이다."라고 주장했다. 몰입 상태에서는 뇌의 전두엽 오른쪽이 활성화되고, 두정엽이 비활성화되는데 이는 명상이나 기도의 절정에 이르렀을 때와 같은 뇌 상태라고 한다.

어떻게 보면 속독의 필요충분조건이 바로 '집중력'일지도 모른다. 정신을 고도로 집중할 수 있어야 속독의 효과가 있기 때문이다. 정신을 집중해서 글을 깊이 있게 이해할 때는 우리의 뇌파를 베타파 상태에서 알파파 상태로 낮추어 글을 읽고 이해해야 한다고 한다. 사람의 뇌파가 베타파일 때는 외부 의식 수준이고, 사람의 뇌파가 알파파일 때는 내부 의식 수준이 되기 때문이다.

독서를 할 때는 외부에 초점을 두는 것이 아니라 글을 읽고 그 내용을 이해하며 생각을 해야 하기에 알파파일 때가 더 집중하기에 좋다는 말이다.

생각의 속도가 빠른 경우 스트레스를 일으키는 베타파가 분출된다고 한다. 뇌에 빠른 입력과 출력을 요구하기 때문에 부담이 된다는 말이다. 그래서 생각의 속도를 줄여서 알파파 상태로 만들어 집중력을 높일 필요가 있다.

오히려 속독을 잘하기 위해서는 잡념을 제거하고, 긴장된 상태를 풀고 편안한 마음을 가지고, 뚜렷한 목적을 가져야 한다. 또한 자신의 능력에 대한 긍정적인 마음을 가지고, 학습자 스스로 성취 의욕과 동기를 부여하고, 적극적인 사고방식과 속독에 대한 자신감을 책과 혼연일체가 되어 고도의 정신 집중 상태를 유도해야 한다는 말이다.

그런데 어떻게 보면 속독이라는 건 인간의 뇌의 한계를 뛰어넘는 일인 것 같기도 하다. 2022년 개봉한 탐 크루즈 주연의 영화 〈탑건: 매버릭〉을 보면 전투기가 과열로 파괴될 수 있는 상태인 마하 10 속도를 넘어서는 것과 유사하다는 말이다. 왜냐면 우리는 글자를 처음 배울 때 소리 내어 문자를 읽어왔기에 아무리 빨리 읽고 싶어도 소리 내어 읽는 속도를 넘어서기가 쉽지 않다. 뇌는 무의식적으로 말하는 속도로 정보를 처리하기 때문에 그렇다. 그래서 소리 내어 읽기의 속도를 넘어서 속독을 한다는 건 한계를 뛰어넘는 일이라 할 수 있다.

그렇다면 그냥 속독을 포기해야 할 것인가? 절대 그렇지 않다. 특히 시험을 대비하는 학생이라면 속독은 필요한 무기라 생각한다. 주어진 시간 안에 긴 지문을 읽고 문제를 푸는 시험이 많기 때문이다. 과목으로 보자면 국어나 영어가 이에 해당한다. 글 읽는 속도가 느리면 시간 내에 문제를 다 풀 수 없기 때문이다. 일반인보다 4배나 빠른 고수의 속독법이 아니더라도 조금이라도 글을 빨리 읽고 이해하는 능력을 길러야 한다는 말이다.

실제 수능 시험에서 우수한 성적을 받는 학생들을 보면 문제를 빨리 풀고 시간이 남아서 검토하는 경우가 허다하다. 그런데 점수가 잘 안 나오는 학생들은 정답을 다 맞히기는커녕 시간에 쫓겨서 문제를 다 못 풀고 나오는 경우가 있다.

정독이 높은 경지에 오르는 하나의 독서 방법이라면, 속독은 현실적이고 실용적인 독서법이라 볼 수 있다.

이에, 속독 실력을 기르기 위한 두 가지 꿀팁을 전수해보자면, 첫째는 관련 배경 지식을 많이 쌓는 것이고, 둘째는 단어마다 읽는 게 아니라 의미 단위 덩어리로 글을 읽는 것이다. 배경 지식이 많을수록 우리의 뇌는 내용을 예측하면서 읽을 수 있기에 속도가 빨라진다. 한 단어씩 읽는 것보다 의미 단위의 덩어리로 받아들이며 읽으면 마치 축지법하는 것처럼 빠르게 읽을 수 있다.

영어로 된 글을 읽을 때도 마찬가지다. 우리말로 알고 있는 내용의 글이 나오면 훨씬 더 빠르게 읽고 이해할 수 있다. 또한 의미 단위로 끊어 읽으면 한 단어씩 나눠서 읽는 것보다 이해도 빠르고 읽는 속도도 올릴 수 있다. 한국어든 영어든 글을 읽는 행위이기 때문에 같은 방법이 통하는 것 같다.

단, 속독 독서법을 활용하면서도 적용되는 불변의 법칙이 있기에 한 가지만 주의했으면 좋겠다. 그것은 바로 속도와 정확성은 반

비례한다는 사실이다. 아무래도 속도가 빠른 만큼 오류가 더 생길 수 있다는 말이다. 물론 속도가 느리다고 해서 정확성이 무조건 높다고는 할 수 없지만, 그래도 두 관계를 무시할 수는 없을 것이다. 하지만 적절한 속도와 높은 정확성을 추구하는 속독은 분명 학습에 큰 도움이 되기에 속독 훈련에 힘써보기를 바란다.

핵심 내용 요약하기

▶ 속독은 말 그대로 빠르게 전체 내용을 파악하거나 필요한 부분에만 집중하면서 읽는 방식이다.

▶ 같은 주제의 책을 여러 권 읽으면서 공통되는 주제를 찾거나 교집합 분모를 통해 요약하고 싶을 때 주로 쓰는 독서 방법이기도 하다.

▶ 이미 알고 있는 내용은 넘기고 새로운 내용만 읽는 방법에도 해당한다.

▶ 속독의 장점은 짧은 시간에 많은 정보를 받아들일 수 있다는 점이다.

▶ 묵시적으로 1분에 2,400자를 읽으면 그때부터 속독이라 한다.

▶ 일반 성인이 보통 1분에 500~700자 정도의 속도로 독서를 하니까 4배 정도 빠르게 독서를 한다면 '속독'을 한다고 할 수 있다.

▶ 깊게 고민해야 하는 인문고전 책보다는 다양한 정보와 지식이 담긴 실용서를 읽고자 할 때 적합한 방법이라고 볼 수 있다.

▶ 혹은 소설이나 가볍게 읽고 넘길 수 있는 이야기책을 읽을 때도 유용하다.

▶ 짧은 시간 안에 필요한 정보를 얻을 수 있다는 장점이 있는 반면에 빠르게 읽기 때문에 글의 내용을 잘못 이해하거나 글쓴이의 의도와 다르게 오해하며 읽을 가능성도 크다.

▶ 속독할 때 빠르게 읽기 때문에 행여나 중요한 내용을 놓치지는 않을까 더욱 집중해서 글의 내용을 파악하려고 한다.

▶ 정신을 고도로 집중할 수 있어야 속독의 효과가 있기에 '집중력'이 필요충분 조건이다.

▶ 속독을 잘하기 위해서는 잡념을 제거하고, 긴장된 상태를 풀고 편안한 마음을 가지고, 뚜렷한 목적을 가져야 한다.

생각 날개 펼치기

1) 속독의 장점과 단점에 대해 구체적으로 작성하시오.

2) 속독의 단점을 보완하기 위한 해결책을 작성하시오.

3) 이번 글을 읽고, 새롭게 배우고 느낀 점을 작성하시오.

중요한 부분만 뽑아서 읽는
발췌독 拔萃讀

효율성(efficiency)이란? 최소한의
투입으로 기대하는 산출을 얻는 기능이나 성질을 의미한다. 독서를
할 때도 효율적인 독서를 하려면 어떻게 해야 할까? 그것은 우리가
필요로 하는 부분만 찾아서 읽는 것이다. 일명 발췌독한다고 말한
다. '발췌'는 사전적으로 책이나 글 따위에서 필요하거나 중요한 부
분을 가려 뽑아낸다는 의미이다.

발췌독을 통해 요긴한 부분을 더 정확하게 찾아낼 수 있다는 말
이다. 이렇게 분명한 목적을 가지고 책을 읽으면 단순히 순간의 느
낌에 따라 책을 읽는 게 아니라 정말 중요한 부분 혹은 필요로 했던

내용을 놓치지 않고 지식을 얻을 수 있다.

《어떻게 읽을 것인가》를 쓴 고영성 작가는 "이전까지는 책을 다 읽고 난 이후 서평을 쓰려고 했지만, 이번에는 서평을 쓰기 위해 책을 읽어보았다. 그러자 서평이 뚝뚝 써지는 게 아닌가?"라고 했다. 그동안은 정독이나 속독으로 책을 읽었다면, 이렇게 목적이 분명한 경우에는 발췌독을 통해 더욱 효율을 높일 수 있다는 말이다.

실제 발췌독을 하는 방법을 살펴보면 다음과 같다. 우선 필요한 정보나 지식이 들어간 책을 검색한다. 당연히 제목부터 살펴볼 것이고, 그다음으로는 목차를 훑어본다. 단 목차의 내용은 모두 확인해야 한다. 그래야 자신에게 필요한 부분이 어디에 위치하는지 알 수 있기 때문이다. 또한, 목차를 통해 책 전체 내용을 한눈에 살펴보면서 큰 틀에서 주제를 파악하고 저자의 관점이 무엇인지 알 수 있다.

이렇게 목차를 통해 읽어야 할 부분을 찾아내면 다음 단계는 책 내용의 맨 앞부분과 마지막 부분을 먼저 읽는 것이다. 보통 글의 앞부분이나 마지막 부분에는 글을 쓴 사람이 강조하고 싶은 내용이 들어가기 때문이다. 마지막으로 본문을 읽으면서 찾고 싶었던 내용을 발견하면 밑줄을 치거나 따로 옮겨 적어둔다. 이 방법이 일반적인 발췌독이라 할 수 있다. 이 방법은 우리가 필요한 정보를 찾아서 활용할 때 매우 유용한 방법이다. 무엇보다 시간을 단축할 수 있기 때문이다.

하지만 문해력 향상과 연관 지어보면 다소 아쉬운 점이 있다. 겉

핥기씩 독서가 될 수 있기 때문이다. 우리가 음식을 꼭꼭 씹어서 먹어야 분해가 되어 흡수가 잘 될 수 있는 것처럼, 책도 천천히 곱씹어가며 읽어야 우리 머리와 가슴에 모두 남게 된다. 꼭꼭 씹으면 체하지 않지만, 급히 먹으면 체한다. 꼼꼼하게 읽으면 내용이 이해되지만, 대강 빠르게 읽고 지나가면 정확히 이해되지 않는다. 소화가 안된다는 말이다.

발췌독은 그런 면에서 볼 때 자주 활용하면 안 되는 방법이라고 생각할 수 있다. 실제도 그렇다. 공부할 때 발췌독은 딱 필요한 만큼만 활용해야 하는 독서법이다. 실제 정독하던 사람들이 발췌독을 맛보면 마치 달콤한 초콜릿을 먹은 것처럼 쉬운 독서에 중독된다. 그런데 초콜릿은 어떤가? 엄청 맛있지만 계속 먹으면 이도 썩고, 비만과 같은 좋지 않은 병에 걸리기도 한다.

따라서, 지나치면 결국엔 남는 게 없는 독서가 되어 버린다. 정신차리고 다시 정독하려고 해도 이미 쉽고 빠른 방법에 익숙해져서 돌아오기가 쉽지 않다. 특히 쾌락을 느끼는 행동들은 중독성이 강해서 되돌리기가 쉽지 않다. 뇌에서 도파민이 나와 더욱 그 행동을 요구하기 때문이다. 발췌독도 중독되면 헤어 나올 수 없는 마약과 같은 독서법이 될 수 있다는 말이다.

실제 중학교와 고등학교 학생 중 생활기록부에 독서기록을 위해 독후감을 작성해서 제출해야 하는데 발췌독을 하는 경우가 많다. 어떤 경우에는 남이 책을 읽고 올려둔 서평이나 독후감을 읽고 요약하여 제출한다. 결과론적으로는 생활기록부에 기록이 되니까 도움이 되지만, 막상 나중에 고등학교 진학이나 대학에 진학할 때 생활기록부 내용 기반 면접이라도 진행되면 낭패를 맛볼 수 있다. 행여나 조금 어려운 책의 내용을 정확히 알지 못하는데 질문을 받으면 오히려 자신의 무지함을 드러내어 안 좋은 결과로 이어질 수 있기 때문이다.

그래서 발췌독은 꼭 필요한 상황에서만 활용해야 할 독서법이라 할 수 있다. 시간은 없는데 보고서나 발표 자료를 완성해야 할 때는 발췌독이 큰 도움이 될 수 있다. 혹은 시험을 보고 나서 틀린 문제를 오답노트 하면서 자신이 모르는 개념이 무엇인지 알게 되었을 때도 유용하게 활용할 수 있는 독서법이다. 처음에 말했던 발췌독 방법을 변형하여 활용하면 되기 때문이다.

우선 필요한 부분을 목차를 통해서 찾는다. 그리고 해당 부분에 가서는 발췌독이 아니라 정독을 하면서 더 깊게 지식과 정보를 습득하는 것이다. 책 전체를 다 읽을 필요는 없으니 시간을 줄일 수 있고, 적어도 필요한 부분만은 자세히 읽을 수 있으니까 천천히 내용을 소화하며 읽을 수 있다는 장점이 생긴다.

특히 개념 설명이 많은 사회나 과학과 같은 과목을 공부할 때는 방금 말한 방법을 통해 학습하면 효율을 극대화할 수 있다. 시험에서 자신이 틀리는 내용은 개념부터 부족한 상태이기 때문에 부족한 부분을 채우며 공부하는 방법을 이용하는 것이다. 실제 우등생들도 첫 개념을 모두 훑을 때를 제외하고는 발췌독을 활용하여 자신이 모르는 부분을 중심으로 찾아가며 공부하는 방법을 택한다.

그런데 속독에서도 빠질 수 있는 딜레마가 발췌독에서도 나타날 수 있다. 빠른 속도만큼 정확도는 떨어질 수 있다는 점이다. 책 전체를 통해 저자가 전달하고 싶은 지식이나 정보 혹은 메시지가 있는데, 일부 내용만 보고 전체를 판단하게 될 수 있기 때문이다. 즉 '성급한 일반화의 오류'에 빠질 수 있다는 말이다.

참고로 성급한 일반화는 사전을 찾아보면 '일부 사례만을 제시하거나 대표성이 없는 불확실한 자료만을 가지고 바로 어떤 결론을 도출하는 데서 발생하는 논리적 오류'라고 나와 있다. 이처럼 발췌독을 하면 지극히 일부에 집중하는 경향이 있기에 전체를 보는 눈을 가질 수 없게 된다. 그래서 문해력을 키우고 싶다면 발췌독에 대해 경각심을 가지기를 바란다.

문해력은 단순히 글을 읽고 이해하는 것을 넘어서서 비판적 사고를 하는 단계를 갈 때 진정한 문해력을 발휘한다고 할 수 있다. 비판적 사고력은 그냥 나오는 게 아니라 깊은 사고를 할 때 재구조화를 통해서 성장하는데, 발췌독은 오히려 그 성장에 독이 될 수 있다. 그래서 제안하고 싶은 건 평소 정독을 통해 깊은 사고를 하며 비판적 사고력을 기르라는 것이다. 그래야 발췌독을 할 때 그동안 쌓아온 사고력을 바탕으로 정보의 호수에서 무엇이 옳은지 그른지 판단할 수 있기 때문이다.

우리는 장점과 단점이 분명한 경우에 '양날의 검'이라는 표현을 쓴다. 독서 방법에서는 발췌독에 딱 어울리는 표현이다. 분명한 장점이 있는 반면에 단점도 명확하다. 아무리 장점이 많아도 단점이 치명적이면 우리는 조심해야 한다. 그래야 치명타를 입지 않고, 계속 살아갈 수 있다.

독서에서도 마찬가지다. 순간의 유희에 빠지지 않고, 정도(定道)를 걷는 독서를 해야 길게 오래갈 수 있다. 발췌독은 정도를 가는 길에 한 번씩 필요에 따라 써먹는 요행 정도라고 생각하고 적절하게 활용하도록 해보자.

핵심 내용 요약하기

▶ '발췌'는 사전적으로 책이나 글 따위에서 필요하거나 중요한 부분을 가려 뽑아낸다는 의미이다.

▶ 발췌독을 통해 요긴한 부분을 더 정확하게 찾아낼 수 있다.

▶ 분명한 목적을 가지고 책을 읽으면 단순히 순간의 느낌에 따라 책을 읽는 게 아니라 정말 중요한 부분 혹은 필요로 했던 내용을 놓치지 않고 지식을 얻을 수 있다.

▶ 목차를 통해 책 전체 내용을 한눈에 살펴보면서 큰 틀에서 주제를 파악하고 저자의 관점이 무엇인지 알 수 있다.

▶ 보통 글의 앞부분이나 마지막 부분에는 글을 쓴 사람이 강조하고 싶은 내용이 들어가기 때문에 처음과 끝을 먼저 읽는다.

▶ 마지막으로 본문을 읽으면서 찾고 싶었던 내용을 발견하면 밑줄을 치거나 따로 옮겨 적어둔다.

▶ 우리가 필요한 정보를 찾아서 활용할 때 매우 유용하고, 무엇보다 시간을 단축할 수 있다.

▶ 공부할 때 발췌독은 딱 필요한 만큼만 활용해야 하는 독서법이다.

▶ 시간은 없는데 보고서나 발표 자료를 완성해야 할 때는 발췌독이 큰 도움이 될 수 있다.

▶ 우등생들도 첫 개념을 모두 훑을 때를 제외하고는 발췌독을 활용하여 자신이 모르는 부분을 중심으로 찾아가며 공부하는 방법을 택한다.

▶ 발췌독을 하면 지극히 일부에 집중하는 경향이 있기에 전체를 보는 눈을 가질 수 없게 된다.

▶ 발췌독은 정도를 가는 길에 한 번씩 필요에 따라 써먹는 요행 정도라고 생각하고 적절하게 활용하도록 해보자.

생각 날개 펼치기

1) 발췌독을 효율적으로 하는 방법에 대해 작성하시오.

2) 발췌독의 단점을 보완하기 위한 해결책을 작성하시오.

3) 이번 글을 읽고, 새롭게 배우고 느낀 점을 작성하시오.

같은 분야에 대한 반복 독서의 힘 - 다독^{多讀}

다독은 말 그대로 많이 읽는 것을 뜻한다. 그런데 무조건 많이 읽기만 하면 좋은 것일까? 언제나 그렇듯 양도 중요하지만, 질적으로 우수해야 더 좋은 것이라 할 수 있다. 책을 아무리 많이 읽어도 문해력을 기르는 데 더 많이 도움되는 방법을 찾아야만 한다는 말이다.

《1만 시간의 법칙》에 따르면 하루에 3시간씩 10년 동안 한 분야의 일을 하면 1만 시간을 채울 수 있고, 그 분야의 전문가가 될 수 있다고 했다. 하지만 '무조건 열심히 하면 된다'라는 식의 오해를 바로잡기 위해 《1만 시간의 재발견》에서는 '얼마나 오래'가 아니라 '얼마나 올바른 방법'을 사용하느냐가 더 중요하다고 주장했다. 다시 말해, '얼마나' 많은 책을 읽느냐보다는 '어떻게' 많이 읽을 것인지를 더 고민해야 한다는 것이다.

다독을 하려면 두 가지 방법을 모두 활용하는 게 좋다. 첫 번째는 한 계통의 책을 읽는 계독(系讀)이며, 두 번째는 다양한 책을 읽는 남독(濫讀)이다. 전자는 특정 주제나 장르에 관한 책을 모아 읽는 것을 의미한다. 후자는 특정 주제나 장르에 얽매이지 않고 다양하게 책을 읽는 방법이다. 즉 편식 없이 정말 골고루 밥을 먹는 것처럼, 다양한 주제의 책을 읽으라는 말이다.

우선 계독의 장점을 살펴보자. 같은 분야의 책을 여러 권 읽으면 그 분야에 능통해질 수 있다. 《10대, 교과서 대신 1000권의 책을 읽어라》라는 책에서는 같은 분야 책 10권을 읽으면 대학 전공자와 대화할 수준의 지식을 얻을 수 있다고 했다. 한 분야의 책을 여러 권 읽으면서 비슷한 지식을 계속 머릿속에 넣을 수 있기에 좁고 깊게 학문을 탐구할 수 있다. 한 우물을 파면 물이 나오는 것처럼, 지식도 한 분야를 파면 전문성을 기를 수 있다는 말이다.

3년 동안 300권의 책을 읽으면서 다독을 실천했던 나도 우선 노력했던 점이 바로 계독을 실천하는 것이었다. 약간의 지식이 필요한 경우에는 최소 3권 이상의 책을 읽었고, 전문성을 가지고 책을 쓸 때는 주제에 맞는 책을 최소 10권 이상 읽으면서 전문성을 쌓으려고 노력했다.

《1등급 공부법》책을 쓸 때는 공부법 관련 책을 정독 20권, 발췌독 10권 합 30권을 읽었기에 완성도가 높은 책을 쓸 수 있었다. 《우리 아이의 행복한 미래를 준비하는 유대인 교육법》을 쓴 백종욱 작가도 유대인들의 교육법을 통달하기 위해 유대인 관련 책을 40권 읽은 후에 책을 쓸 수 있었다고 밝혔다.

비록 자신이 잘 모르는 분야라도 이미 지식을 응축해놓은 책을 10권 이상 읽으면 교집합 요소를 찾을 수 있다. 작가마다 강조하는 포인트가 달라서 여집합 요소를 구별하는 능력을 기를 수 있다. 이 방법에 능숙해지면, 3권 정도만 읽어도 무엇이 중요한 핵심 내용인지 무엇이 다른 내용인지 분별할 수 있게 된다. 좁고 깊게 파고드는 것 같지만, 책의 특징을 파악하며 읽으면 무엇이 아쉬운지 발견할 수 있다는 말이다.

뇌는 같은 자극이 반복되면 중요한 것으로 여긴다. 지식도 마찬가지로 같은 내용이 들어오면 중요한 것이라 인식한다. 계독을 하면서 공통분모의 내용이 반복되어 뇌에 각인시키고 그 지식을 장기기억으로 가져가게 만든다. 뇌에서 정보의 전달은 전류를 흘려보내는 것과 같기에 밖으로 새어나가지 않도록 하는 게 중요하다. 마치 전선 피복을 두껍게 만들어서 전기가 새어나가지 않게 하는 것과 같다고 볼 수 있다. 그런데 계속해서 지식을 넣는 것은 피복을 두껍게 만드는 행위와 같다. 3번 반복되면 3배 두꺼워지고, 10번 반복되면 10배 두꺼워져서 정보를 전달할 때 누수 없이 빠르고 정확하게 보낼 수 있다는 의미다.

특정 분야의 지식이 확고히 기억에 자리 잡으면서 이미 무기가 생겼기에 다른 새로운 지식을 받아들일 때 기존 지식을 더 활용하기가 좋다. 인지심리학자인 피아제가 말한 것처럼, 스키마(사고의 틀)에 맞춰서 새로운 지식을 수용하기에 기존 지식이 많을수록 더 빠르게 새로운 지식을 받아들일 수 있기 때문이다. 그래서 일단 책을 읽을 때 한 분야의 책을 여러 권 독파해보기를 권장한다.

학창 시절에 교과서만 가지고 공부하지 않고, 같은 내용을 다루는 다양한 책이나 교재를 다양하게 공부하는 한 친구가 있었다. 그때 나는 굳이 시간도 없는데 저렇게 여러 책을 살펴보나 의구심이 들었다. 하지만 그 친구는 나름의 전략을 쓴 것이었다.

교과서에는 모든 내용이 담길 수 없기에 다른 교재에서는 어떤 내용이 추가되었는지 확인하면서 공부했던 것이었다. 단순히 전기 피복을 두껍게 만든 게 아니라 피복의 범위를 넓혀가면서 두껍게 했던 것이었다. 그런 공부 방법 덕분인지 몰라도 성적도 잘 나왔고, 자신만만하게 의대에 진학했다. 졸업 후에는 만날 일이 없었지만, 대학에 가서도 어렵다는 의학 공부도 같은 방법으로 했으리라 믿어 의심치 않는다.

늦게나마 그 방법이 좋겠다는 생각이 들어서 나는 대학교와 대학원에 다닐 때 그 친구의 방법을 활용했다. 수업 시간에 배우는 교재는 기본서로 두고, 학교 도서관에 가서 관련 서적을 여러 권 읽으면서 빠진 부분을 채우며 공부했다. 실제 경험해보니 왜 그 친구가 이 전략을 썼는지 이해가 갔다. 같은 내용을 여러 번 읽으면서 더 이해할 수 있고, 장기기억으로 가져갈 수 있었다. 또한, 빠진 부분은 채우면서 공부했더니 사고를 확장하는 기분이 들었다.

시험을 볼 때도 교수님들이 확장적 사고를 평가하려고 했는지 어려운 질문을 던지셨는데, 다행히도 더 구체적으로 답변할 수 있었다. 이 방식 덕분에 많은 지식을 습득하고, 좋은 성적을 받을 수 있었다. 대학 졸업할 때 우수한 성적으로 졸업한 덕분에 외국 대학원에 진학할 때도 유리했다. 그리고 대학원에서도 같은 방법으로 공부하면서 교수님들한테 아이디어가 많은 학생이라는 평가를 받기도 했다. 물론 대학원 성적도 상위권에 속해서 우수한 등위로 졸업할 수 있었다.

참고로 내 성적이 좋았다고 자랑하기 위해 거론한 것이 아니라 효과가 있었던 독서 및 공부법에 대해서 강조하고자 내 경험을 공유했다. 다만 입시를 준비하는 중학교, 고등학교 때는 이 방법이 시간적 낭비가 될 수도 있겠다는 생각이 들 수 있지만, 문해력을 기르는 방법으로는 최선이 아닐까 싶다. 깊은 사고를 하면 할수록 우리의 뇌는 재구조화하고, 더욱 유기적으로 새로운 것을 연결하는 능력이 생기기 때문이다.

하지만 모든 것에는 장점이 있으면 단점이 있듯이, 지나치게 특정 분야의 책을 읽기만 하면 우물에 갇히게 된다. 우리는 책을 읽으면서 지식을 얻기도 하지만, 감수성을 기르고 공감하는 능력과 같은 감성적인 부분도 성장할 수 있다. 보통 국어에서는 문학과 비문학으로 분야를 나누는데 한쪽에 지나치게 치우치면 과유불급이 될 수밖에 없다.

실제 어린 시절 아무리 다독왕이 될 정도로 책을 많이 읽었어도 편식 독서를 한 경우에는 고등학교에 진학해서 학업에 어려움을 겪기도 했다. 문학만 읽었던 학생은 비문학에 대한 배경 지식이 부족해서 국어 점수가 잘 안 나와서 고생했다. 거꾸로 비문학 위주로 읽었던 학생은 문학에 대한 이해가 부족해서 제대로 이해하지 못했다. 시험에 가까워서야 발등에 불이 떨어져 그 부족함을 채우느라 엄청나게 고생했기에 이왕이면 어릴 때부터 문학과 비문학의 균형을 맞추어 독서를 하면 좋겠다는 생각이 들었다.

특히 감수성이 예민한 사춘기 시기에는 문학작품을 통해 감성적인 욕구를 해소하는 것도 크게 도움이 된다. 실제 몇몇 학생들은 어린 시절에는 책을 잘 읽지 않았지만, 중학교 때 문학 위주로 책을 많이 읽어 문해력을 크게 향상시킨 경우가 있었다. 따라서 이성적인 사고를 좋아하는 사람이라면 비문학부터 시작해서 조금씩 문학을 채우는 것도 좋은 방법이라 생각한다.

다독의 세계에 들어온 나도 처음에는 여러 분야의 책을 읽으며 탐색전을 펼치다가 필요에 따라 한 분야의 책에 빠져서 계독을 했다. 그리고 책을 쓰면서 그 분야에 내가 너무 갇히게 될까 봐 일부러 내가 잘 모르는 분야의 책을 찾아서 조금씩 읽기 시작했다.

영어교육, 독서, 책 쓰기, 공부법, 부모교육 등은 내가 잘 알고 있는 분야고 지식이 필요한 분야라서 더 많은 비율을 차지한다. 하지만 경제, 재테크, 뇌과학, 인문학, 고전 등은 약점이라서 일부러 중간중간에 껴 넣어가며 읽었다. 그러다가 우연히 뇌과학의 매력에 빠져서 이 분야의 책도 10권 이상 읽게 되었다. 현재는 뇌과학과 다른 분야의 지식을 모두 연결할 수 있어서 신기한 경험을 하는 중이다.

나의 독서 방식을 운동에 비유하면 이렇다. 처음 턱걸이를 시작할 때는 1개도 제대로 못 했지만, 악력을 기르면 턱걸이를 더 잘할 수 있다고 해서 악력 기르기에 힘썼다. 악력기를 시도 때도 없이 했고, 매일 꾸준하게 두꺼운 턱걸이 봉을 잡으며 힘을 길렀다.

그렇게 반복하며 한 달이 지나니까 3개를 할 수 있게 되었고, 두 달이 되니까 5개를 하게 되었는데, 단순히 손힘과 팔 힘이 아니라 등과 배 근육도 활용하여 턱걸이하는 내 모습을 발견할 수 있었다. 결국에 한 가지 무기가 생기면, 그 무기를 활용하여 다른 무기를 장착하는 것이 수월해진다는 말이다.

다독을 위한 두 번째 방법인 다양한 책을 읽는 남독은 우선 계독이 자리 잡게 한 후에 시도해보라고 권유하고 싶다. 혹은 처음에는 탐색전으로 자신이 어떤 분야에 흥미가 있는지 여러 분야의 책을 읽어보는 것도 좋다고 생각한다. 그러다가 흥미가 생기면 그 분야의 책은 계독하고, 전문성이 생기면 다시 남독을 통해 시야를 넓히고,

지식을 확장하는 기회를 만들어보길 바란다.

　문해력은 다른 게 아니라 우선 이해력을 기르는 것이고, 나아가 옳고 그름을 분별하는 비판적 사고력을 기르는 것이라 했다. 따라서 책을 많이 읽으면 읽을수록 분명한 결과를 얻을 수 있다. 다만, 계독 후 남독 혹은 남독 후 계독을 적절히 섞어가며 균형을 맞추는 독서 방법을 활용하기를 바란다. 이번 꼭지에서 나온 다독에 관한 내용이나 청소년기 문학 중심 독서 등은 <4장. 올바른 독서 습관 만들기>에서 더 자세히 다루도록 하겠다.

핵심 내용 요약하기

▶ '얼마나' 많은 책을 읽느냐보다는 '어떻게' 많이 읽을 것인지를 더 고민해야 한다.

▶ 다독을 하려면 두 가지 방법을 모두 활용하는 게 좋다.

▶ 첫 번째는 한 계통의 책을 읽는 계독(系讀)으로 특정 주제나 장르에 관한 책을 모아 읽는 것을 의미한다.

▶ 두 번째는 다양한 책을 읽는 남독(濫讀)으로 특정 주제나 장르에 얽매이지 않고 다양하게 책을 읽는 방법이다.

▶ 비록 자신이 잘 모르는 분야라도 이미 지식을 응축해놓은 책을 10권 이상 읽으면 교집합 요소를 찾을 수 있다.

▶ 3권 정도만 읽어도 무엇이 중요한 핵심 내용인지 무엇이 다른 내용인지 분별할 수 있게 된다.

▶ 계독을 하면서 공통분모의 내용이 반복되어 뇌에 각인시키고 그 지식을 장기기억으로 가져가게 만든다.

▶ 특정 분야의 지식이 확고히 기억에 자리 잡으면서 이미 무기가 생겼기에 다른 새로운 지식을 받아들일 때 기존 지식을 더 활용하기가 좋다.

▶ 깊은 사고를 하면 할수록 우리의 뇌는 재구조화하고, 더욱 유기적으로 새로운 것을 연결하는 능력이 생긴다.

▶ 처음에는 탐색전으로 자신이 어떤 분야에 흥미가 있는지 여러 분야의 책을 읽어보는 것도 좋다고 생각한다.

▶ 그러다가 흥미가 생기면 그 분야의 책은 계독하고, 전문성이 생기면 다시 남독을 통해 시야를 넓히고, 지식을 확장하는 기회를 만들어보길 바란다.

생각 날개 펼치기

1) 계독(系讀)의 장단점에 대해 구체적으로 작성하시오.

2) 남독(濫讀)의 장단점에 대해 구체적으로 작성하시오.

3) 이번 글을 읽고, 새롭게 배우고 느낀 점을 작성하시오.

내 삶을 바꾸는 메모 독서법

　　메모 독서법을 강조하는 책을 쓴 작가들의 공통적인 목소리가 있다. 아무리 책을 많이 읽어도 기억에 남지 않고, 다시 찾아보려고 해도 어느 책, 어디에서 읽은 것인지 찾기가 어려웠다고 했다. 아무것도 얻지 못했고, 어떤 변화나 성장도 없었다고 했다. 결국에 왜 책을 읽고 있는지 회의감이 들었다고도 고백했다. 《초서 독서법》의 저자 김병완 작가, 《인생의 차이를 만드는 독서법 본깨적》의 저자 박상배 작가, 《단 한 권을 읽어도 제대로 남는 메모 독서법》의 저자 신정철 작가가 이에 해당한다.

　　안타깝게도 신이 인간에게 내린 선물인 '망각'으로 인해 우리는 모든 것을 다 기억할 수가 없다. 심리학자 에빙하우스에 의하면 우리의 기억은 학습 후 10분부터 망각이 시작되어, 1시간 후에는 약 50%, 1일 후에는 70% 이상, 1개월 후에는 약 80% 기억을 잃게 된다고 한다. 몇 시간 동안 힘들여서 읽은 책을 시간에 흘려보내면 얼마나 아까운가?

안타깝게도 그게 현실이다. 우리는 1~2초의 짧은 순간에도 시각적, 청각적으로 엄청난 정보를 받아들이지만 불필요한 내용은 단기기억으로 분류해 바로 잊는다. 모든 정보를 다 기억하면 뇌는 터질 수도 있기 때문이다. 그렇다고 희망이 없는 것은 아니다. 장기기억으로 남기는 방법이 분명히 있기에 희망의 불씨를 꺼뜨리지 말아야한다.

인간이 새로운 정보를 받아들이는 과정을 '인지'한다고 한다. 이인지 과정에서 첫 번째로 일어나는 작업은 바로 '분류'다. 우리가 컴퓨터에 저장한 파일을 상위 폴더와 하위 폴더로 나눠 분류하는 것처럼, 뇌는 새로운 정보를 분류한다. 상위 개념과 하위 개념의 분류, 중요한 것과 그렇지 않은 것의 분류, 취할 것과 버릴 것을 분류하는 것이다.

독서를 하는 과정이 곧 새로운 지식과 정보를 얻는 과정이라고 가정한다면 당연히 이 분류의 과정이 필수다. 책 속 내용의 중요도에 따라 분류해야 책 내용을 쉽고 정확하게 이해할 수 있다는 말이다. 그런데 분류만 하면 끝나는 게 아니라 앞서 말한 것처럼, 어딘가에 꼭 기록해야 잊혀지지 않는다. 그리고 반복해서 그 내용을 살펴 봐야만 장기기억으로 가져갈 수 있다.《초서 독서법》의 저자인 김병 완 작가는 눈으로 책 읽기는 단기기억에 저장되지만, 손을 쓰는 독 서는 '장기기억'이 될 확률이 높다고 주장했다.

그래서《인생의 차이를 만드는 독서법 본깨적》의 박상배 저자는 '1124 재독법'이라는 독서법을 추천한다. 쉽게 말해 N회독 공부법과 비슷한 개념이다. '1124 재독법'은 에빙하우스의 망각곡선에 따라 초서 노트 정리 후, 하루 후, 1주 후, 2주 후, 4주 후에 한 번씩 작성한 노트를 다시 펼쳐보는 방법이다. 참고로 '본깨적'은 '책에서 본 것을 깨닫고 삶에 적용한다'는 말이다.

지금까지의 내용을 바탕으로 메모 독서법을 정리해보면 다음과 같다. 첫째, 중요한 것을 분류한다. 둘째, 그 내용을 어딘가 적는다. 셋째, 반복해서 읽으며 깨달음을 얻고, 자신의 생각을 적는다. 첫 번 째 분류를 할 때는 중요하다고 생각하는 문장에 밑줄을 치거나, 형 광펜으로 색칠하거나 한다. 그리고 그중에서도 내가 오래 두고두고 보고 싶은 문장은 노트에 따로 적어 둔다. 물론 포스트잇에 적어서 붙이는 방법도 있다. 혹은 책갈피를 만들어서 표시하여 다시 읽을 수 있게 한다. 그리고 마지막으로 깨달은 내용을 책 어딘가 공백에 적거나 독서 노트가 있으면 그곳에 적는다.

어떻게 보면 이것이 우리 선조들이 해왔던 '초서 독서법'과 같다 고 볼 수 있다. '초서 독서법'은 현대 사회의 보편적인 이론인 심리학, 교육학, 뇌과학에서 목놓아 말하는 가장 효과적인 독서법 중 하나다. 모든 국가의 영향력 있는 인물들은 이 '초서 독서법'을 통해 천재의 반열에 올랐다. 즉, 단순히 책을 읽는데 그치는 것이 아니라 손을 이용해 책의 중요한 내용을 옮겨서 능동적으로 책의 내용을 받아들이고 판단하며 새로운 지식을 재창조하는 과정을 통해서 그런 경지에 오르게 된 것이다.

참고로 필사와 초서는 다르다. 필사는 단순히 내용을 그대로 적는 걸 의미하지만, 초서는 중요한 핵심 내용만 골라 정리하고 불필요한 것을 구분하는 메타인지를 활용하는 메모법이다. 즉, 독서의 양보다는 질이 더 중요함을 강조한다. 아울러 생각하는 힘을 기르는 방법이다.

《단 한 권을 읽어도 제대로 남는 메모 독서법》의 저자 신정철 작가도 "책이라는 자극에 대한 나의 반응과 떠오르는 생각을 수집하기 위해서는 메모를 해야 합니다."라고 말했다. 그 이유는 머릿속에 떠오른 생각은 금방 휘발되어 사라지기 때문이라고 했다. 즉, 메모로 생각을 붙잡아 두어야 언젠가 필요할 때 활용할 수 있다는 말이다.

독서하면서 메모하면 좋은 이유가 한 가지 더 있다. 손을 사용하면 뇌가 발달하기 때문이다. 《손과 뇌》에서 '손은 외부의 뇌'라고 말한다. 철학자 칸트도 '손은 바깥으로 드러난 또 하나의 두뇌'라고 표현했다. 그 이유는 손은 뇌의 명령을 받고, 뇌에 가장 많은 정보를 제공하는 감각기관이기 때문이다. 특히 손이 움직이면 이성적 사고를 관장하는 대뇌 신피질의 전두엽 영역이 작동해서 의지가 발생하고 운동영역에 명령을 내린다. 참고로 이 부분은 인간의 지능과 기억력의 중추 역할을 하는 곳이다.

이런 이유로 독서와 메모는 함께 할 때 시너지 효과를 불러일으킨다. 선조들이 말했던 독서법의 고차원적인 단계로 넘어가는 효율적인 독서법이다. 아무 생각 없이 1천 권의 책을 읽는 것보다, 1권을 읽더라도 이렇게 메모하고 생각하면서 읽는 책이 더 가치가 있고, 오랫동안 기억에 남을 수 있다. 그리고 나아가 창의적인 사고를 하는 사람으로 발전할 수 있다.

앞에서, 독서의 이유는 문해력 향상을 위한 것이라 밝혔다. 문해력이 향상된다는 말은 이해력과 비판적 사고력을 비롯해 창의적 사고를 할 수 있는 것도 포함하기에 메모 독서법은 꼭 필요한 방법이라 생각한다. 신정철 작가도 《메모 습관의 힘》에서 창의성을 올리기 위해서는 '생각의 재료 수집하기'와 '생각을 충돌시키기' 과정이 꼭 필요하다고 말했다. 스티브 잡스도 "Creativity is connecting things." 라는 말을 남겼다. 그러고 보면 창의성은 완전 새로운 것이 아니라 '연관되지 않았던 것을 연결하는 것'이라 볼 수 있다.

이처럼 창의적 사고는 문제를 해결할 때 가장 필요한 능력이라고 볼 수 있다. 그래서 《메모의 재발견》에서도 "별것 아닌 것처럼 보이지만 손으로 생각을 옮겨 적다 보면 머릿속을 어지럽혔던 고민이나 문제들을 파악할 수 있을 뿐 아니라 정리할 포인트가 무엇인지 조금씩 드러나기 시작했다."라고 저자는 의견을 밝혔다.

공부를 잘하는 학생들의 공부 방법을 살펴보면, 지금까지 이야기한 초서 독서법을 제대로 적용한다. 교과서에서 배운 내용 중 중요한 부분에 밑줄을 긋거나 형광펜으로 체크한다. 그리고 '개념 노트'라는 것을 만들어서 중요한 내용을 정리한다. 《1페이지 공부법》 저자이자 수능 만점자인 홍민영 작가는 이 과정을 수차례 반복해서 중요한 것과 중요하지 않은 것을 분류하고, 기억에 남지 않은 내용 중심으로 1페이지로 요약하는 방법을 활용했다.

물론 책 중에는 그냥 재미와 흥미로 단순하게 읽고 싶은 책도 있을 것이고, 메모 독서법을 활용해 효과를 볼 수 있는 학습을 위한 책도 있을 것이다. 그러나 분명한 건 어떤 책이든 깊은 사고를 할 수 있는 메모 독서법을 활용한다면 뇌 발달을 통해 뇌를 재구조화할 수 있고, 깨달음을 얻는 독서를 실천할 수 있을 것이다.

핵심 내용 요약하기

▶ 안타깝게도 신이 인간에게 내린 선물인 '망각'으로 인해 우리는 모든 것을 다 기억할 수가 없다.

▶ 독서를 하는 과정이 곧 새로운 지식과 정보를 얻는 과정이라고 가정한다면 당연히 분류의 과정이 필수다.

▶ 책 속 내용의 중요도에 따라 분류해야 책 내용을 쉽고 정확하게 이해할 수 있다.

▶ 분류만 하면 끝나는 게 아니라 앞서 말한 것처럼, 어딘가에 꼭 기록해야 잊혀지지 않고, 반복해서 그 내용을 살펴봐야만 장기기억으로 가져갈 수 있다.

▶ 지금까지의 내용을 바탕으로 메모 독서법을 정리해보면 다음과 같다.

▶ 첫째, 중요한 것을 분류한다.

▶ 둘째, 그 내용을 어딘가 적는다.

▶ 셋째, 반복해서 읽으며 깨달음을 얻고, 자신의 생각을 적는다.

▶ '초서 독서법'은 현대 사회의 보편적인 이론인 심리학, 교육학, 뇌과학에서 목놓아 말하는 가장 효과적인 독서법 중 하나다.

▶ 단순히 책을 읽는데 그치는 것이 아니라 손을 이용해 책의 중요한 내용을 옮겨서 능동적으로 책의 내용을 받아들이고 판단하며 새로운 지식을 재창조하는 과정을 통한다.

▶ 독서하면서 메모하면 좋은 이유는 손을 사용하면 뇌가 발달하기 때문이다.

▶ 창의성은 완전 새로운 것이 아니라 '연관되지 않았던 것을 연결하는 것'이라 볼 수 있다.

▶ 창의적 사고는 문제를 해결할 때 가장 필요한 능력이라고 볼 수 있다.

▶ 메모 독서법을 활용한다면 뇌 발달을 통해 뇌를 재구조화할 수 있고, 깨달음을 얻는 독서를 실천할 수 있을 것이다.

생각 날개 펼치기

1) 필사법과 초서법의 차이에 대해 작성하시오.

2) 메모 독서법을 실천하기 위한 효율적인 방법을 작성하시오.

3) 이번 글을 읽고, 새롭게 배우고 느낀 점을 작성하시오.

일독일행 一讀一行의
기적 독서법

"독서의 끝판왕은 책을 읽고 깨달음으로 끝내는 사람이 아니라 실천하는 사람이다."

우리는 왜 책을 읽을까? 누군가는 지식과 정보를 얻기 위해서, 누군가는 감수성을 채우기 위해서, 누군가는 인생을 바꾸기 위해서 등 다양한 이유가 있을 것이다. 그런데 분명한 사실은 책을 읽고 인생의 기적을 맛본 사람이 많다는 것이다. 우리 선조들, 외국의 성공한 유명인들, 우리 가까이에서는 책 읽고, 적고, 깨닫고, 실천하는 작가들의 모습을 통해 알 수 있다. 특히《일독일행 독서법》의 저자인 유근용 작가의 이야기가 눈에 띈다. 아래는 책의 저자 소개에 나온 글이다.

어린 시절 어려운 가정환경 속에서 경찰서, 법원을 들락거리며 방황하는 삶을 살았고 지방의 전문대에 들어가서는 게임중독에 빠져 학점 1.7의 내일 없는 삶을 살았다. 사회와 격리된 군대에서 책 읽는 즐거움에 눈뜬 후, 스물아홉 어느 날 '어떻게 하면 원하는 삶을 살 수 있을까?' 하는 절박한 질문을 시작으로 변화를 결심하게 된다. 책을 읽고 하나씩 실행하면서 180도 다른 삶을 살게 된 그는 모든 변화의 열쇠는 실행력에 있다는 사실을 깨닫는다. 한번 정한 목표는 끝까지 해내고 마는 특유의 폭발적인 의지와 실행력으로 '초인'이라는 별명이 붙었다. 학벌도 스펙도 돈도 없던 흙수저 인생에서 국내 최대 독서 카페의 대표이자 독서 경영 컨설팅 CEO로 변신했다.

유근용 작가는 하루에 한 권 이상의 책을 읽어서 1년에 520권을 읽었다. 단순히 책을 읽는데 그치지 않고 자신이 깨달은 점 한 가지를 매일 실천하면서 520번의 변화를 만들었다. 사실 《일독일행 독서법》이 2015년에 출간되고 현재는 8년이 지난 시점이라 그는 또 어떤 변화를 이루며 살고 있을까 궁금해서 조사했다. 독서법 책 이후에 《메모의 힘》, 《1일 1행의 기적》, 《독기행 다이어리》, 《초격차 성공 수업》, 《따라 하면 무조건 돈 버는 실전 부동산 경매》 등의 책을 쓰며 단순히 독서하는 삶에서 자신이 관심 가지게 된 분야로 세계를 확장하는 결과를 보였다.

이렇게 처절한 노력 끝에 극과 극으로 변화하는 인생사가 있을 수 있다. 사실 이런 절박한 마음이 없으면 큰 변화를 일으키기 어렵다. 또한 사람마다 인생에서 추구하는 가치도 다르기에 독서하는 삶이 자신에게 얼마나 중요한지 그 정도가 다를 수 있다. 하지만 독서하는 사람과 독서하지 않는 사람은 분명한 차이가 있다. 게다가 한 단계 더 큰 차이는 독서 후에 실천하는 사람과 실천하지 않는 사람은 인생을 바꾸느냐 바꾸지 못하느냐의 차이도 생긴다.

우리는 이런저런 핑계를 대며 하루에 한 권의 책이 아니라 한 달에 한 권의 책도 읽을까 말까 한다. 나도 매일 책을 읽고 실천하라고 강요하는 건 아니다. 우선은 독서 습관을 기르기 위해 노력하고, 이왕이면 책을 읽는 김에 우리 인생에 도움이 되는 방향으로 책을 읽고 실천해보자는 생각이다. 책을 통해서 내가 사는 세상을 벗어나 작가의 삶을 살펴보고 배우고 느끼며 내 세상을 넓혀보자는 의미다.

한 강연에서 9개 언어를 하는 선현우 선생님은 언어를 배우는 일은 또 다른 세계를 갖는 일이라 했다. 그 이유는 언어마다 문화, 사고방식 등 다른 세계를 구현하기 때문이라고 했다. 나는 독서도 마찬가지라고 생각한다. 한 인간으로서 정해진 시간 동안 우리가 경험할 수 있는 시간적·공간적, 즉 물리적 제한이 분명 있다고 믿기 때문이다. 그런데 책을 읽으면 그 물리적 한계를 넘어설 수 있다. 그리고 단순히 다른 세계를 관찰하는 데 그치지 않고 자신의 세계로 끌고 들어와 내가 사는 세계를 더 좋은 방향으로 바꾼다면 내 삶도 더 풍요로워질 수 있을 것이라 믿는다.

실천하라는 말은 절대 거창한 것이 아니다. 책을 읽고 느낀 점이 있으면 어딘가 메모하고, 무엇을 해볼 수 있을지 작은 것부터 해보는 것이다. 예를 들면, 나의 경우에는 《일독일행 독서법》을 읽은 후 독서할 때마다 하나씩 배운 점을 삶에 적용해보기로 했다. 아니면 적어도 책에서 감명 깊었던 문구를 글쓸 때 인용해보겠다고 생각했다. 300권 넘는 책을 읽으면서 실제 그 목표를 계속 이루고 있다. 한 꼭지의 글을 쓸 때도 그 주에 읽었던 책의 내용 중 연결되는 부분이 있으면 꼭 글에 반영한다.

《데미안》을 읽고 나서 가장 좋았던 부분이 '새에게는 알이 세계인데, 새가 태어나려면 그 알을 깨고 나와야 한다.'는 말이었다. 특목고에 근무하면서 대학 입시의 중요성을 강조하고 그것이 성공의 길이라 가르치면서 무언가 깨달음이 있었다. 명문대를 진학하지 않아도, 대기업에 취업하지 않아도 실패자가 아니며, 자신의 세계는 스스로 개척해나갈 수 있다는 사실을 깨달았다.

그러다 우연히 《미래를 읽는 부모는 아이를 창업가로 키운다》라는 책을 읽다가 '스타트업'의 세계를 경험하게 되었다. 1등급, 2등급 아이들만의 삶이 아닌 나머지 등급의 학생들이 만들어 가는 삶도 중요하다는 걸 세상에 알려야겠다는 생각으로 스타트업에 대한 독서를 시작했고, 동시에 청소년들에게 스타트업을 알리는 책을 써야겠다고 생각했다. 꼭 창업하라는 말이 아니라 '스타트업'이라는 과정에서 도전하고 실패하고 회복하고 성장하는 경험을 하면 좋겠다는 마음이 들었다.

만일 스타트업 관련 책을 읽으며 이것은 특목고에서 근무하는 교사로서 필요 없는 책이라 생각하고 아무런 생각의 변화를 추구하지 않았다면 어땠을까? 아마도 평생 입시만을 강조하는 교사로 아이들을 지도했을 것이다. 즉, 현재 살아가는 세계를 벗어나지 못하고 영원히 그곳에 갇혀 살았을 거라는 말이다. 물론 그렇게 사는 게 틀린 것은 아니지만, 한번 사는 인생 아쉬움이 남았을지도 모른다.

실천하는 독서법이 인생을 바꾸는 독서법이라 말하면서 이렇게 자세히 다룬 이유가 있다. 깨달음의 단계에 도달하면 우리의 뇌를 바꿀 수 있지만, 아쉽게도 실천하지 않으면 우리의 세계를 바꿀 수 없기 때문이다.

단순히 입시를 잘하기 위해 문해력을 기르고자 책을 읽는 사람이라면 다시 한번 생각해보길 바란다. 특히 10대와 20대는 자신의 진로를 찾고 삶의 방향을 어디로 향하게 할지 정해야 하는 시기이기에 누군가의 자서전을 읽거나 혹은 인문고전을 읽으면서 방향을 설정할 수 있는 실천 독서법이 필수이다.

공부를 잘하고, 성적을 잘 받기 위한 독서 방법이 정독을 비롯한 다른 독서법이라면 실천하는 독서법은 인생을 위한 투자라고 생각했으면 좋겠다. 유근용 작가처럼 매일 책을 읽고 실천하지 못하더라도, 나처럼 일주일에 한 권씩 책을 읽지는 못하더라도 꾸준하게 책 읽고 실천하는 삶을 살기를 바란다. 자신이 할 수 있는 상황과 환경 그리고 의지가 다르기에 양이 중요한 게 아니라 적절한 자신만의 기준을 세우는 것이 가장 중요하다.

《1천 권 독서법》을 쓴 전안나 작가는 2013년부터 하루 한 권 책 읽기를 실천하고 있다. 물론 중간에 지키지 못한 날도 있지만, 현재까지 약 3,000권 정도를 기록하고 있다. 하루 한 권 책 읽기는 앞으로도 계속 지킬 목표이고, 60세에 만 권 돌파하는 게 인생 목표라고 한다. 그리고 그녀도 주장하는 것이 'One Book, One Message, One Action'이다. 한 권의 책을 읽으면 그 속에서 메시지를 찾고, 행동으로 실천하는 것이라는 말이다.

전안나 작가는 처음에는 한 권의 책을 읽으려면 5~6시간이 걸렸지만, 지금은 2~3시간정도 걸린다고 한다. 그리고 한 인터뷰에서 책 내용이 다 기억나는지 물었을 때, 그녀는 당연히 책 내용을 다 기억하지 못해서 책에서 말하고자 하는 메시지를 A4용지 1페이지에 정리하고 그것을 블로그에 포스팅하여 기록으로 남겨둔다고 했다.

그리고 매일 책을 읽으려면 시간이 없을 텐데 어떻게 그렇게 꾸준히 할 수 있는지 물었을 때, 자투리 시간을 활용하는 것이 비결이라고 했다. 일명 짬짬이 독서법으로 남들보다 일찍 출근해서 책 읽고, 점심 식사 후 남은 시간에 책 읽고, 일 마치고 퇴근 전에 잠깐 책 읽고, 취침하기 전에 책을 읽는 방법이라고 했다.

끝으로 매일 책을 읽을 수 있는 이유는, 우선 자신이 좋아하는 분야의 책부터 읽기 시작했기 때문이라 한다. 그리고 하루는 재미있는 책을 읽었으면, 다음 날은 조금 어려운 책을 읽으며 균형 독서를 진행하거나 혹은 한 가지 주제에 대해 파고드는 주제 독서를 하는 경우도 있다고 한다.

문해력을 기르고, 공부 능력을 신장시키기 위해 이 책을 읽는 독자들도 이제는 독서 방법에 대해 배웠으니 자신에게 맞는 방법을 찾아서 꼭 실천해보길 바란다. 나아가 단순한 지식과 정보 습득이라는 독서 목표를 넘어 인생의 변화를 위한 실천 독서법을 적용해보길 바란다. 꼭 하루에 한 권이 아니어도 좋으니 최소한 100권이라는 임계량을 넘기는 독서를 위해 노력했으면 좋겠다.

핵심 내용 요약하기

▶ 독서의 끝판왕은 책을 읽고 깨달음으로 끝내는 사람이 아니라 실천하는 사람이다.

▶ 독서 하는 사람과 독서 하지 않는 사람은 분명한 차이가 있다.

▶ 게다가 한 단계 더 큰 차이는 독서 후에 실천하는 사람과 실천하지 않는 사람은 인생을 바꾸느냐 바꾸지 못하느냐의 차이도 생긴다.

▶ 우선은 독서 습관을 기르기 위해 노력하고, 이왕이면 책을 읽는 김에 우리 인생에 도움이 되는 방향으로 책을 읽고 실천해보자는 생각이다.

▶ 실천하라는 말은 절대 거창한 것이 아니라 책을 읽고 느낀 점이 있으면 어딘가 메모하고, 무엇을 해볼 수 있을지 작은 것부터 해보는 것이다.

▶ 깨달음의 단계에 도달하면 우리의 뇌를 바꿀 수 있지만, 아쉽게도 실천하지 않으면 우리의 세계를 바꿀 수 없다.

▶ 공부를 잘하고, 성적을 잘 받기 위한 독서 방법이 정독을 비롯한 다른 독서법이라면 실천하는 독서법은 인생을 위한 투자라고 생각했으면 좋겠다.

▶ 자신이 할 수 있는 상황과 환경 그리고 의지가 다르기에 양이 중요한 게 아니라 적절한 자신만의 기준을 세우는 것이 가장 중요하다.

▶ 단순한 지식과 정보 습득이라는 독서 목표를 넘어 인생의 변화를 위한 실천 독서법을 적용해보길 바란다.

▶ 꼭 하루에 한 권이 아니어도 좋으니 최소한 100권이라는 임계량을 넘기는 독서를 위해 노력했으면 좋겠다.

생각 날개 펼치기

1) 깨달음을 넘어 실천하는 독서를 해야 하는 이유를 작성하시오.

2) 독서 임계량이 무엇을 의미하는지 자신의 생각을 작성하시오.

3) 이번 글을 읽고, 새롭게 배우고 느낀 점을 작성하시오.

세계를 이끄는 유대인들의 하브루타 독서법

                유대인은 약 1,600만 명으로 전 세계 인구의 0.2%에 불과하다. 1901년부터 2021년까지 노벨상 수상자 943명 중 유대인이 210명으로 22%를 차지한다. 노벨경제학상 수상자는 42%가 유대인이다. 고로 세계적으로 성공한 사람을 살펴보면, 유대인이 참 많다는 걸 알 수 있다. 마이크로소프트 빌 게이츠, 영화 감독 스티븐 스필버그, 경제학자 앨빈 토플러, 화가 파블로 피카소, 배우 찰리 채플린, 페이스북 마크 저커버그 등이다. 심지어 스타벅스, 인텔, 페이스북, 마이크로소프트를 비롯해 수도 없이 많은 세계적 기업이 모두 유대인 소유라는 걸 알 수 있다. 어떻게 그들은 이렇게 위대한 일을 할 수 있었을까?

그들이 머리가 좋아서 그렇다고 생각할 수도 있다. 하지만 스위스 취리히대학의 토마스 폴켄 박사가 발행한 연구 논문에 따르면 유대인들의 나라인 이스라엘의 IQ는 세계 45위로 평균 94 정도라고 한다. 반면 대한민국은 IQ가 평균 106으로 세계 1위를 차지한 것으로 집계됐다. 역시나 시험에만 유독 강한 한국의 모습을 IQ만으로도 확인해 볼 수 있다. 참고로 IQ는 지능지수를 평가하는 것이지 세상의 문제를 해결하는 창의력을 평가한 게 아니다. 따지고 보면 학습 방법이 확연히 차이가 난다는 것을 알 수 있다.

우선 공부에 투자하는 시간도 한국인이 유대인보다 훨씬 많고, 부모의 교육열도 한국인이 더 높은 것처럼 보인다. 하지만 공부 방법이 차이를 만드는 것이 아닌가 싶다. 한국인은 듣고, 외우고, 시험 보고, 시험이 끝나면 깨끗하게 모든 걸 리셋하는 교육이라면, 유대인은 질문하고, 대화하고, 토론하고 논쟁하는 교육이라 볼 수 있다. 쉽게 말해, 한국인의 교육은 빨리 결과를 내는 주입식 교육이고, 유대인의 교육은 언제 어디서든 열린 질문을 던지고 대답을 이어가면서 아이가 스스로 지혜를 얻고 사유하도록 만드는 하브루타식 교육이다.

독서 할 때도 마찬가지다. 우리는 시험에 나올만한 중요한 내용을 뽑아내서 완벽히 외우고 정답을 맞추도록 'what'에 초점을 두는 독서다. 반면 유대인은 지식과 견해를 갖추어 탈무드식 논쟁을 하기 위한 부분에 독서의 목적을 둔다. 실제 지식이 조금 부족한 어린 시절부터 집에서부터 부모와 책을 읽고 사소한 주제라도 대화를 통해 묻고 답하는 생활을 체화한다. 유대인의 식사시간은 토론의 장이기 때문이다. 전통적으로 유대인은 저녁 식사에는 다른 사람을 초대하지 않는다고 한다. 왜냐하면 이 시간은 부모와 자녀가 토론하는 시간이기 때문이다. 이처럼 유대인의 방법은 'why'에 초점을 둔 독서라고 볼 수 있다. 그러나 결과 중심적 사고를 하는 한국인은 이런 토론과 논쟁을 통한 공부가 어색할 것이다.

하브루타는 독서 기반의 학습법이라 볼 수 있다. 자신이 가진 배경 지식을 바탕으로 남과 다르게 생각하는 힘을 기르는 데 목적이 있기 때문이다. 물론 정해진 정답도 없다. 끊임없이 책의 주제를 비판하고 다르게 생각하려고 노력한다.

또한, 고정관념에 도전하는 독서 방법이다. 누구보다 자유로운 관점으로 다양하고 폭넓은 의식 확장을 토대로 한 토론이 가장 중요하다. 무조건 옳은 정답을 찾고, 그것이 왜 정답인지 이해시키고 받아들이게 하지 않는다. 세상에 발생하는 문제나 이슈에 대해 찬성과 반대를 선택하고, 자기 입장을 분명하게 밝힌다. 대신 구체적인 근거를 제시하고, 상대방의 주장에 대해 반론을 철저히 하도록 한다. 그리고 다시 서로의 역할을 바꿔 새로운 입장에서 주장과 근거를 펼치며 반론의 반론을 계속 반복한다.

토론할 때는 매우 치열하고 비판적이지만, 토론이 끝날 때 승패를 가리지 않는다. 내 생각과 상대방의 생각이 교차하며 성장하는 과정 중심의 시간을 보내기 때문이다. 《하브루타 창의력 수업》에서는 하브루타를 토론 방식에 대해 아래와 같이 설명하기에 어떤 능력을 기를 수 있는지 알 수 있다.

1. 하브루타는 승패를 가르는 찬반 토론이 아니다.
2. 주제에 대해 이해할 수 있도록 읽은 책 내용에 대해 서로 충분히 이야기를 나누는 것이 바람직하다. 진행하고자 하는 주제를 이해하지 못하면 토론에 집중할 수 없다.
3. 질문 후 대답할 수 있는 시간을 충분히 준다.
4. 하브루타의 목적을 설명해준다. 하브루타는 정답이 따로 있는 것이 아니라 반드시 질문과 대답을 통해서 해답을 찾아가는 것임을 알 수 있도록 도와준다.
5. 파트너의 이야기에 집중하고 경청하여 신뢰감을 준다.
6. 서로의 질문과 대답에 대해 반대 의견을 수용할 수 있게 한다. 하브루타는 질문과 논쟁을 통해 성장할 수 있다는 게 장점이다.
7. 논쟁은 하되 상대를 비난하거나 공격하지 않도록 유의한다.
8. 마무리 시간에 질문과 대답에 대해 칭찬해 자신감을 가지게 한다.

문해력에서 중요한 것 중 하나는 '확증편향'을 갖지 않도록 하는 것이다. 우리가 폐쇄적인 사고에 빠지면, 자신의 가치관, 신념, 판단 따위와 부합하는 정보에만 주목하고 그 외의 정보는 무시하는 사고방식이 생길 수도 있다. 이것이 바로 '확증편향'이라고 불리는 심리다. 자기 생각과 일치하는 정보만 받아들이는 심리로서 보고 싶은 것만 보고, 듣고 싶은 것만 들으려는 심리다. 하지만 하브루타식 독서를 하면 폐쇄적인 사고를 뿌리치고 확장적인 사고를 하는 기회를 얻을 수 있다.

내가 호주에서 대학원 수업을 들을 때 재미있는 현상을 관찰했다. 물론 개인 성향 차이도 있겠지만, 각국의 학생마다 질문하는 방식이나 횟수 등이 다르다는 걸 알아챘다. 영어권 국가나 유럽에서 온 학생들은 거침없이 자기 생각을 말하거나 궁금한 게 있으면 언제든 편하게 물어보는 모습을 보였다. 반면에 아시아에서 온 학생들은 매우 조심스럽게 돌려서 질문하거나 그 질문 횟수도 많지 않았다. 게다가 자신이 정답에 대한 확신이 없으면 교수님의 질문에 답을 잘 하지 않았다. 아무래도 다양한 개인의 의견을 중시하는 사고가 아닌 정답을 찾고자 하는 사고방식을 가졌기 때문에 그랬던 것 같다.

교사로서 근무하면서도 여전히 학생들로부터 그런 태도를 발견한다. 행여나 자신이 질문하는 게 엉뚱하거나 틀리지는 않을지 걱정하는 마음에 질문을 잘 하지 않는다. 혹은 교사의 질문에도 틀릴까 두려워 답변을 꺼린다. 때론 질문하는 학생도 있지만, 충분히 자신이 생각해보지 않고, 기초적인 질문을 던지는 경우가 많다. 공부할 때 좋은 질문은 자신이 충분히 생각해봐도 답이 나오지 않을 때, 혹은 다른 관점이 있지는 않을까 궁금할 때 등 깊은 고민의 시간을 한 후에 하는 것이 좋기 때문이다.

다시 말해, 'what'에 초점을 둔 질문이 아니라 'why'에 집중하는 질문이 좋은 질문이라는 말이다. 예를 들어, '확증편향이 무슨 뜻인가요?'라고 질문하는 것보다는 '확증편향은 왜 생기고 어떻게 해결할 수 있을까요?'라고 질문할 수 있어야 한다. 확증편향이 무엇인지는 충분히 검색만으로도 찾아볼 수 있기 때문이다. 반면 후자의 질문은 한 가지 정답으로 끝나는 질문이 아니기 때문에 다양한 관점에서 생각해볼 수 있는 좋은 질문이 된다.

우리가 책을 읽으며 'what'에 해당하는 지식과 정보를 찾는 것은 원초적인 방법이다. 계속 그 방법으로 책을 읽는다면 그 단계에 머물러 더는 발전할 수 없다는 말이다. 하지만 유대인의 하브루타와 같이 'why'를 질문하는 독서는 우리의 사고력을 확장하게 하고 무한한 발전을 이루도록 돕는다. 미래 인재로서 갖추어야 할 능력은 다양하지만, 무엇보다 세상의 문제를 해결할 수 있는 능력을 기를 수 있어야 한다고 생각한다. 곧 생각하는 힘을 기를 수 있어야 한다는 말이다.

베테랑 사회학자 오사와 마사치는 《책의 힘》에서 생각하는 책 읽기에 대해 이렇게 말했다. "생각한다는 것의 최종산물은 언어이기 때문에 그것을 언어화하지 않으면 자신이 느낀 감정이 그 순간 그대로 사라져 버린다." 여기서 '언어화'를 '질문'으로 바꾼다면 곧 생각하는 책 읽기가 될 것이다. 그러니 앞으로는 질문 독서법을 실천할 수 있기를 바란다.

핵심 내용 요약하기

- 유대인은 질문하고, 대화하고, 토론하고 논쟁하는 교육을 한다.
- 유대인의 교육은 언제 어디서든 열린 질문을 던지고 대답을 이어가면서 아이가 스스로 지혜를 얻고 사유하도록 만드는 하브루타식 교육이다.
- 실제 지식이 조금 부족한 어린 시절부터 집에서부터 부모와 책을 읽고 사소한 주제라도 대화를 통해 묻고 답하는 생활을 체화한다.
- 유대인의 식사 시간은 토론의 장이기 때문이다. 전통적으로 유대인은 저녁 식사에는 다른 사람을 초대하지 않는다고 한다.
- 하브루타는 독서 기반의 학습법으로 자신이 가진 배경지식을 바탕으로 남과 다르게 생각하는 힘을 기르는 데 목적이 있다.
- 정해진 정답도 없고, 끊임없이 책의 주제를 비판하고 다르게 생각하려고 노력한다.
- 누구보다 자유로운 관점으로 다양하고 폭넓은 의식 확장을 토대로 한 토론이 가장 중요하다.
- 토론할 때는 매우 치열하고 비판적이지만, 토론이 끝날 때 승패를 가리지 않는다.
- 내 생각과 상대방의 생각이 교차하며 성장하는 과정 중심의 시간을 보낸다.
- 문해력에서 중요한 것 중 하나는 '확증편향'을 갖지 않도록 하는 것이다.
- 하브루타식 독서를 하면 폐쇄적인 사고를 뿌리치고 확장적인 사고를 하는 기회를 얻을 수 있다.
- 'why'를 질문하는 독서는 우리의 사고력을 확장하게 하고 무한한 발전을 이루도록 돕는다.

생각 날개 펼치기

1) 한국인과 유대인의 독서 교육의 차이에 대해 작성하시오.

2) 하브루타 독서의 장점과 그 이유를 구체적으로 작성하시오.

3) 이번 글을 읽고, 새롭게 배우고 느낀 점을 작성하시오.

문해력을 키우는
공부 머리 독서법

지금까지 다양한 독서법을 통해 어떻게 하면 독서를 통해 효과를 볼 수 있을지 알아봤다. 우리 아이에게 맞는 방법을 찾아 문해력을 향상하기를 바라는 마음으로 여러 방법을 소개했다. 궁극적으로는 독서를 통해 공부 능력을 키울 수 있었으면 좋겠다. 최승필 작가는 《공부 머리 독서법》을 통해 실현 가능하고 지속 가능한 독서 교육법을 제시했다.

공부를 위한 독서는 '지식 도서'를 읽을 수 있는 능력을 기르겠다는 의미다. 따라서 어려운 책에 도전하는 것이기에 아이들에게 무조건 강요해서는 부작용이 나타날 수 있으니 주의해야 한다. 우등생

초등학생이나 중학생들이 상급 학교에 진학하여 성적이 떨어지거나 크게 좌절하지 않게 하기 위한 독서 방법을 제시하려는 것이다. 그러면 학교에서 배우는 교과서 언어 수준을 따라가지 못하는 아이들은 어떻게 책을 읽는 것이 좋을까?

최승필 작가는 특히 단기간에 언어능력을 끌어올리는 방법으로 다음과 같이 4가지 독서법을 제안했다. 1번부터 4번까지는 지금까지 살펴보았던 독서법이기에 충분히 따라해 볼 수 있다. 천천히 어떤 전략으로 4가지 방법을 실천할지 함께 고민해보려고 한다.

---

1. 슬로리딩: 샅샅이 살펴보고 끊임없이 질문하라
    - 1년에 한 권 슬로 리딩 훈련법
2. 반복 독서: 위인들의 독서법
    - 한 권을 세 번씩 읽는 반복 독서법
3. 필사: 눈보다 손이 더 깊게 읽는다
    - 1년에 책 한 권을 베껴 적는 필사 강화 독서법
4. 초록: 나만의 지식 지도 그리기
    - 개념화 능력을 기르는 초록 독서법

첫 번째 슬로 리딩은 혹시라도 아이가 그동안 속독에 너무 길들여져 있었다면, 꼭 실천해야 할 방법이다. 정독하되 더 천천히 책을 해부하듯 곱씹으며 읽는 독서법이다. 한 문장을 읽고 깊게 생각하고, 단어 하나하나에도 의미를 부여하며 되새김질하며 읽는 것이 핵심이다. 따라서 슬로 리딩을 하기 위해 깊은 생각을 해볼 수 있는 인문고전 명작을 선택하는 것이 좋다. 다만 매일 적은 양으로 꾸준하게 독서해야 하기에 아이가 흥미를 느끼는 작품이어야 하며, 시간이 오래 걸려도 좋으니 한 권의 책을 선택해서 처음부터 끝까지 거북이처럼 천천히 걸어가며 읽는 것이다.

고전 문학 작품을 읽는 것이 왜 '지식 도서'를 읽고, 공부 머리를 키울 수 있는지 궁금할 것이다. 예를 들어, 소설은 단순히 지식을 전달하는 게 아니라 전체 내용이 어떻게 흘러가는지 윤곽을 살피는 독서가 가능하기 때문이다. 게다가 등장인물의 대사를 통해 어떤 생각으로 그런 말을 했는지 숨어 있는 의미를 파악하는 기회도 얻을 수 있다. 숨은 의미를 파악하기 위해서는 좋은 질문을 던지고 그 질문에 대한 답을 스스로 찾는 과정이 따른다. 이런 과정에서 사고력, 언어능력, 추상적 사고, 상징적 의미 파악, 사람과 세상을 이해하는 능력이 생긴다.

두 번째 반복 독서의 경우에는 책의 내용을 터득할 때까지 끝없이 반복하는 재독법이다. 사실 이 방법만 실천해도 성적은 금방 향상된다. 왜냐면 아이들은 시험공부할 때 여러 번 책을 반복해서 보는 경우는 드물기 때문이다. 실제 한 번만 교과서를 읽고 나서 공부했다고 착각하는 아이들이 많다. 그건 그냥 책을 읽은 것이지 공부했다고 볼 수 없다. 공부 머리가 있는 아이들은 일명 'N회독 공부법'을 실천한다.

이를 활용하여 반복 독서는 'N회독 독서법'이라고 봐도 무관하다. N회독 독서법의 목적은 내가 읽은 내용을 처음부터 끝까지 놓치는 것 없이 완벽하게 이해하고 암기할 수 있을 정도로 여러 번 읽는 것이다. 이 방법은 미분적분학의 원리를 발견한 라이프니츠라는 사람의 독서법이라고도 불린다. 그는 이 반복 독서법을 통해 철학, 수학, 물리학, 언어학, 역사, 법률 등 여러 분야에서 큰 공적을 남겼다. 다음은 라이프니츠가 남긴 독서법에 관한 증언이다.

"나는 열심히 구멍이 뚫릴 정도로 꿰뚫어 보았다. 잘 이해되지 않는 대목에 크게 신경 쓰지 않고 이것저것 골라 읽으며, 전혀 뜻을 알 수 없는 곳은 뛰어넘고 읽었다. 그래서 몇 번이고 이런 읽기를 계속하여 결국 책 전체를 읽어내려, 얼마 동안 시간이 지난 다음에 같은 작업을 되풀이해 가면 이전보다 훨씬 이해가 잘 되는 것이었다."

실제 나도 비슷한 경험을 한 적이 있다. 교사가 되기 위해 정교사 시험을 볼 때 수업시연을 하는 단계였다. 주어진 지문을 활용하여 수업을 진행해야 하는데, 첫 문장을 읽다가 해석이 되지 않아 턱 막혔다. 역시 특목고 임용 시험은 만만치 않다고 느꼈다. 잠깐 포기할까 했다가 용기를 내어 다시 읽어보기로 했다. 이해가 안 되었던 문장은 넘기고 나머지 문장을 읽어보니 다행히 해석이 잘 되었다. 나머지 내용으로 주제를 파악하니 첫 문장에 쓰인 단어가 잘못되었다는 걸 알았다. 영어 철자 하나가 틀려서 문맥상 해석이 안 되었던 것이다.

출제자들의 의도인지는 모르겠으나 나는 일단 그것을 옳은 단어로 고쳐서 준비했다. 실제 수업시연을 할 때도 능청스럽게 지난 시간에 준 자료에 오류가 있었다고 사과하며 고쳐서 설명했다. 이 수업을 준비하기 위해 10번 넘게 지문을 반복해서 읽었고, 철저하게 수업 준비를 했기에 스스로 만족할 만큼 수업을 진행하고 나올 수 있었다. 덕분에 나는 정교사로 임용될 수 있었다.

반복 독서를 통한 교훈은 책이 어렵다고 포기할 게 아니라 여러 번 읽다 보면 흐름을 이해하게 되어 어려운 부분도 유추하는 힘을 기를 수 있다는 점이다. 처음부터 끝까지 우직하게 되풀이하여 읽다 보면 어느 순간 문맥이 연결되어 저절로 이해되는 기쁨을 맛볼 수 있다. 이 독서법은 문학작품보다 지식 서적을 읽을 때 더 적합한 독서법이라 볼 수 있다. 물론 나이가 어리면 꼭 지식 서적이 아니라 문학작품이라도 반복해서 읽으며 외우다시피 내용을 파악할 수 있을 것이다.

세 번째는 필사 독서법이다. 이 방법은 사실 슬로 리딩과 반복 독서의 장점을 모두 지닌 방법이라 볼 수 있다. 천천히 눈으로 읽으면서 손으로 쓰기 때문이다. 단순히 깜지 쓰는 것처럼 하면 절대 안 된다.《공부머리 독서법》책에서는 평소 책을 좋아하는 아이이거나 장편 동화를 매주 한 권씩 2년 이상 독서한 아이라면 초등 6학년도 할 수 있다고 한다. 이 방법으로 한 달만 해도 효과가 커서 중학교 교과서를 쉽게 이해할 수 있다고 한다.

필사를 제대로만 한다면 다양한 효능을 얻을 수 있다.

첫째, 집중력을 향상할 수 있다. 공부에서 중요한 것 중 하나는 집중력이다. 미디어 시대에 들어오면서 스마트폰 등을 사용하며 속전속결에 익숙해진 우리 아이들은 책을 읽을 때 집중력보다는 산만함을 더 보인다. 필사는 이런 상황을 타개하는 하나의 방법이 될 수 있다.

둘째, 글씨체를 교정할 수 있다. 별것 아닌 것 같지만 이 부분은 살면서 중요한 요소가 될 수 있다. 작게는 자신이 쓴 글씨를 잘 알아볼 수 있어야 수업 시간에 필기한 내용을 놓치지 않고 기록으로 남길 수 있다. 크게는 혹시라도 논술 시험을 보게 되면 글씨체가 결과에 커다란 작용을 할 수 있다. 평가자가 알아볼 수 없게 쓰면 답으로 인정받을 수 없기 때문이다.

셋째, 문장력을 높일 수 있다. 위인들은 중국의 인문고전 책을 그대로 필사하며 좋은 문장을 익히고 결국엔 활용할 수 있었다. 학교에서는 논술형 평가가 필수로 이뤄진다. 여기에서 좋은 결과를 얻으려면 문장력은 필수다. 단순히 이해력, 사고력 등 공부머리를 좋게 만드는 것 이상으로 쓰기 능력도 신장할 수 있다는 말이다.

마지막으로 성취감을 높일 수 있다. 우리는 무언가를 남기면 보람을 느낀다. 하루 1시간 정도 책 2페이지를 기록하고 한 권의 책을 모두 필사하면 해냈다는 성취감을 느낄 수 있다. 학생들은 수업 시간에 열심히 필기한 책이나 노트를 보면서 공부했다는 성취감을 많이 느낀다. 그렇기에 필사는 분명 도움이 되는 독서법이 될 수 있다.

최승필 작가가 전하는 단기간에 언어능력을 끌어올리는 방법 마지막 단계는 '초록'이다. 초록은 책의 내용을 자신이 이해하고 소화한 대로 따로 요약하는 것을 의미한다. 수업 시간에 배운 내용을 노트 정리하는 것과 같은 개념이라고 보면 된다. 일명 개념 노트를 만드는 것과 같다. 공부법 관련 책 수십 권을 읽고, 우등생 수십 명을 인터뷰하며 얻은 가장 큰 공통점은 모두가 교과서를 읽고 자신만의 방식대로 개념을 적은 노트를 정리했다는 점이다.

만일 지식 도서 한 권을 정해서 챕터별로 이렇게 초록을 만드는 작업을 할 수 있다면, 나중에 학교 교과서를 배울 때도 분명히 훈련한 대로 성과를 낼 수 있을 것이다. 성인용 지식 도서 한 권 분량은 이미 학교에서 배우는 교과서 여러 권의 분량에 해당하기 때문이다. 독서를 해야 하는 이유 중 하나는 긴 호흡의 글을 읽으며 글 읽는 습관을 길러서 나중에 공부를 위한 책 읽기를 할 때 부담을 느끼지 않기 위해서다. 마찬가지로 초록을 만드는 경험을 찐하게 한번 하고 나면 학교에서 배우는 1시간짜리 개념 공부는 쉬운 일이 된다.

무엇보다 언어능력을 짧은 시간에 향상하기 위한 독서 훈련은 결국 문해력과 관련이 있다. 글을 읽고, 이해하고, 비판적으로 생각하고, 내용을 요약하고, 배경 지식을 쌓는 일이 문해력 향상에 도움이 되기 때문이다. 이런 훈련은 분명히 공부 머리 만들기에 큰 도움을 줄 것이다. 늦기 전에 올바른 방법을 실천하며 독서 습관을 기르고 훈련해보길 바란다.

핵심 내용 요약하기

▸ 공부를 위한 독서는 '지식 도서'를 읽을 수 있는 능력을 기르겠다는 의미다.

▸ 슬로 리딩은 혹시라도 아이가 그동안 속독에 너무 길들어 있었다면, 꼭 실천 해야 할 방법이다.

▸ 슬로 리딩은 정독하되 더 천천히 책을 해부하듯 곱씹으며 읽는 독서법으로 한 문장을 읽고 깊게 생각하고, 단어 하나하나에도 의미를 부여하며 되새김 질하며 읽는 것이 핵심이다.

▸ 반복 독서의 경우에는 책의 내용을 터득할 때까지 끝없이 반복하는 재독법 이다.

▸ 필사 독서법은 천천히 눈으로 읽으면서 손으로 쓰기 때문에 슬로 리딩과 반 복 독서의 장점을 모두 지닌 방법이라 볼 수 있다.

▸ 초록은 책의 내용을 자신이 이해하고 소화한 대로 따로 요약하는 것을 의미 한다.

▸ 만일 지식 도서 한 권을 정해서 챕터 별로 이렇게 초록을 만드는 작업을 할 수 있다면, 나중에 학교 교과서를 배울 때도 분명히 훈련한 대로 성과를 낼 수 있을 것이다.

▸ 독서를 해야 하는 이유 중 하나는 긴 호흡의 글을 읽으며 글 읽는 습관을 길 러서 나중에 공부를 위한 책 읽기를 할 때 부담을 느끼지 않기 위해서다.

▸ 무엇보다 언어능력을 짧은 시간에 향상하기 위한 독서 훈련은 결국 문해력 과 관련이 있다.

▸ 글을 읽고, 이해하고, 비판적으로 생각하고, 내용을 요약하고, 배경지식을 쌓 는 일이 문해력 향상에 도움이 되기 때문이다.

생각 날개 펼치기

1) 글에 언급된 공부 머리 독서법을 4단계로 구분하여 작성하시오.

2) 지식 도서 1권을 완독하는 것이 왜 필요한지 그 이유를 작성하시오.

3) 이번 글을 읽고, 새롭게 배우고 느낀 점을 작성하시오.

4

올바른 독서 습관
만들기

어린 시절부터
눈보다는 귀로 읽어라

《뇌박사가 가르치는 엄마의 두뇌 태교》라는 책에서는 태아의 오감이 발달하는 순서를 설명한다. 우선 오감 중 임신 7~8주 경에 촉각이 가장 먼저 발달하고, 14주가 되면 머리 상부를 제외한 모든 곳이 신생아와 비슷한 감각을 보인다. 그다음은 미각과 후각이 발달하는데 임신 12주 경부터 양수를 삼키기 시작하면서 단맛과 쓴맛을 구별할 수 있다. 임신 24주경부터 소리에 반응하기 시작한다. 고주파 소리보다 저주파 소리에 더 반응을 잘한다. 아기가 처음 듣는 소리는 엄마의 목소리보다 아빠의 목소리다. 끝으로 임신 27주 경부터는 눈을 깜빡이기 시작하고 임신 33주

째부터는 형체를 구분할 수 있게 된다.

순서를 보면 알겠지만, 인간은 시각보다 청각이 먼저 발달한다. 그래서인지 몰라도 커뮤니케이션 능력도 듣기 - 말하기 - 읽기 - 쓰기의 순서대로 생긴다. 뇌과학적으로 그렇다는 말이다. 뇌가 언어를 인식하는 능력은 갖추었지만, 약 6,000년 전에 처음 출현한 문자는 여전히 '학습'을 통해서만 가능한 능력이기 때문이다. 따라서 글자를 읽는다는 것은 상당히 복잡한 과정을 거친다. 소아청소년과 김성구 교수는 우리가 글자를 읽는 과정을 다음과 같이 설명했다.

> "읽는다는 것은 단어를 보고 → 시신경을 통해 후두엽 시각중추가 이를 인식하고 → 하두정엽에서 글자가 소리로 전환된 후 → 전두엽에서 이해하고 운동 중추를 통해 발성 기관을 조절해야 소리 내서 읽기가 가능하다."

심지어 우리는 글자를 읽지만, 뇌는 그 글자를 소리로 처리하여 의미를 파악한다. 처음부터 언어를 받아들일 때 소리로 시작했기 때문이다. 그러니 글자를 모르는 아이들에게 책을 소리 내어 읽어주면 아이들은 눈이 아니라 귀로 책을 읽게 된다는 말이다. 일상생활에서 대화를 통해 아이들은 어휘를 학습할 수 있지만, 세상의 많은 경험을 다 겪을 수 없다. 따라서 부모가 읽어주는 책을 통해서 간접 경험하며 다양한 어휘를 얻을 수 있기에 어린 시절 책 읽기 습관이 중요하다.

《하루 15분 책 읽어주기의 힘》에서도 어휘력 향상을 위한 유일한 해결책은 어린 시절 책 읽기 습관을 기르는 것이라 한다. 이 책은 초등학교 입학 초기의 어휘력이 이후의 성적을 결정한다고 주장한다. 3살이 되면 평균적인 아이는 거의 300 단어 정도의 어휘력을 갖게 되고, 4살이 되면 이해하는 어휘력이 약 900 단어까지 늘어난다고 한다. 5살이 되면 아이는 이미 평생 사용할 어휘의 70% 내외를 이해한다고 한다. 즉 학교 입학 전부터 어휘력이 좋아야 한다는 의미다. 글자를 모르는 아이가 책을 읽을 방법은 부모가 읽어주는 수밖에 없다.

마이크로소프트의 빌 게이츠도 "오늘날의 나를 있게 한 것은 우리 동네 작은 도서관이었다. 하버드대학 졸업장보다 소중한 것이 독서하는 습관이다."라고 말했다. 그는 어린 시절부터 독서가 생활화된 가정에서 자랐다. 그의 아버지는 평상시에 아이들에게 큰 소리로 책을 읽어주고 아이들이 모르는 단어가 있으면 식사 중에도 서재에서 사전을 찾아 그 뜻을 읽어주었다고 한다. 도서관에 자주 갔고, TV 대신에 아버지와 함께 독서 토론을 진행하며 자연스럽게 사고력을 기를 수 있었다고 한다.

우리 아이의 독서 습관은 사실 부모가 어떻게 하느냐에 달렸다. 아이에게 책을 던져주고 그냥 읽으라고 하면 효과가 없다. 게다가 글을 잘 모르는 아이라면 더욱 책을 읽는 게 고통스럽다. 어린아이들에게 독서 습관을 기르게 하려면 무엇보다 책에 대한 긍정적인 감정을 갖게 하는 것이다. 부모가 책을 좋아하고, 책을 아끼고, 책을 자주 보는 모습을 보여야 아이들도 똑같이 따라서 한다.

그리고 어린 시절 부모 품에서 함께 책을 읽으며 아이는 부모로부터 사랑이라는 감정을 느낀다. 그 감정이 긍정적인 자극을 주고, 좋은 기억으로 남아서 계속 책을 읽어달라고 한다. 그 이유는 부모와 아이가 스킨십하는 동안에 옥시토신이라는 행복 호르몬이 나오기 때문이다. 또한, 부모가 아이의 등 뒤에서 안전하게 감싸주기 때문에 아이는 안정감이라는 감정도 느낄 수 있다.

실제 동물이 지속적인 행동을 하게 하려면 좋은 감정을 자극해야 한다는 여러 연구가 있다. 한 예로, 공항에서 마약이나 폭발물 등을 찾는 탐지견들의 훈련 방법은 냄새를 구별하는 게 아니다. 이미 개들은 사람보다 후각 수용 세포가 최대 50배나 많아서 올림픽 경기용 수영장의 물에 티스푼 1/4 가량의 설탕을 넣은 것을 감지해낼 정도라고 한다. 따라서 냄새를 맡는 훈련이 아닌 특정 냄새에 반응하도록 감정적 자극을 주는 게 훈련법이라 한다. 실제 훈련사와 훈련받는 개는 놀이를 통해서 감정을 주고받고, 특정 냄새에 반응하도록 한다. 긍정적인 감정 자극을 주어 다음에도 그 냄새가 나면 반응하도록 하는 것이다.

우리 아이도 인간이기에 언어를 장착하고 태어난다. 소리를 듣고 이해하는 능력이 있다는 말이다. 그런데 그 능력에 좋은 감정적 자극을 주지 않으면 그 능력을 사용하려고 하지 않는다. 따라서 책을 읽는 행동이 나타나게 하려면, 책 읽는 행동에 대한 긍정적 감정 자극을 지속해서 투입해야 한다. 그 방법은 다름 아닌 부모가 아이에게 책을 소리 내어 읽어주는 것이다. 청각이 발달하는 엄마 뱃속의 태아 때부터 스스로 글을 읽고 독립하는 시기까지 말이다.

간혹 아이가 글자를 읽어도 계속 부모가 책을 읽어줘야 하는지 궁금해한다. 당연히 대답은 'Yes'다. 학자들은 만 4세(유치원생)부터 만 12세(초등 6학년생)까지 언어 습득의 가장 결정적인 시기라 말한다. 따라서 최소한 이 시기에 부모가 함께 책을 읽는다면 분명한 효과가 있을 것이다. 나아가 중학생 혹은 고등학생이 되어도 부모가 책을 읽어주는 것은 바람직하다. 늦은 나이 때까지 부모와 함께 잠자리 독서를 하는 경우를 보면, 성적에도 좋은 영향을 주고, 심지어 부모와의 관계도 긍정적으로 유지되는 모습을 봤다. 실제 엄친딸이라 불리는 서울대학교에 진학한 한 학생의 부모는 아이가 태어났을 때부터 고3 졸업할 때까지도 자기 전에 계속 책을 읽어줬다고 한다.

자녀에게 책을 읽어준다는 건 단순히 독서 습관을 기르도록 하는 것만은 아니다. 책 읽기를 통해서 부모와 아이가 사랑을 확인하고, 서로 좋은 관계로 발전하고, 그 관계 속에서 좋은 감정을 공유하여 행복한 가정을 이룰 수 있다. 물론 그런 가정환경이라면 아이는 더욱 정서적으로 안정되어 독서를 비롯하여 무엇을 하든지 높은 자존감을 가지고 스스로 해내는 힘을 기를 수 있을 것이다. 이것이 어린 시절부터 눈이 아니라 귀로 책을 읽는 것의 궁극적인 이유다.

핵심 내용 요약하기

▶ 인간은 시각보다 청각이 먼저 발달해서인지 몰라도 커뮤니케이션 능력도 듣기 – 말하기 – 읽기 – 쓰기의 순서대로 생긴다.

▶ 우리는 글자를 읽지만, 뇌는 그 글자를 소리로 처리하여 의미를 파악한다.

▶ 어린아이들에게 독서 습관을 기르게 하려면 무엇보다 책에 대한 긍정적인 감정을 갖게 하는 것이다.

▶ 부모가 책을 좋아하고, 책을 아끼고, 책을 자주 보는 모습을 보여야 아이들도 똑같이 따라서 한다.

▶ 어린 시절 부모 품에서 함께 책을 읽으며 아이는 부모로부터 사랑이라는 감정을 느낀다.

▶ 부모가 아이의 등 뒤에서 안전하게 감싸주기 때문에 아이는 안정감이라는 감정도 느낄 수 있다.

▶ 책을 읽는 행동이 나타나게 하려면, 책 읽는 행동에 대한 긍정적 감정 자극을 지속해서 투입해야 한다.

▶ 그 방법은 다름 아닌 부모가 아이에게 책을 소리 내어 읽어주는 것이다.

▶ 책 읽기를 통해서 부모와 아이가 사랑을 확인하고, 서로 좋은 관계로 발전하고, 그 관계 속에서 좋은 감정을 공유하여 행복한 가정을 이룰 수 있다.

▶ 물론 그런 가정환경이라면 아이는 더욱 정서적으로 안정되어 독서를 비롯하여 무엇을 하든지 높은 자존감을 가지고 스스로 해내는 힘을 기를 수 있을 것이다.

▶ 이것이 어린 시절부터 눈이 아니라 귀로 책을 읽는 것의 궁극적인 이유다.

생각 날개 펼치기

1) 어린 시절 책에 대한 좋은 감정을 갖게 하는 방법을 작성하시오.

2) 책을 소리 내어 읽는 것이 좋은 이유를 작성하시오.

3) 이번 글을 읽고, 새롭게 배우고 느낀 점을 작성하시오.

참새는 방앗간에
우리 아이는 도서관에

참새가 방앗간에 드나들 듯 수시로 도서관에 다니고 나서부터 도서관이 우리 집 서재처럼 보이기 시작했다. 도서관을 내 서재처럼 마음껏 활용하니 한정된 책만 읽던 독서의 폭이 넓고 깊게 확장됐다. 돌이켜보면, 아이들과 내가 열렬히 사랑한 책들은 대부분 도서관 서가에서 우연히 발견한 것들이었다. 우리 집 책장에서만 책을 꺼내 읽었다면 책에 대한 아이들의 흥미와 관심은 쉽게 사그라들었을 것이다. 누구나 이용하는 도서관이 우리 가족에게는 '지극히 사적이고 특별한 책장'인 셈이다.

- 《나는 매일 도서관에 가는 엄마입니다》 중에서

'참새 방앗간'은 자기가 좋아하는 곳은 그대로 지나치지 못함을 비유적으로 이르는 말이다. 이 말처럼 부모는 아이들이 도서관을 방앗간처럼 자주 드나들 수 있도록 해야 하지 않을까? 왜냐하면 도서관에 가면 좋은 이유가 너무도 많기 때문이다. 앞에서 말한 저자의 집처럼 도서관이 '지극히 사적이고 특별한 책장'이 되면 더욱 그럴 것이다.

참고로 인간의 의지가 아무리 강해도 우리 주변에 놓인 상황이나 환경의 힘을 이길 수 없다. 집에 TV가 있으면 계속 보게 될 것이고, TV가 없으면 영상 노출이 적을 것이다. 집에 책이 많이 있으면 책을 더 많이 보게 될 것이고, 책이 없으면 책과 친해질 기회가 없을 것이다. 초콜릿과 같은 간식이 많으면 더 먹게 되고 살이 찌겠지만, 그런 간식을 사두지 않으면 찾지 않을 것이다. 인간은 적응의 동물이라서 그렇게 환경에 따르는 성향을 지녔기 때문이다.

천재 과학자 알버트 아인슈타인은 "당신이 절대적으로 알아야 할 유일한 것은 도서관의 위치다."라고 말했다. 왜 그렇게 말했을까? 그는 어린 시절 학교생활에 제대로 적응하지 못했다. 수업에 집중하지 못하고 엉뚱한 짓을 많이 했기 때문이다. 그래서 주변에서는 '아무짝에도 쓸모없는 아이'라거나 '커서 어떤 일을 하더라도 성공하지 못할 거야' 등 심한 말을 들었다. 하지만 그는 도서관에 처박혀 자신이 좋아하는 수학서, 물리학서, 역사서, 철학서 등 마음껏 읽었다. 당시 그가 읽은 책을 쌓아 놓으면 자신의 키 높이만큼 되었다고 한다. 그만큼 책을 사랑하고, 도서관을 좋아했다.

천재 발명가 토머스 에디슨도 3개월 만에 학교를 그만두게 되자 어머니가 독서로 양육했다. 어머니는 에디슨에게 책을 읽어주기 시작했고, 도서관에 가서 책을 읽게 했다. 나중에는 도서관 절반의 책을 읽었고, 그런 그에게 인생 목표는 도서관 전체 책을 읽는 것이었다. 에디슨은 발명왕이기 이전에 맹렬한 독서가였고, 모든 발명은 독서의 산물이라고 볼 수 있다. 만일 그가 학교 중퇴 후에 도서관에 밥 먹듯이 가지 않았다면 어땠을까?

그렇다고 학교에서 엉뚱하게 행동하고, 그만두는 행동을 하면서까지 도서관에 가서 책을 읽으라는 말은 아니다. 다만 도서관이 우리에게 주는 장점이 무엇인지 생각하며 도서관을 긍정적인 자극의 장소로 만들어보라는 말이다. 독서 습관은 책에 대한 좋은 감정이 먼저 있어야 생길 수 있기 때문이다. 그런데 환경이 마련되면 자연스럽게 우리는 환경에 맞는 행동을 하게 된다. 도서관은 일단 집중할 수 있는 분위기고, 읽을 책도 많기에 독서를 하기에 최상의 환경이라 볼 수 있다.

집에 있으면 TV가 보고 싶고, 침대나 소파에 눕고 싶고, 장난감을 가지고 놀고 싶고, 독서 외에도 유혹의 손길이 많다. 하지만 도서관에서는 오직 할 수 있는 거라고는 책 읽기다. 자신을 비롯해 다른 모든 사람이 모두 책을 읽거나 공부하기 위해 모인 장소기 때문이다. 특히 영상과 멀어지는 가장 빠른 지름길이라는 생각이 든다. 사방을 둘러봐도 온통 책밖에 없으니 책을 읽지 않더라도 책과 친해질 기회가 있다. 심지어 글을 잘 못 읽는 아이들도 그림책을 보면서 점점 책과 친해질 수 있다.

인간의 뇌는 효율성을 중요시해서 익숙한 것을 좋아한다. 익숙할수록 에너지 소비가 적기 때문이다. 책과 계속 친해지고, 그 장소가 익숙해지면 뇌는 편안함을 느끼고 행동으로 이어지게 만든다. 게다가 한번 행동이 시작되면 마치 관성의 법칙처럼 뇌는 계속해서 하던 행동을 하려는 성질을 가지고 있다. 일명 '작동 흥분 이론'이라는 것인데, 막상 시작은 어려워도 한번 시작하면 새로운 것을 하기보다는 하던 행동을 하는 게 쉽다고 느낀다.

아이는 도서관에서 부모가 책을 읽고, 다른 사람들도 책을 읽는 모습을 보면서 자연스럽게 책을 살피고, 궁금한 책을 직접 골라 읽기도 한다. 참고로 뇌에는 거울신경세포가 있어서 다른 사람이 했던 동작을 관찰하면, 그 행동을 수행하기 위한 준비를 한다고 한다. 자신도 모르게 다른 사람들의 행동을 관찰하고 모방하면서 닮아가게 된다는 말이다. 그러니 자연스럽게 도서관에서는 책 읽는 행동을 모방할 수 있다.

도서관은 규칙이 존재하는 시스템의 공간이라서 살아가는 법칙을 배울 수 있다. 우선 다른 사람에게 피해를 주지 않기 위해 조용히 해야 하고, 다른 사람도 책을 읽어야 하기에 책을 조심히 다뤄야 한다. 도서관마다 책을 빌리는 권수가 달라서 수에 맞게 빌려야 하고,

정해진 기간 안에 읽고 반납해야 한다. 이런 과정에서 도서관 사서와도 소통하는 시간을 보낼 수 있다. 배려심, 규칙 준수, 의사소통 등 다양한 삶의 법칙을 체험할 수 있다.

도서관에 다니면 좋은 점이 많다. 집에서 책을 주문해서 보면 경제적인 부분에서 부담을 느낄 텐데 그 부분을 해소할 수 있다. 도서관 책은 모두 무료이기 때문이다. 게다가 신간이나 도서관에 비치가 안 된 책은 희망도서로 신청하거나, 상호대차 서비스를 통해 다른 지역 도서관에 있는 책을 신청해서 볼 수도 있다. 만일 하루에 1권씩 책을 읽는데 사서 보지 않고, 도서관에서 대출해서 읽으면 1년이 365일이니까 300만 원 이상의 돈을 절약하는 것이다. 물론 소장 가치가 있는 책은 반복 독서를 위해서라도 직접 사서 보면 더 좋다.

다행히도 도서관을 참새 방앗간 들르듯이 가게 되었다면, 또 다른 고민이 생길 것이다. 어떤 책을 읽으면 좋을지 말이다. 그런데 그 부분은 굳이 고민하지 않아도 될 듯하다. 도서관이 주는 장점을 만끽하면 되기 때문이다. 집에 있는 책만 읽는다면, 편식 독서가 될 수 있다. 하지만 도서관에는 모든 분야의 다양한 책이 있어서 골라 읽는 재미가 있다. 마트에서 쇼핑하듯이 표지나 목차를 살피며 자신에게 필요한 내용을 가진 책을 고를 수 있다. 그러다가 괜찮은 책을 고르게 되고, 읽은 후에 좋은 책이었음을 느끼면 보물을 찾은 느낌을 얻는다. 마치 보물찾기 하듯이 도서관에 들를 수도 있다는 말이다.

끝으로, 부모와 함께 가는 도서관은 추억이 되고, 함께 같은 경험을 하면서 정서적인 안정감을 얻을 수 있다. 어린 시절 아이는 부모와 함께 보내는 시간을 통해 많은 것을 배운다. 사실 책으로 하는 경험은 간접 경험이지만, 부모와 도서관에 찾아가는 경험은 직접 경험이다. 도서관에서 일어나는 모든 행동과 경험이 아이에게는 피가 되고 살이 될 수 있다는 말이다.

《엄마표 과학 놀이》 저자인 책냥이(이정화) 작가는 한 인터뷰에서 아들과 매주 도서관에 손잡고 가기 시작했다고 밝혔다. 처음 계기는 여름에 더우니 더위도 피할 겸 가게 된 도서관에서 점점 아이가 책과 친해질 수 있었다고 한다. 도서관에서 읽는 책도 많았지만, 일주일 동안 읽을 책을 왕창 대출해서 수레에 끌고 가져와 읽고 반납하기를 반복했다고 한다. 지극히 평범했던 아이는 도서관에 다니며 책 읽는 습관을 통해 호기심을 길렀고, SBS 영재발굴단에서 인터뷰 요청이 들어올 만큼 한 분야를 깊이 탐구할 줄 아는 아이로 자랐다. 그 아이는 현재 교육청 영재원에서 수업을 받고 있다. 이는 평범했던 아이도 도서관이라는 장소와 책이라는 사물과의 만남을 통해 제2의 아인슈타인이나 에디슨이 될 가능성을 볼 수 있는 사례라고 생각한다.

그런데 우리는 어떤가? 도서관을 놀이터라고 생각해 본 적이 있는가? 그랬다면 다행이지만, 대부분 도서관은 공부하러 가는 곳이라 생각하여 장벽부터 만들지는 않나 싶다. 우선 도서관에서 책 읽는 습관을 기르려면 그 장벽부터 낮춰야 한다. 장소에 대한 즐거움이 있어야 또 가고 싶기 때문이다. 우리 집 아이들도 놀이공원 가서 즐거운 경험을 통해 다음을 간절히 기약하는 모습을 보였는데, 도서관에서도 좋은 기억을 심어준다면 분명히 좋은 장소가 될 수 있을 것이라 믿는다.

《다라야의 지하 비밀 도서관》이라는 책을 보면 시리아 내전에서 총 대신 책을 들었던 젊은 저항자들의 감동 이야기를 들을 수 있다. 폐허 속에서 책을 모아 도서관을 만들고, 책을 통해 절망의 시간을 견디며 인간다운 삶을 살고자 했던 투쟁의 역사를 살펴볼 수 있다. 반면 우리는 너무나 좋은 환경에 놓여 있는데도 도서관에 갈 생각을 하지 않는다면 부끄럽지 않겠는가? 그리고 때로는 시리아 아이들에게 미안한 마음이 들기도 한다.

정말 마지막으로 환경의 중요성에 대해 강조하기 위해 맹모삼천지교(孟母三遷之敎)의 교훈을 되새겨 보려고 한다. 그런데 조금은 재해석하며 살펴볼 것이다. 우선 처음으로 이사한 무덤 근처에서 맹자의 어머니는 맹자에게 인간의 죽음에 대해 알리려고 한 게 아닌가 싶다. 두 번째 장소인 시장에서는 인간이 살아가는 모습을 보여주며 '삶'에 대해 보여주려고 한 게 아닌가 싶다. 끝으로 인간으로서 삶과 죽음의 의미를 찾고, 자신이 무엇에 가치를 두고 살아야 할지 배움을 얻으라는 의미에서 서당 근처로 이사한 게 아닌가 싶다.

비록 우리는 맹자의 어머니와 같지는 않지만, 일단 도서관에 가서 인간에 대한 삶과 죽음, 삶에 대한 가치, 그리고 다양한 학문 분야의 즐거움에 대해서 보여줄 기회를 마련하도록 노력해보는 게 어떨까 싶다. 우선 시작은 처음에도 말했지만, 좋아하는 분야에서 출발하는 게 좋다고 생각한다.

핵심 내용 요약하기

▶ 인간의 의지가 아무리 강해도 우리 주변에 놓인 상황이나 환경의 힘을 이길 수 없다.

▶ 천재 과학자 알버트 아인슈타인은 "당신이 절대적으로 알아야 할 유일한 것은 도서관의 위치다."라고 말했다.

▶ 도서관은 일단 집중할 수 있는 분위기고, 읽을 책도 많기에 독서를 하기에 최상의 환경이라 볼 수 있다.

▶ 사방을 둘러봐도 온통 책밖에 없으니 책을 읽지 않더라도 책과 친해질 기회가 있다.

▶ 심지어 글을 잘 못 읽는 아이들도 그림책을 보면서 점점 책과 친해질 수 있다.

▶ 아이는 도서관에서 부모가 책을 읽고, 다른 사람들도 책을 읽는 모습을 보면서 자연스럽게 책을 살피고, 궁금한 책을 직접 골라 읽기도 한다.

▶ 도서관은 규칙이 존재하는 시스템의 공간이라서 살아가는 법칙을 배울 수 있다.

▶ 도서관에서는 배려심, 규칙 준수, 의사소통 등 다양한 삶의 법칙을 체험할 수 있다.

▶ 집에서 책을 주문해서 보면 경제적인 부분에서 부담을 느낄 텐데 그 부분을 해소할 수 있다.

▶ 도서관에는 모든 분야의 다양한 책이 있어서 골라 읽는 재미가 있다.

▶ 도서관에서 일어나는 모든 행동과 경험이 아이에게는 피가 되고 살이 될 수 있다는 말이다.

▶ 장소에 대한 즐거움이 있어야 또 가고 싶기 때문에 도서관에서 책 읽는 습관을 기르려면 그 장벽부터 낮춰야 한다.

생각 날개 펼치기

1) 도서관에 가면 좋은 이유를 구체적으로 작성하시오.

2) 도서관이라는 장소와 친숙해질 수 있는 방법을 작성하시오.

3) 이번 글을 읽고, 새롭게 배우고 느낀 점을 작성하시오.

좋아하는 분야를 찾아서 떠나는 여행

올바른 독서 습관을 기르기 위한 첫 발걸음은 무엇이어야 할까? 당연히 책과 친해질 기회를 마련하는 것이다. 하지만 책과 친해질 뿐 실제 독서를 하지 않는다면 무슨 의미가 있을까? 다행히도 누구에게나 처음으로 감명 깊게 읽은 책이 있을 것이다. 그 책을 시작으로 책에 흥미를 갖고 계속해서 독서를 이어갔을 것이다. 쉽게 말해 흥미 독서가 좋은 독서 습관을 기르는 데 있어서 첫 단추가 될 수 있다는 말이다.

역사학자인 심용환 작가는 <스몰빅 클래스> 유튜브 채널의 한 인터뷰에서 '책은 경쟁력'이라고 말한 적이 있다. 그 이유는 자신도 어린 시절에는 책을 잘 읽지 않았지만, 대학교 2학년 때부터 정신 차리고 본격적인 독서를 시작했는데 독서 습관이 잡히면서 인생이 달라졌기 때문이라 한다. 매일 통학하면서 2시간씩 책을 읽었고, 그게 10년이 되니까 전문가로서 지식을 전할 수 있는 수준이 되었다고 한다. 그리고 현재까지 25년간 그 독서 습관을 유지하게 된 이유는 따로 시간을 빼서 독서하기보다는 일상에 독서가 녹아들도록 했기 때문이라 한다.

역사 덕후가 역사학자가 될 수 있었던 이유는 자신이 좋아하는 분야에 대한 책을 읽으면서 조금씩 단계를 높이는 독서를 했기 때문이라 한다. 처음에는 쉽고 말랑말랑한 책을 읽으면서 흥미를 갖는 게 중요하지만, 점점 딱딱해지는 단계로 넘어갈 수 있어야 한다고 했다. 예를 들면, 좋아하는 소설책을 평소에 읽다가 어느 순간에는 서사가 있는 책이나 세상의 지식을 담은 인문학으로 넘어갈 수 있어야 한다는 말이다.

그 과정은 이렇다. 처음에는 한국사에 관한 책을 읽었지만, 다음에는 세계사를 공부한다. 그리고 다음 단계로 근현대사를 깊게 탐구하면서 점점 한 분야 안에서도 세분화하여 전문성을 기르는 독서를 한다. 나중에는 국가별 귀족문화에 대하여 주제로 삼고 탐구하는 것이다. 비록 처음에는 흥미로 시작했지만, 점점 전문적인 지식을 세분화하여 터득할 수 있게 된다는 의미다.

이처럼 짧은 시간 안에 많은 지식과 경험을 할 수 있는 방법이 바로 '책 읽기'다. 영상이나 그림으로 지식을 담기에는 물리적 한계가 있지만, 글자로 지식을 담는 것은 공간 활용 효율이 높다. 조선 시대 유학자들은 '만권의 책 속에 우주가 있다. 왜 경험을 먼저 하려고 하느냐?'라고 했다고 한다. 경험을 뛰어넘을 수 있는 유일한 방법이 바로 책이기 때문에 그렇게 말했을 것이다. 직접 경험은 분명한 한계가 있지만, 영상도 그림이 아닌 글자로만 이루어진 책으로는 무한 경험을 할 수 있다. 내가 살고 있지 않은 세상의 소식도 들을 수 있고, 짧은 시간 안에 많은 걸 경험할 수도 있다는 말이다.

만일 자신이 좋아하는 분야를 찾아서 떠나는 여행의 시작은 분명히 전문 독서가로 거듭나기 위해 씨앗을 뿌리는 일이다. 식물은 씨를 뿌리지 않으면, 뿌리를 내릴 수 없고, 줄기가 자라지 않고, 잎이 나지 않으며, 결국엔 열매를 맺을 수 없다. 하지만 씨를 뿌리는 일이 시작되면 나머지는 순리대로 이루어질 것이다. 역사학자 이야기로 시작했으니 역사책을 좋아하는 경우를 예로 들어보겠다.

비록 학습만화로 시작했지만, 과거와 현재를 연결하여 해석하는 역사에 흥미를 갖게 된 한 아이가 있다. 초등학생인 이 아이는 학교에서 역사를 배울 때 학습만화에서 나온 내용을 기억해서 학교에서도 적극적으로 발표하며 수업에 참여한다. 같은 반 친구들은 이 아이가 역사를 잘 알고 있으니까 '역사학자'라는 별명을 붙인다. 덕분에 역사에 대한 흥미는 자신감으로 바뀌고, 더 잘하기 위해 다양한 역사 관련 책을 읽으며 더 많은 지식을 쌓는다.

중학교에 들어가서도 역사를 또 배우는데 초등학교 때 보다는 조금 더 깊게 내용을 배운다. 그런데 이미 역사 관련 책을 많이 읽어서 학교 선생님이 설명하는 내용은 당연히 이해할 수 있고, 나아가 더 깊은 뒷이야기까지 섭렵하고 있다. 중학교 2학년이 되니까 첫 시험을 봤는데 역사는 특별히 공부하지 않아도 100점이 나온다. 아는 것과 시험 보는 것은 별개라는 말이 있지만, 이미 한국사 검정능력시험 3급을 딴 경험이 있어서 역사 시험도 걱정 없다.

아직 중학생이지만 한국사를 계속 탐구하다 보니 고조선, 삼국 (고구려, 백제, 신라), 고려, 조선 시대를 넘어서 근현대사까지 관심을 가지고 정보를 얻게 되었다. 나아가 우리나라 역사를 배우면서 중국과 일본의 역사도 관심이 생겨서 동아시아사 관련 책을 조금씩 읽기 시작했다. 신기하게 주변 국가의 상황과 우리나라의 시대적 배경을 같이 탐구하니 자연스럽게 지식이 연결되는 기분이 든다.

특히 방학 때는 좀 더 집중해서 한 분야 책을 독파한다. 중학교 2학년 겨울방학 때는 동아시아사, 중학교 3학년 여름방학 때는 서양사 관련 책을 여러 권 읽으며 역사 공부는 하면 할수록 더 재미가 있다는 생각이 든다. 결국에 역사는 사람이 사는 이야기를 과거부터 현재로 연결하고, 미래를 예측할 수 있는 분야가 아닌가 깨닫는다. 왜 현재 많은 국가가 각자 다른 삶을 살아가는지도 역사의 거울에 비추어 살펴본다.

고등학교에 진학하기 전에 진로를 고민한다. 일반고를 갈 것인가, 특목고를 갈 것인가 고민이 많다. 하지만 역사를 좋아했던 이 아이는 사회 관련 수업을 더 많이 하는 학교에 가고 싶다. 물론 과거 이야기도 좋지만, 현재 자기가 사는 시대의 이야기에 관심을 가지고 발생하는 사회 및 국제 문제를 해결하고 싶다는 생각이 든다. 그래서 국제고 진학을 꿈꾼다. 다행히 중학교에서 역사를 비롯해 사회 관련 탐구를 활발하게 했고, 면접에서도 자신의 지식과 역량을 보여 합격한다.

여기서 궁금증이 생길 것이다. 과연 이 아이는 역사 하나만 잘하는데 고등학교에 들어가서 다른 과목도 공부를 잘할 수 있을까? 결과는 아무도 알 수 없다. 어떤 노력을 하느냐에 따라 결과는 달라질 수 있기 때문이다. 하지만 분명한 건 어린 시절부터 책을 읽으며 역사 공부를 해온 노력은 배신하지 않을 것이다.

이미 기초부터 다음 단계로 넘어가는 학습의 과정을 거치며 성취감과 자기효능감을 기를 수 있었기에 처음에는 어려움이 있어도 하나씩 해결하는 힘이 있을 것이다. 그리고 역사 관련 책을 읽으며 쌓아온 배경 지식은 다른 지식과 연결하는 데 큰 힘이 될 것이다. 국어와 영어는 언어이기에 거의 모든 분야의 지식을 다루는 과목이라고 봐도 좋다. 그런데 역사도 공통점이 있다. 모든 분야에는 시간 흐름에 따른 역사가 존재하기 때문이다.

시대별로 언어는 어떻게 바뀌어왔는지, 과학은 어떻게 발전해왔는지, 수학의 공식도 더 생겨났는지 등 모든 과목에서 다루는 역사적인 사건에 대해 충분히 금방 받아들일 수 있을 것이다. 게다가 학교에서 배우는 역사는 따로 공부하지 않아도 되니까 다른 공부에 시간을 더 투자할 기회를 얻는다. 이미 보험을 가진 사람은 마음이 든든해서 더욱 마음 편하게 다른 일을 도모할 수 있는 것처럼 말이다. 땅따먹기 할 때 이미 내가 가진 땅에서 출발해서 더 많은 땅을 가져올 수 있는 상황이라는 의미다.

모든 공부의 원리는 같다. 독서는 곧 공부라고 하지 않았는가? 독서를 통해 과거부터 변화해온 지식을 확장하며 탐구하는 게 공부이기 때문이다. 어린 시절부터 자기가 좋아하는 분야의 책을 읽으며 다음으로 궁금한 내용을 찾아 꼬리에 꼬리를 무는 독서를 해온 사람이라면 공부를 잘할 수밖에 없다. 처음에는 기어가는 놈이었을지라도, 금방 걷게 되고, 뛰게 되고 결국엔 날 수 있으니까 말이다.

그런데 가장 대단한 놈은 즐기는 놈이라 했다. 자기가 좋아하는 분야가 생기면 누구보다 더 높이 날 수 있는 능력을 가질 수 있다. 그 능력은 무기가 되어 새로운 공부의 세계를 개척해나갈 때 분명히 도움이 된다. 그러니 아이가 좋아하는 분야가 무엇인지 찾도록 돕고, 관련 책을 꾸준하게 읽을 수 있도록 노력해야 할 것이다. 그렇게만 된다면 지금까지 들은 이야기가 현실이 될 수 있을 테니 말이다.

핵심 내용 요약하기

▸ 흥미 독서가 좋은 독서 습관을 기르는 데 있어서 첫 단추가 될 수 있다.

▸ 처음에는 쉽고 말랑말랑한 책을 읽으면서 흥미를 갖는 게 중요하지만, 점점 딱딱해지는 단계로 넘어갈 수 있어야 한다.

▸ 예를 들면, 좋아하는 소설책을 평소에 읽다가 어느 순간에는 서사가 있는 책이나 세상의 지식을 담은 인문학으로 넘어갈 수 있어야 한다.

▸ 자신이 좋아하는 분야를 찾아서 떠나는 여행의 시작은 분명히 전문 독서가로 거듭나기 위해 씨앗을 뿌리는 일이다.

▸ 분명한 건 어린 시절부터 책을 읽으며 한 분야에 관한 공부 노력은 배신하지 않을 것이다.

▸ 기초부터 다음 단계로 넘어가는 학습의 과정을 거치며 성취감과 자기효능감을 기를 수 있었기에 처음에는 어려움이 있어도 하나씩 해결하는 힘이 있을 것이다.

▸ 한 분야와 관련 책을 읽으며 쌓아온 배경지식은 다른 지식과 연결하는 데 큰 힘이 될 것이다.

▸ 이미 보험을 가진 사람은 마음이 든든해서 더욱 마음 편하게 다른 일을 도모할 수 있는 것처럼 말이다.

▸ 땅따먹기할 때 이미 내가 가진 땅에서 출발해서 더 많은 땅을 가져올 수 있는 상황이라는 의미다.

▸ 독서를 통해 과거부터 변화해온 지식을 확장하며 탐구하는 게 공부다.

▸ 어린 시절부터 자기가 좋아하는 분야의 책을 읽으며 다음으로 궁금한 내용을 찾아 꼬리에 꼬리를 무는 독서를 해온 사람이라면 공부를 잘할 수밖에 없다.

생각 날개 펼치기

1) 흥미 분야부터 시작한 독서가 나중에 어떤 영향을 주는지 작성하시오.

2) 한 분야에 흥미를 갖기 위해서는 어떤 노력이 필요한지 작성하시오.

3) 이번 글을 읽고, 새롭게 배우고 느낀 점을 작성하시오.

도전!
다독多讀 왕으로 거듭나기

        다독(多讀)이라고 하면 단순히 책을 많이 읽는 것이라고 생각한다. 하지만 다독은 두 가지 의미가 있다. 첫 번째는 말 그대로 많이 읽는 것이고, 두 번째는 다양하게 읽는 것이다. 즉 많이 읽되 다양하게 읽으라는 말이다. 음식으로 치면 편식하지 말고 골고루 음식을 많이 먹는 것과 같다. 왜냐하면 한 가지 음식만 계속 먹으면 영양 불균형으로 건강에 적신호가 나타날 수 있기 때문이다.

    지난 꼭지에서 좋아하는 분야의 책부터 시작해보라고 했다. 그것은 책에 대한 흥미를 갖게 하기 위한 하나의 방법이지 정답이라고 볼 수는 없다. 일단 흥미를 가지면 계속 책을 보게 되니까 그런 이유로 추천한 것이다. 하지만 평생 한 분야의 책만 파고든다면 지식의 불균형이 생길 수 있다. '확증편향'이 생길 수 있다는 말이다.

간혹 전문가들은 자신의 분야만 깊게 파고들어서 다른 분야에 대한 관심이 적을 수 있다. 그로 인해 다양한 관점을 가지지 못하고, 편향적인 생각에 빠질 위험이 있다. 비록 큰 항아리에 물을 부어서 가득 채웠을지라도 다른 항아리의 물이 어떻게 다른지 모를 수 있다는 말이다. 세상에는 정말 다양한 지식 항아리가 있다. 따라서 우리는 살아가면서 다양한 항아리에 물을 채우는 경험을 할 수 있어야 한다. 즉, 한 분야의 책을 다독하면서 항아리를 채우고, 다음 항아리를 채우는 것이다. 일단 항아리 하나를 채울 정도의 능력이 생기면 다른 항아리를 처음부터 채우는 일이 힘들어도 익숙해서 버틸 수 있다. 혹은 여러 항아리를 동시에 채우는 방법도 괜찮다. 여러 분야의 책을 읽으면서 동시에 여러 지식 항아리를 채우는 것이다. 만일 항아리에 물을 다 써버려도 다른 항아리가 있으니 안심도 된다.

나도 책을 쓰면서 같은 내용을 글로 쓰거나 인용하는 게 부끄럽다고 생각한다. 그래서 계속 책을 읽고, 이왕이면 다른 분야의 책을 읽으며 다양한 지식을 채우려 노력한다. 이렇게 다른 분야의 책을 읽으면서 세상을 바라보는 다양한 관점이 생기며, 나아가 모든 지식은 연결될 수밖에 없다는 걸 느낄 수 있다. 이것이 바로 책을 읽기 시작했다면 '다독'을 권장하는 이유이다.

물론 '다독'의 특이한 사례도 있다. 인터뷰했던 우등생 중에 중학교 때《삼국지》책을 여러 방법으로 다독한 학생이 있었다. 삼국지를 우리말로 편찬한 작가는 다양하다. 그 학생은 처음에는 가장 유명한 작가가 쓴 삼국지로 처음 읽기 시작했다. 그런데 내용이 너무 재미있어서 다른 작가가 쓴 책은 어떻게 다를까 하는 생각에, 다른 작가의 책을 읽으며 반복 독서이자 다독을 하게 되었다. 5~6종류의 다른 책을 여러 번 반복한 끝에 거의 300권을 읽었다. 덕분인지 몰라도 고등학교에 올라와서 사고력과 문해력이 폭발했다.

삼국지는 실제 역사를 토대로 쓴 장편 소설이다. 그렇기에 책 내용에는 정말 다양한 이야기와 메시지가 담겼다. 역사적 사실, 인간관계, 전쟁 관련 지식과 전략, 처세술, 인재 등용법 등 모두 다 나열하기 힘들 정도로 많은 내용이 담긴 책이다. 이 책을 읽으며 독자는 수많은 생각을 펼칠 수 있고, 자기 삶에 적용해볼 수 있다. 한 종류의 책을 읽었지만, 다양한 책을 읽었을 때의 경험이 가능한 책이란 말이다. 운이 좋은 것일 수도 있지만, 결과적으로는 훌륭한 다독 경험이었다고 생각한다.

이런 점을 고려하여 다독할 때 주의사항이 하나 있다. 바로 올바른 책을 고를 수 있는 눈을 가져야 한다는 점이다. 어떻게 해야 괜찮은 책을 고를 수 있을까? 사실 괜찮은 책이라는 것부터 주관적이라 정답을 알 수는 없다. 다만 그래도 자신이 읽고 나서 후회하지 않을 책을 고르는 방법은 알아야 한다는 말이다.

혹시 음식을 고르거나, 물건을 살 때 어떻게 하는지 기억이 나는 가? 책을 고를 때도 비슷한 전략을 사용하면 충분히 좋은 결과를 얻을 수 있다. 식당에서 음식을 고를 때 음식 사진도 보고, 음식에 들어 간 재료가 무엇인지 확인하고, 사람들의 평가도 확인한다. 물론 물 건을 고를 때도 마찬가지다. 사진을 보면서 물건의 특징이 무엇인지 확인하고, 마지막으로는 구매평가를 보며 구매 의사를 정한다.

책도 가장 먼저 보는 건 표지다. 표지 디자인과 동시에 책 제목을 살핀다. 그리고 책을 쓴 작가를 간단히 확인하고, 목차로 가서 내가 궁금한 내용이 들어갔는지 알아본다. 목차에서 어느 정도 필요한 내 용이 있다고 판단이 되면 책을 쓴 목적이 담긴 프롤로그 내용을 읽 어본다. 시간이 좀 더 나면 가장 궁금한 내용이 담긴 꼭지 하나를 5 분 정도 시간을 내어 읽는다. 그러면 나머지 내용도 읽어도 좋을지 판단할 수 있고 구매로 이어진다. 물론 인터넷 검색을 통해 책에 대 한 서평이나 평가 점수를 보며 판단해볼 수도 있다.

안타깝게도 가끔은 이렇게 올바른 방법으로 책을 골라도 전체 내용을 읽고 실망하는 경우가 생길 수 있다. 하지만 무턱대고 책을 사서 읽으면 더 후회스럽기에 최소한의 과정을 거치라는 말이다. 물 론 책 구매 전에 도서관에서 빌려서 읽어보고 좋으면 소장을 위해 나중에 구매하는 방법도 하나의 좋은 방법이 될 수 있다. 사서 보든, 빌려서 보든 가장 중요한 건 책을 다 읽고 시간이 아깝다는 생각이 들지 않도록 주의하는 것이다.

사실 이렇게 책 고르는 경험에서도 시행착오를 겪어봐야 좋은 책을 고르는 능력을 기를 수 있다. 아직 독서 초보라면 책 고르기 실패 경험도 해볼 필요가 있다고 생각한다. 오히려 다독을 위한 첫 단추를 꿰는 일이 될 수 있기 때문이다. 세상의 모든 책이 다 좋은 책이 아닐 수 있다는 점을 깨닫고, 양질의 독서를 위해서 더 노력해야겠다고 다짐할 수도 있다. 우리는 살면서 세상의 모든 책을 다 읽을 수 없기에 더욱 책 선택의 방법이 중요해진다.

어린 시절에는 아이들보다 부모가 고른 책을 읽는 경우가 많다. 그러나 아이도 부모도 함께 책 고르는 경험을 해봐야 한다. 서점이나 도서관에 가서 책 표지를 보고, 제목을 읽고, 목차를 보며 자신이 읽고 싶은 책인지 아닌지, 도움이 될 책인지 아닌지 확인하도록 기회를 주는 것이다. 이렇게 자신이 직접 책 고르는 습관을 기르면, 다음에 내가 무슨 책을 읽을지 정할 수 있다. 자연스럽게 올바른 다독의 길로 들어설 수 있다는 말이다.

안타깝게도 어린 시절에 단기간 많은 책을 읽고 다독왕이나 독서왕 등의 타이틀을 얻곤 하는데 학창 시절 그리고 성인이 되어서도 지속적인 독서 습관이 없다면 아무런 의미가 없다. 장기간에 걸쳐서 지속성을 가진 독서가 진정한 의미가 있는 다독이라 할 수 있기 때문이다.

작가인 나도 어린 시절에는 책을 많이 읽었지만, 중학교 때 이후로 입시 준비로 책 읽을 시간을 따로 두지 않았다. 성인이 되어서도 시험을 위한 전공 책 독서 말고는 1년에 개인을 위한 독서는 5권을 읽을까 말까였다.

다행히 최근 들어서 안정된 삶에 변화를 주기 위해 책을 다시 읽게 되었다. 300권이 넘는 책을 읽었고, 다양한 분야의 책에 도전했다. 만일 한 분야의 책만 읽었다면 300권 넘게 읽을 수 없을 텐데, 중간에 일부러 내가 잘 모르는 분야의 어려운 책도 읽으면서 지식을 확장했다. 어찌 보면 이것도 안주하지 않겠다는 의지였다. 물론 큰 변화도 있었다.

글을 읽는 속도, 글 쓰는 속도, 업무 처리 속도 모두 빨라졌다. 인간으로서 우리 삶에는 글을 읽고 이해하는 문해력이 필요한 경우가 많기 때문이다. 심지어 영어로 글을 읽더라도 배경 지식이 많이 있으니 지식을 연결하는 속도가 빨라서 큰 도움이 되었다. 영어 과목을 가르치면서 어려운 점이 있다면, 정말 다양한 분야의 내용을 영어로 읽고 이해하고 가르쳐야 한다는 점이다. 그래서 다독 경험은 내 삶에 긍정적인 많은 영향을 주었다. 앞으로 몇 권을 더 읽게 될지는 모르겠지만, 일주일에 한 권씩 다양한 책을 읽는 습관은 죽을 때까지 지키고 싶다.

1일 1독 하는 작가들처럼 우리도 그렇게 독서하는 게 과연 가능할까? 그렇지 않다고 생각한다. 분명 어려운 일이다. 그래서 나는 독서 습관을 기를 때는 개인 상황에 맞게 하는 것이 중요하다고 생각한다. 아직 독서 습관이 생기지 않았다면, 1달에 1권부터 시작해서 2

주에 한 권, 1주에 한 권 이렇게 점점 더 많이 독서할 수 있도록 노력해보는 것이다.

그렇게 하려면 매일 책을 읽는 시간이나 분량을 쪼개서 하는 것이 중요하다. 고로 독서 시간을 확보하는 게 가장 필수라는 말이다. 하루 중 독서 시간을 꼭 포함하거나 혹은 자투리 시간을 활용하여 짬짬이 독서를 할 수 있도록 계획을 세워야 한다. 독서 시간을 우선시하는 삶으로 바꿀 수 있어야 한다는 말이다. 실제 다독하는 작가들도 처음에 독서 습관을 기르려고 일부러 어린이용 쉬운 책을 읽으면서 어떻게든 책 읽는 습관을 들이려고 노력했다고 한다. 그렇게 해서라도 매일 책을 읽는 습관을 놓지 않으려 했다는 게 포인트다.

독서 습관을 기르기 위해 초보자들은 처음에 분량도 적고 쉬운 책으로 시작해도 좋다. 권수를 채우면서 성취감을 느끼고 보람을 느낄 수 있기 때문이다. 그게 자기효능감으로 이어져서 지속 가능한 독서 습관을 만든다. 물론 나중에는 다독을 위해 당연히 중급 혹은 고급 수준의 독서 단계로 넘어가야 한다. 하지만 누구나 독서 수준이 다르기에 천천히 자기 수준에 맞는 독서를 통해 다독의 길에 꼭 들어서길 바란다. 나도 했으니 여러분도 할 수 있을 것이다.

핵심 내용 요약하기

▸ 다독은 첫 번째는 말 그대로 많이 읽는 것이고, 두 번째는 다양하게 읽는 것이다.

▸ 우리는 살아가면서 다양한 항아리에 물을 채우는 경험을 할 수 있어야 한다.

▸ 다른 분야의 책을 읽으면서 세상을 바라보는 다양한 관점이 생기며, 나아가 모든 지식은 연결될 수밖에 없다는 걸 느낄 수 있다.

▸ 다독할 때 올바른 책을 고를 수 있는 눈을 가져야만 하는 주의사항이 있다.

▸ 책을 고를 때는 표지, 제목, 저자, 목차 등을 먼저 보고, 프롤로그 글을 읽어 본다.

▸ 5분 정도 시간을 내어 궁금한 꼭지 하나를 읽어보거나 인터넷 서점의 평점 등을 고려하여 구매 여부를 결정한다.

▸ 책 고르는 경험에서도 시행착오를 겪어봐야 좋은 책을 고르는 능력을 기를 수 있다.

▸ 우리는 살면서 세상의 모든 책을 다 읽을 수 없기에 더욱 책 선택의 방법이 중요해진다.

▸ 자신이 직접 책 고르는 습관을 기르면, 다음에 내가 무슨 책을 읽을지 정할 수 있다.

▸ 다독을 통해 문해력이 길러지니 글을 읽는 속도, 글 쓰는 속도, 업무 처리 속도 모두 빨라졌다.

▸ 인간으로서 우리 삶에는 글을 읽고 이해하는 문해력이 필요한 경우가 많다.

▸ 독서 습관을 기를 때는 개인 상황에 맞게 하는 것이 중요하다고 생각한다.

▸ 하루 중 독서 시간을 꼭 포함하거나 혹은 자투리 시간을 활용하여 짬짬이 독서를 할 수 있도록 계획을 세워야 한다.

▸ 독서 시간을 우선시하는 삶으로 바꿀 수 있어야 한다는 말이다.

생각 날개 펼치기

1) 다독하는 삶이 왜 도움이 되는지 그 이유를 작성하시오.

2) 다독을 실천하기 위한 효율적인 방법을 작성하시오.

3) 이번 글을 읽고, 새롭게 배우고 느낀 점을 작성하시오.

때로는 읽기 힘든
어려운 책도 읽어보자

어렵다는 건 두 가지로 볼 수 있다. 내용이 정말 생소하고 어렵거나 내용이 많아서 어렵게 느껴지는 경우다. 보통 어려운 책은 이 두 요소를 모두 포함한다. 내용도 어려우면서 많이 두껍다. 《총·균·쇠》는 760쪽, 《코스모스》는 719쪽, 《사피엔스》는 636쪽, 《정의란 무엇인가》는 444쪽, 《국화와 칼》은 416쪽이다. 이 책 모두 우리가 쉽게 읽는 보통의 책과는 달리 좀 더 심오한 분야를 다룬 책이고, 분량도 배다. 한 권을 읽는데 시간도 몇 배 걸린다. 아마도 중간에 포기한 사람이 더 많지 않을까 싶다.

2022학년도 수능 국어 만점 받은 수험생은 고작 28명에 불과했다. 비록 정답률 20% 미만인 '초고난도' 문항은 없었지만, 독서 영역에서 헤겔의 변증법을 다룬 문항과 기축통화, 환율 변동 등을 다룬 문항 등이 고난도 문항이었다. 2019학년도 수능 국어에서는 역대급 초고난도 전설의 문제라 불리는 31번 문항이 있었다. 정답률은 고작 19%, 바꿔서 말하면 오답률이 81%에 달했다는 의미다. 소재는 '만유인력 법칙'으로 물리 교재에 나오는 내용이었다.

학생들이 수능 시험에서 경험하는 글의 소재는 정말 다양하다. 국어뿐만 아니라 영어에서도 모든 분야의 지식이 총동원되어 시험 문제로 나온다. 특히 과학 분야의 지문이 시험에 나오는 경우 상당히 어려움을 겪는다.

과학에는 물리, 화학, 생물, 지구과학이 있다. 그중 가장 어렵다고 말하는 물리 과목은 역학, 에너지, 물질, 전자기장, 파장 등이 있다. 다시 역학에서는 속도, 가속도, 운동 법칙, 운동량 등이 있는데 관련 이론과 법칙이 다양하다. 실제 수능 모의고사와 수능 시험에서는 고전 역학, 양자 역학, 회전 역학 등 어려운 이론이 등장했다.

만일 관련 배경 지식을 평소에 쌓아두지 않았다면 어떻게 될까? 내용을 어느 정도 알고 있어도 어려운 데 머릿속이 백지상태라면 손도 댈 수 없을 것이다. 하지만 우리는 언제나 생소하고 어려운 지문을 만날 가능성이 있다. 그래서 준비가 필요한 것이다. 따라서, 때로는 어려운 책을 읽으라고 조언하는 이유다.

이런 종류의 책을 처음 읽게 된다면 분명 처음에는 내용이 이해가 안 될 것이다. 그래도 그냥 한번 훑어본다는 생각으로 읽어야 한다. 내용이 이해되지 않더라도 계속 읽으라는 말이다. 죽이 되든 밥이 되든 끝까지 포기하지 않고 700페이지에 달하는 책을 읽어보는 것이다. 단 다시 읽어볼 생각이 들 때쯤 다시 도전한다.

신기하게도 처음에는 전혀 몰랐던 내용도 두 번째 읽을 때는 조금씩 아는 게 보이기 시작한다. 이 책을 다시 읽기 전까지 경험하는 모든 지식과 처음에 읽었던 책 내용을 나도 모르게 연결하며 살아왔기 때문이다. 비록 두 번째도 100% 이해되는 건 아니지만, 10%라도 이해할 수 있으면 성공이다. 세 번째는 20% 이해하면 되기 때문이다.

대신 다시 책을 읽을 때는 어느 정도 간격을 두고 읽어야 한다. 그 간격 사이에 다양한 직간접 경험을 통해 이해하는 힘을 기를 수 있기 때문이다.

일례로, 서양화(유화)를 그릴 때 새롭게 덧칠을 하기 위해서는 다 마른 후에 새로 채색한다. 심지어 이 덧칠 단계까지 오기 위해서는 기본 작업이 여러 번 시간 간격을 두고 이뤄진다.

서양화(유화) 초보자라면 석고와 아교를 혼합한 '젯소(gesso)'라는 재료를 캔버스에 세 번이나 흰색을 입히는 작업을 해야만 한다. 그래야만 배경이 매끈하게 자리 잡기 때문이다. 그리고서 유화로 배경색을 칠할 수 있다. 배경색을 칠한 후에는 위에 스케치하고, 천천히 스케치 그림마다 색을 입히는 것이다. 물론 이 모든 과정은 전에 칠한 재료가 마를 때까지 시간을 두고 기다려야 한다. 안 그러면 색이 섞이게 되어 그림을 망칠 수 있다. 하지만 철저히 이 과정을 거치면 나중에는 점점 입체감 있는 그림으로 바뀐다. 색을 덧칠할수록 입체 감이 살아나는 특징이 있기 때문이다.

어려운 책을 읽는 과정은 마치 유화를 그리는 과정과 같다는 생각이 든다. 처음에 이해가 잘되지 않더라도 일단 한두 번 정도는 백지상태인 채로 그냥 읽어보는 것이다. 캔버스에도 세 번이나 젯소를 칠하는 것처럼 말이다. 그리고 다음번에 읽을 때는 조금이라도 아는 내용을 머릿속에 추가하며 읽는 것이다. 물론 그 사이에 시간 간격을 두고 다양한 경험을 하면서 책에 나오는 내용을 떠올리며 연결하는 시간을 갖는다. 살아가면서 관련된 지식을 만나면 책의 내용과 연결되어 더 분명하게 이해할 수 있기 때문이다.

이렇게 여러 번에 걸쳐서 책을 읽으면 아무리 어려운 책도 횟수를 거듭할수록 점점 내용이 선명해지는 걸 느낄 수 있다. 유화 그림에 덧칠할수록 점점 입체감과 생동감을 가진 작품으로 탄생하는 과정과 같다는 말이다. 그러니 딱 한 번만 오랜 시간을 두고 여러 번에 걸쳐서 어려운 책에 도전해봤으면 좋겠다.

고등학교에 가면 모든 과목이 새롭고 어려운 내용인데 분량도 많다. 그 많은 개념을 이해하고 적용하려면 그만큼 시간이 많이 드는 것도 사실이다. 그런데 어려운 내용을 읽고 정리하고 이해하는 연습이 부족한 학생은 이 과정에서 부담감을 느끼고 중도 포기하게 된다. 하지만 어릴 때부터 미리 연습해온 사람이라면 어려워도 잘 견디고 버틸 수 있다.

다행히도 시험에 나오는 지문은 책 전체를 읽는 것만큼 길지 않다. 평소에 턱걸이 10개를 할 수 있는 사람이 1개 정도는 무난히 할 수 있는 것처럼, 책 한 권을 다 읽고 소화의 과정까지 경험해 본 사람이라면 새로운 지식을 배워도 분량이 만만해서 해볼 만하다. 그래서 어려운 지식 책에 도전하라는 말이다.

단 어려운 지식 책을 읽을 때는 스토리를 읽고 끝내는 게 아니라 개념을 정리하는 습관을 기르는 게 좋다. 방법은 다양하지만, 키워드 중심으로 구조도를 그리거나 요약하면서 읽는 방법이다. 실제 고등학생들이 국어 비문학 지문을 읽을 때 많이 하는 방법이다. 물론 영어 지문을 읽을 때도 키워드를 적으면서 읽으면 문제 푸는 데 큰 도움이 된다. 이것은 수능 만점자들의 공부 비법이기도 하다.

조금 더 팁을 주자면, 어려운 책을 읽을 때는 책 뒤에 있는 용어 설명 파트를 활용할 것을 추천한다. 일명 인덱스(index)라고 적힌 곳에 가서 어려운 용어가 적혀 있으면 찾아서 추가 공부를 하는 것이다. 나도 언어학, 교육학 공부를 하며 원서를 읽을 때 이 방법을 사용했는데 매우 유용했다. 대학 논문 수준의 책을 읽으면서 계속 모르는 단어가 나오니 처음에는 이해하기 힘들었지만, 인덱스에 있는 키워드 중심으로 확장 공부했더니 금방 용어에 익숙해질 수 있었다. 이런 용어들은 책에 반복해서 나오는 어려운 개념이기 때문에 미리 익혀두면 이해하는 데 큰 도움이 된다. 덕분에 다음 책을 읽거나 관련 논문을 읽을 때도 유용했다. 용어를 아니까 내용에 금방 익숙해지고 이해하는 속도가 점점 빨라졌다. 《How Languages Are Learned》라는 원서에 나온 용어 모두 익혔더니 다른 언어학과 교육학 관련 책은 너무나도 쉽게 읽을 수 있었다. 물론 관련 논문을 찾아서 읽을 때도 수월했다.

이뿐만 아니라 뇌과학 관련 책을 읽을 때도 마찬가지였다. 처음에는 호기심에 시작했으나 뇌 구조부터 관련 용어까지 너무 많아서 다 외울 수도 없고, 이해가 되지도 않았다. 하지만 같은 주제의 책을 또 읽으면서 전에 읽은 책에 나온 내용이 겹치니 관심이 생겼고 알고 싶다는 욕심이 생겼다. 그래서 자세히 내용과 관련된 정보를 찾았고, 덕분에 이해할 수 있었다.

뇌과학 관련 책을 10권 넘게 읽다 보니 이제는 뇌의 구조도 많이 이해되고, 뇌와 관련된 용어도 알게 되었다. 심지어 호르몬에 대해서는 강의할 때 인용하는 수준까지 올라왔다. 물론 아직 뇌과학을 전공으로 하는 사람만큼 전문가는 아니지만, 충분히 뇌과학 지식을 활용할 수 있는 단계에 올랐다는 느낌이 든다. 만일 뇌과학이 어렵다고 포기하고 관심을 가지지 않았다면, 설명하고 싶은 많은 이론과 지식을 뇌과학에 연결할 수 없었을 것이다. 역시 쉬운 책만 읽을 때보다 어려운 책을 여러 권 읽으면서 오히려 촘촘하게 지식이 쌓인 느낌이다.

서양화(유화) 초급자를 넘어서면 캔버스에 더는 젯소를 바르지 않고, 자기가 그릴 전체 그림이 가지는 색을 아크릴 물감을 이용해 바탕을 칠한다고 한다. 아크릴 물감은 수성이라 금방 마르기 때문이다. 멋진 작품을 완성하기에 앞서 남들보다 빠르게 배경을 칠하는 능력이 생긴 것이다.

어려운 책을 경험한 사람도 이와 같은 경험을 하리라 믿는다. 어려운 책을 한 권 성공해내면 다음번에는 혹은 그 다음번에는 좀 더 빠르게 책을 정복하는 시간을 줄일 수 있을 것이다. 생소하고 어려운 지식을 만나도 자신만의 방식으로 빠르게 이해하려고 노력할 것이기 때문이다. 이 훈련만 미리 잘해둘 수 있다면 분명 문해력이라는 무기로 험난한 수험생활을 헤쳐나갈 수 있을 것이라 믿는다.

핵심 내용 요약하기

▸ 어렵다는 건 내용이 정말 생소하고 어렵거나 내용이 많아서 어렵게 느껴지는 경우다.

▸ 학생들이 수능 시험에서 경험하는 글의 소재는 정말 다양하고, 생소한 지문이 나오는 경우가 있다.

▸ 어려운 책을 처음 읽게 된다면 분명 처음에는 내용이 이해가 안 되겠지만, 그냥 한번 훑어본다는 생각으로 읽고, 내용이 이해되지 않더라도 계속 읽어야 한다.

▸ 신기하게도 처음에는 전혀 몰랐던 내용도 두 번째 읽을 때는 조금씩 아는 게 보이기 시작한다.

▸ 다양한 직간접 경험을 통해 책 읽은 간격 사이에 이해하는 힘을 기를 수 있기 때문에 다시 책을 읽을 때는 어느 정도 간격을 두고 읽어야 한다.

▸ 다음번에 읽을 때는 조금이라도 아는 내용을 머릿속에 추가하며 읽는 것이다.

▸ 이렇게 여러 번에 걸쳐서 책을 읽으면 아무리 어려운 책도 횟수를 거듭할수록 점점 내용이 선명해지는 걸 느낄 수 있다.

▸ 어려운 내용을 읽고 정리하고 이해하는 연습이 부족한 학생은 이 과정에서 부담감을 느끼고 중도 포기하지만, 어릴 때부터 미리 연습해온 사람이라면 어려워도 잘 견디고 버틸 수 있다.

▸ 어려운 지식 책을 읽을 때는 스토리를 읽고 끝내는 게 아니라 개념을 정리하는 습관을 기르는 게 좋다.

▸ 어려운 책을 읽을 때는 책 뒤에 있는 용어 설명 파트를 활용할 것을 추천한다.

▸ 쉬운 책만 읽을 때보다 어려운 책을 여러 권 읽으면서 오히려 촘촘하게 지식이 쌓인다.

생각 날개 펼치기

1) 굳이 어려운 책을 왜 읽어야 하는지 그 이유를 작성하시오.

2) 어려운 책을 소화하기 위한 효과적인 방법을 작성하시오.

3) 이번 글을 읽고, 새롭게 배우고 느낀 점을 작성하시오.

청소년기에는 감성을 자극하는 문학을 읽자

미운 4살, 중2병 이런 단어는 그냥 생겨난 게 아니다. 심리학적으로는 자아가 형성되는 시기이자 뇌과학적으로는 뇌에 큰 변화가 일어나는 즉, 가지치기가 활발히 일어나는 시기다. 아이가 평생 할 효도를 3살까지 한다는 말이 있는 이유는 미운 4살이 되면 자기의 의사 표현을 분명히 드러내기 때문이다. 일명 '싫어병'이 생겨서 뭐든 다 싫다고 말하며 삐딱해진다. 중2병도 마찬가지다. 신기하게 그 시기만 오면 평소 부모와 대화 잘하던 아이들도 방에 문 닫고 들어가 나오질 않거나 불안한 감정을 내쏟기도 한다.

신기하게도 뇌과학적으로 뇌 기능에 필요한 부분만 남기고 나머지는 제거되는 가지치기 시기가 있다. 시냅스 가지치기는 거의 사용하지 않는 연결을 제거하고 더 유용하고 활동적인 연결을 위한 뇌 용량 확보를 하는 것이다. 일종의 뇌 리모델링을 하는 과정이라 볼 수 있다. 결과적으로 기존에 연결된 수가 줄어들고 남아 있는 뇌 연결이 더 강해진다는 말이다.

최초의 가지치기는 만 2세 때다. 그리고 청소년기에는 전두엽 피질의 연결이 급속도로 증가하는데 만 11~12세 때 활발하다. 다시 말하면, 정보를 선택하고, 버리고, 자기 조절 능력을 기르는 시기라 볼 수 있다. 하지만 자기 조절 능력이 불완전하여 충동이 앞서는 시기이기도 하다.

전문가들이 4~7세 어린 시절에 감정의 안정화를 위한 비인지 활동을 강조하는 이유도 여기에 있다. 만 2세 이후에 불안정한 상태이기 때문에 더욱 그렇다. 청소년기에도 마찬가지다. 이성적 사고가 더욱 단단해지는 시기이면서도 여전히 감정은 불안정한 시기이기에 균형을 맞출 필요가 있는 것이다. 그런 면에서 문학작품을 읽는 건 두 마리 토끼를 잡는 일이 될 수 있다. 이성과 감성을 모두 성장시킬 수 있기 때문이다.

문학은 사상이나 감정을 언어로 표현한 예술로서 시, 소설, 수필, 희곡, 평론 등 다양한 장르가 있다. 그중 소설을 통해 상상력을 자극하고, 작품 속 세상과 현실을 연결하고, 시대적 배경을 살피며 언어와 문화를 이해할 수 있다. 자신이 살아보지 못한 시대로 가서 여행하며 다양한 간접 경험을 할 수 있다는 말이다. 지금은 쓰지 않는 어휘도 배울 수 있고, 다른 지역의 문화를 알 수 있으며, 과거의 사건을 생생하게 그려볼 수도 있다. 비록 상상 속이지만 이런 경험을 통해 상상의 나래를 펼치며 자신의 세계를 구축하는 시간을 만들 수 있다.

또한, 등장인물의 감정에 이입해 보거나 등장인물 간의 관계를 파악하거나 이야기 전개 흐름을 살펴볼 수 있다. 무엇보다 청소년기에는 자아정체성을 찾아가는 시기라서 더욱 감수성이 예민하고, 혼란의 시기를 보내기에 소설을 읽는 게 큰 도움이 된다. 등장인물의 상황에 몰입할 수 있기 때문이다. 마치 자기가 주인공이 된 것처럼 느끼며 실제 삶에서도 어떻게 선택하며 살아가야 할지 고민하는 시간을 가질 수 있다. 물론 감정 이입을 통해 웃기도 하고, 눈물을 흘리기도 한다.

소설은 기승전결(발단, 전개, 위기, 절정, 결말)의 순서를 명확히 이해할 수 있다. 이를 통해 다음에 어떤 일이 벌어질지 예측하며 논리적 사고력 또한 기를 수 있다. 분명히 소설에서는 복선을 통해 다음 이야기를 미리 그려볼 수 있기 때문이다. 아무리 자유로운 형식을 가진 문학작품이라고 할지라도 이야기 전개에는 순서가 항상 있기 마련이다. 이를 통해 전체 맥락을 살피는 힘을 기를 수 있다.

그리고 항상 이야기에는 교훈이 담겨 있다. 작가가 남긴 메시지가 있다는 말이다. 물론 중간 내용 중에는 숨겨진 의미의 어휘나 문장도 있어서 사람마다 다르게 해석할 여지를 둔다. 즉 다양한 관점으로 사건이나 대화를 해석할 수 있는 능력을 기를 수 있다. 결말에는 권선징악과 같은 교훈을 던지거나 우리가 생각해볼 만한 여운을 남기며 마무리하기도 한다. 쉽게 말해 열린 결말의 경우 또한 다양한 관점으로 독자마다 다른 결과를 만들어 볼 수 있다.

이렇듯 다양한 장점이 있지만, 무엇보다도 청소년기에 문학작품을 읽어야 하는 이유는 다음과 같다. 문학은 청소년들이 살아가야 할 삶을 위한 전략을 제공하기 때문이다. 아직 삶의 경험이 부족한 청소년들이 다른 사람의 삶을 살피며 앞으로 자신의 일상에 어떻게 적용해볼지 고민해볼 수 있기 때문이다. 혹은 동일시하고 싶은 인물을 찾을 수도 있고, 소설을 읽으며 미래의 자화상을 그릴 수도 있다. 그리고 자신과 끝없는 대화 속에서 자신을 발견할 기회를 얻을 수 있다는 말이다.

실제 어린 시절 독서량이 부족했던 우등생들도 중학교 때 문학작품을 읽으며 감성을 키울 수 있었고, 동시에 독서 능력도 증대시킨 사례가 있다. 초등학교 때까지는 그다지 독서를 좋아하지 않았지만, 우연한 계기로 한국 현대 소설의 매력에 빠진 한 학생이 있었다. 그는 이상하게도 현대 소설을 읽으며 등장인물들의 다양한 삶에서 배울 점이 많았다고 했다. 마치 괜찮은 영화를 여러 번 봐도 재미있는 것처럼, 책을 여러 번 읽어도 질리지 않았다고 했다. 다음에 읽을 때는 다른 감정을 불러일으키거나 다르게 느끼는 바가 있어서 한 번으로 그치지 않고 여러 번 같은 작품을 읽었다고 했다.

비록 비문학은 많이 읽지 않았지만, 문학작품을 수백 권 읽었기에 독서 임계량을 넘어서게 되었다. 덕분에 고등학교에 진학해서 배우는 문학작품은 이미 알고 있는 내용이라 쉽게 이해할 수 있었고, 따로 공부하지 않아도 시험을 잘 볼 수 있는 정도였다. 대신 처음에 비문학 지문을 공부할 때는 어려움이 있었으나 문학작품 공부할 시간이 따로 필요 없어서 시간 투자를 충분히 할 수 있었다.

비문학을 공부하는 건 문학과는 완전히 다른 느낌의 공부였다. 하지만 새로운 지식을 배우는 것이 문학작품을 읽으며 새로운 세상을 탐구하는 것과 크게 다르지 않다고 느꼈다. 그 이유는 소설을 읽으며 누가 등장하고, 어떤 사건이 있고, 앞뒤 연결 관계가 어떻게 되는지 항상 고민했기 때문이었다. 비문학 작품도 등장하는 새로운 개념이 있고, 개념 사이에도 관계가 있고, 인과 관계 등 내용 안에서도 분명히 연결고리가 있다는 걸 확인할 수 있었기 때문이다. 문학작품 사건 전개도를 그리는 것이나 비문학 작품의 구조도를 그리는 것이나 비슷한 면이 있었기 때문이다.

고등학생이 되고 수험생이 되면 정말 스트레스가 극에 달한다. 그런데 그 스트레스로 인해 공부 감정이 무너져서 공부를 손에서 내려놓고 포기하는 경우가 생긴다. 이성적 사고를 통해 철저하게 이해하고 암기하는 공부도 중요하지만, 감정 조절을 잘해서 끝까지 포기하지 않는 자세도 중요하다. 그런 면에서 청소년기에 읽는 문학작품은 감정을 한 단계 성숙하게 만드는 역할을 할 수 있다. 책을 읽으며 자신의 감정을 이입하면서 풀어낼 기회를 얻기 때문이다. 따라서 문학작품은 청소년들에게 치유의 약이 아닌가 싶기도 하다.

나의 학창 시절을 되돌아보면 소설을 읽는 것도 좋아했지만, 특히 '시'를 읽거나 쓰는 걸 좋아했다. 그 이유는 삶에 관한 사색을 해볼 수 있어서였다. '나는 왜 살아야 하는지, 어떻게 살아야 하는지' 그게 궁금했던 시절이었기 때문이다. 비평준화 지역 명문고의 치열한 경쟁 속에서 도태되어 괴로울 때도 내가 찾았던 건 다름 아닌 문학작품이었다. 시를 쓰며 내 감정을 풀어냈고, 소설을 읽으며 시험이 없는 다른 세상을 꿈꿨다.

물론 그런 시간은 조금만 갖고 공부를 더 열심히 했더라면 좋은 입시 결과가 나왔겠지만 그렇지는 못했다. 그래도 중요한 시험이 끝난 후에 세상을 등지고 떠난 다른 친구들과는 달리 살아갈 이유를 찾을 수 있었고, 감정을 조절할 수 있었다고 생각한다. 대학이 인생의 전부가 아니라는 것을 깨달으며 더 열심히 살아야겠다 다짐할 수도 있었다.

비록 윤동주 시인은 일제강점기 현실에서 시를 썼지만, 그의 서시(序詩)는 나를 이 세상에서 다시 살아가게 힘을 준 시였다. 누군가도 이 시를 읽으며 다시 살아갈 힘 혹은 독서를 열심히 할 마음을 가져보길 바란다.

서시(序詩) - 윤동주

죽는 날까지 하늘을 우러러

한 점 부끄럼이 없기를

잎새에 이는 바람에도

나는 괴로워했다.

별을 노래하는 마음으로

모든 죽어가는 것을 사랑해야지

그리고 나한테 주어진 길을

걸어가야겠다.

오늘 밤에도 별이 바람에 스치운다.

핵심 내용 요약하기

▶ 청소년기에는 이성적 사고가 더욱 단단해지는 시기이면서도 여전히 감정은 불안정한 시기이기에 균형을 맞출 필요가 있다.

▶ 문학 작품을 읽는 건 이성과 감성을 모두 성장시킬 수 있기 때문에 두 마리 토끼를 잡는 일이 될 수 있다.

▶ 문학은 사상이나 감정을 언어로 표현한 예술로서 시, 소설, 수필, 희곡, 평론 등 다양한 장르가 있다.

▶ 소설을 통해 상상력을 자극하고, 작품 속 세상과 현실을 연결하고, 시대적 배경을 살피며 언어와 문화를 이해할 수 있다.

▶ 무엇보다 청소년기에는 자아정체성을 찾아가는 시기라서 더욱 감수성이 예민하고, 혼란의 시기를 보내기에 소설을 읽는 게 큰 도움이 된다.

▶ 아직 삶의 경험이 부족한 청소년들이 다른 사람의 삶을 살피며 앞으로 자신의 일상에 어떻게 적용해볼지 고민해볼 수 있다.

▶ 이성적 사고를 통해 철저하게 이해하고 암기하는 공부도 중요하지만, 감정 조절을 잘해서 끝까지 포기하지 않는 자세도 중요하다.

▶ 청소년기에 읽는 문학 작품은 책을 읽으며 자신의 감정을 이입하면서 풀어낼 기회를 얻기 때문에 감정을 한 단계 성숙하게 만드는 역할을 할 수 있다.

생각 날개 펼치기

1) 문학 작품이 청소년기에 왜 도움이 되는지 그 이유를 작성하시오.

2) 문학 작품을 효율적으로 읽을 수 있는 방법을 작성하시오.

3) 이번 글을 읽고, 새롭게 배우고 느낀 점을 작성하시오.

신문 읽기로
두 마리 토끼를 잡을 수 있다

　　　　　　　　　신문이라고 생각하면 우리는 단순히 사실적 사건에 대한 정보를 얻을 수 있다고 생각한다. 하지만 주관적인 의견이 들어간 사설이나 칼럼의 글을 통해 하나의 사안을 다른 시각으로 어떻게 봐야 할지 생각하며 논리적인 사고력을 기를 수도 있다. 덧붙여 사설이나 칼럼의 경우에는 한자어나 전문 용어가 많이 등장해서 어휘력을 향상시킬 수 있다. 이밖에도 다양한 장점이 있기에 두 마리 토끼 혹은 그 이상의 토끼를 잡을 기회를 얻을 수 있다.

　　혹시 신문하면 가장 먼저 떠오르는 단어는 무엇인가? 아마도 '따분함', '어려움' 등 부정적인 단어가 먼저 떠오를 것이다. 심지어 아이들은 신문은 어른들이 보는 자료 정도로 생각할 수도 있다. 그만큼 접근성이 떨어질 수 있는 미디어 매체라는 말이다. 인터넷 발달로 인해 생긴 뉴미디어를 이용하는 아이들에게는 익숙하지 않을 수 있다는 의미다. 게다가 요즘 세상에는 인터넷이 발달해서 언제든 무료로 기사를 찾아볼 수 있는데 굳이 돈을 들여 신문을 구독해서 읽을 필요가 있나 싶을 것이다.

많은 장점이 있는 반면에 반대로 여러 이유로 요즘 아이들에게는 접근성이 떨어지는 면이 있다. 하지만 그렇다고 신문 읽기를 포기해서는 안 된다고 생각한다. 단점보다 장점이 더 크다면 투자할 가치가 있기 때문이다. 신문을 읽는다고 문제가 생기거나 하지는 않기에 이번 기회에 신문 읽기에 도전해보길 바란다.

《나의 첫 고전 읽기 수업》의 저자 박균호 작가는 '도스토옙스키는 열렬한 신문 독자'라고 말했다. 그가 쓴 명작 《죄와 벌》의 소재는 한 점원이 두 노파를 도끼로 살해한 사실을 보도한 기사에서 생각해 낸 것이라고 했다. 또한 그가 그렇게 자세히 묘사할 수 있었던 이유도 특이한 범죄 기사와 재판 과정을 꼼꼼히 스크랩한 덕분이었으며, 그의 소설 속에 등장하는 수많은 에피소드와 등장인물의 사연 또한 신문 기사에서 얻은 영감으로 완성된 것이라고 했다.

천재 작가라고 불렸던 그도 사실은 실제 있었던 일을 기반으로 상상의 나래를 펼쳤던 것이다. 개인의 경험에는 분명 한계가 있기에 독서나 신문 읽기가 꼭 필요하다. 책이나 신문 기사에는 한 사람이 아닌 전 세계 모든 이들의 경험이 담겨 있기 때문이다. 그래서 박균호 작가는 "신문이 여전히 상상력의 창고이자 창의력의 원천인 이유다."라고 강조했다. 이처럼 신문 읽기는 창의력 발달에 큰 도움을 준다.

어느 정도 신문 읽기의 좋은 점을 알게 되었으니 지금부터는 어떻게 신문을 활용하면 좋을지 그 방법에 대해 말해보겠다. 이왕이면 인터넷 신문 기사보다는 실제 종이 신문을 보는 걸 추천한다. 그 이유는 다음과 같다. 첫째, 내가 원하는 기사만 보는 게 아니라 신문 전체에 반영된 모든 분야의 기사를 모두 훑어볼 수 있다는 것이다. 둘째, 화면을 넘기지 않고도 한눈에 볼 수 있기에 기사가 배치된 위치에 따라 현시점에서 기사의 중요도를 확인할 수 있다. 셋째, 헤드라인(기사 제목)을 먼저 읽고 내용을 확인하면서 핵심 내용을 파악하는 능력을 극대화할 수 있다.

우선 첫 번째 방법에 대해서 더 자세히 알아보자. 우리는 주변 상황에만 집중하고 그 정도 범위에서 삶을 살아가기가 쉽다. 하지만 신문은 개인의 경험이 아닌 세상의 많은 사건을 다루고 있다. 내가 모르는 세상 이야기를 비롯해 나의 관심 밖 분야의 이야기도 다룬다. 신문 기사의 사실적인 내용도 중요하지만, 개인 삶의 관점에서 볼 때 내가 사는 세상 밖에서 일어나는 일을 관찰하고 생각해볼 기회를 가질 수 있다는 말이다.

생각보다 내가 사는 세상은 넓고, 내가 생각하지 못하는 많은 일이 일어난다. 자신이 사는 세상에 갇히면 생각이 고착되어 자신이 무조건 옳다고 생각할 수 있다. 하지만 신문 읽기를 통해 다른 세상 혹은 다른 사람들을 이해할 수 있게 하고, 세상 사람들과 더불어 살아가는 힘을 기를 수 있게 한다. 다시 말해, 다양한 관점으로 세상을 바라보는 눈을 가질 수 있게 된다.

그런데 이게 왜 문해력에 도움이 될까? 글은 누군가의 생각을 담은 문자다. 글에는 의도가 들어있다. 글의 숨은 의미를 찾기 위해서는 이렇게도 생각하고, 저렇게도 생각해야 하기에 다양한 각도로 보는 눈이 필요하다. 공부 측면에서도 마찬가지다. 시험을 볼 때 문제를 읽고 출제자가 의도하는 바를 명확히 찾아내야 하는데 자기 생각에만 머무르면 엉뚱하게 문제를 해석할 수 있다. 실제 시험 문제를 틀리는 학생 중에는 문제를 잘못 이해하고 푸는 경우가 많았다.

국어와 영어의 경우에는 세상의 모든 주제를 다룬다. 그런데 평소 신문 읽기를 하면 다양한 분야의 글을 읽어볼 수 있어서 배경 지식을 쌓을 수 있다. 매일 쌓는 배경 지식은 나중에 공부하고 시험 볼 때 연결되어 더욱 이해력을 돕는다. 게다가 시험 문제는 그해에 일어난 사건을 소재로 하여 지문으로 활용하는 경우가 종종 있다. 평소에 보던 신문에 나온 내용이 시험 지문에 그대로 나올 수도 있다. 결론은 다양한 관점으로 다양한 주제를 탐구할 수 있어서 좋다는 말이다.

두 번째, 평소 신문을 읽을 때 지금 시점에 가장 중요한 사건이 무엇인지 순서를 통해서 알 수 있다. 고로 배치된 기사를 살펴보며 우선순위를 파악하는 능력을 기를 수 있다. 그 이유는 모든 것에는 순서가 있기 때문이다. 뭐든 중요할수록 처음에 언급된다. 그리고 우리가 읽는 모든 글에는 핵심 내용이 있다.

핵심 내용이 담긴 문장을 중심 문장이라고 한다. 글을 읽다 보면 중심 문장, 뒷받침 문장, 보조 문장 등 다양한 문장이 문단을 이루고, 문단이 모여 하나의 글을 만든다는 사실을 알게 된다. 그중에서도 글의 핵심 주제가 무엇인지 파악하기 위해서는 중심 문장을 찾아내야 하는데 우선순위를 파악하는 능력이 생기면 도움이 많이 된다. 사실 공부할 때 핵심 키워드나 글 전체의 핵심 내용을 요약하는 일이 매우 중요하다. 이 과정을 거칠 때 문해력은 정말 많은 도움이 된다. 빠르게 읽고 해석하면서 중요한 단어와 문장을 골라낼 수 있기 때문이다.

세 번째, 글을 읽는 동안에는 헤드라인(기사 제목)에서 말하는 내용이 어떻게 전개되는지 파악할 수 있다. 다시 말해, 제목과 내용이 일치하는지 그 여부를 확인하는 연습을 할 수 있다는 말이다. 그런데 이게 왜 중요하냐면, 공부할 때는 내용을 익히고 문제를 풀면서 선지에서 맞는 내용을 골라야 하기 때문이다. 신문 읽기를 통해 지식만 쌓는다고 생각할 수 있지만, 자신도 모르게 시험 문제를 읽고 정답을 고르기 위해 선지를 살피는 행위와 비슷하다고 할 수 있어서

두 마리 토끼를 잡을 수 있다는 말이다.

신문 읽기를 하면 좋은 점은 무궁무진하다. 하지만 공부와 문해력이라는 관점에 초점을 맞추어 보면, 앞에서 말한 부분에 가장 큰 도움이 된다. 그다음으로는 논술형 수행평가나 대학 논술 시험, 면접 등 자신의 의견을 논리적으로 근거를 제시해야 하는 상황에서 유리한 위치에 놓일 수 있다. 특히 시사를 다루는 주제의 시험이라면 더욱 특혜를 누릴 수 있다. 평소에 자주 보던 주제가 나왔으니 편하게 접근할 수 있고, 이미 그 주제를 가지고 여러 관점으로 생각해봤기에 짧은 시간 안에 논리적으로 답변할 수 있다. 그런 면에서 볼 때 좋은 성적을 잘 받기 위해서는 신문 읽기는 큰 도움이 되는 행위가 아닐까?

언론진흥재단의 조사에 따르면, 70% 정도의 사람들이 신문을 구독하지 않는다고 한다. 그리고 나머지 30%의 사람들이 구독한다고 해도 과연 모두가 신문을 읽을까 하는 의구심이 든다. 쉽게 말해 독서량이 적은 만큼 신문 소비량도 매우 적다는 걸 알 수 있다. 하지만 이제는 생각을 좀 바꿔서 신문 읽기를 실천했으면 좋겠다. 분명히 신문 읽기는 성적과 상식이라는 두 마리 토끼를 모두 잡을 방법이기 때문이다.

세명대학교 김계수 교수는 강의 시간 5분 전에 미리 주요 이슈를 브리핑하는 시간을 갖는다고 한다. 당일 강의 주제와 관련 있는 기사를 선정해서 수업 효과를 극대화한다. 그는 신문을 '20g의 마법'

이라 표현하는데, 그 이유는 가벼운 종이에 불과한 신문이 한 사람의 인생을 바꿀 수 있는 무기가 될 만큼 큰 힘이 있기 때문이라 한다. 그래서 실제 제자들에게 신문 스크랩을 통해 신문 읽기 훈련을 시켰고, 효과를 많이 봤다고 한다.

신문을 볼 때 '중요도가 높은 정치와 경제면부터 보라'는 말이 있다. 하지만 그는 우선 관심 있는 기사부터 시작해서 조금은 어려운 정치, 경제 혹은 사설 파트로 넘어가는 신문 읽기가 더 효율적이라 말한다. 그 이유는 신문도 처음에는 즐겁고 재미있어야 읽기 습관이 들기 때문이라고 한다. 그래서 우선은 신문 읽기와 친해지기 위해 쉬운 부분부터 찾아서 읽어보는 연습을 하라고 주장한다.

실제 제자들은 이런 방법을 사용했다. 그리고 스크랩북을 만들 때는 기사 중 중요하다고 생각되는 부분에 형광펜으로 칠했다. 그리고 기사에 있는 내용에 동의하는지 반대하는지 등 자기 생각을 주변에 적는다. 마지막으로 기사의 내용을 육하원칙의 한 문장으로 정리하고 최종적으로 자기 의견을 적는다. 이렇게 신문 스크랩을 통한 신문 읽기 습관을 들인다면 분명 효과가 있을 것이다.

한 가지 더 조언하자면, 모르는 단어(용어)를 그냥 넘기지 않고 꼭 사전에서 찾아보는 것이다. 신문 읽기를 통해 새롭게 만나는 단어를 찾는 과정이 곧 공부할 때 새롭게 만나는 개념이나 용어를 이해하는 과정과 같기 때문이다. 신문 읽기는 어떻게 보면 평소에 계속해서 생소하고 어려운 내용을 공부하는 행위가 아닐까 싶다. 매일 1년 혹은 10년 동안 지속한다면 우리도 도스토옙스키처럼 열렬한 신문 독자가 되어 큰일을 낼 수도 있을거라 조심스레 예상해본다.

핵심 내용 요약하기

▶ 신문에서도 주관적인 의견이 들어간 사설이나 칼럼의 글을 통해 하나의 사안을 다른 시각으로 어떻게 봐야 할지 생각하며 논리적인 사고력을 기를 수도 있다.

▶ 여러 이유로 요즘 아이들에게는 접근성이 떨어지는 면이 있지만 그렇다고 신문 읽기를 포기해서는 안 된다고 생각한다.

▶ 개인의 경험에는 분명 한계가 있기에 독서나 신문 읽기가 꼭 필요하다.

▶ 책이나 신문 기사에는 한 사람이 아닌 전 세계 모든 이들의 경험이 담겨 있기 때문이다.

▶ 인터넷 신문 기사보다는 실제 종이 신문을 보는 걸 추천하는 이유는 세 가지다.

▶ 첫째, 내가 원하는 기사만 보는 게 아니라 신문 전체에 반영된 모든 분야의 기사를 모두 훑어볼 수 있다.

▶ 둘째, 화면을 넘기지 않고도 한눈에 볼 수 있기에 기사가 배치된 위치에 따라 현시점에서 기사의 중요도를 확인할 수 있다.

▶ 셋째, 헤드라인(기사 제목)을 먼저 읽고 내용을 확인하면서 핵심 내용을 파악하는 능력을 극대화할 수 있다.

▶ 신문 읽기를 통해 다른 세상 혹은 다른 사람들을 이해할 수 있게 하고, 세상 사람들과 더불어 살아가는 힘을 기를 수 있게 한다.

▶ 글의 핵심 주제가 무엇인지 파악하기 위해서는 중심 문장을 찾아내야 하는데 우선순위를 파악하는 능력이 생기면 도움이 많이 된다.

▶ 공부할 때는 내용을 익히고 문제를 풀면서 선지에서 맞는 내용을 골라야 하는데 신문을 통해서는 제목과 내용이 일치하는지 그 여부를 확인하는 연습을 할 수 있다.

▶ 신문 읽기를 통해 새롭게 만나는 단어를 찾는 과정이 곧 공부할 때 새롭게 만나는 개념이나 용어를 이해하는 과정과 같다.

생각 날개 펼치기

1) 신문 읽기가 왜 도움이 되는지 그 이유를 작성하시오.

2) 신문 읽기를 실천하기 위한 효율적인 방법을 작성하시오.

3) 이번 글을 읽고, 새롭게 배우고 느낀 점을 작성하시오.

고난도 문해력은 인문고전 읽기에서 나온다

　　'모든 길은 로마로 통한다.'라는 말의 유래를 혹시 아는가? 로마는 전쟁에 타고 갈 전차 바퀴가 잘 굴러가도록 바닥에 네모난 돌을 반듯하게 깔아서 길을 만들었다. 그 길이 점점 더 길어지고 넓어져서 나중에는 누구나 한눈에 '로마의 길'이라는 것을 알 정도로 유명해졌다. 로마가 이탈리아 반도 전체를 통일하게 되었을 때도 어김없이 이 방식으로 길이 만들어졌다.

　　길을 만드는 방식은 먼저 땅을 판 후, 자갈을 채우고, 그 위에 넓은 판자 같은 돌을 깔았다. 길옆에는 물이 흐르도록 배수로를 만들어서 비가 와도 길 위에 물이 넘치지 않게 했다. 과거에는 모두 진흙

길이었기 때문에 로마의 길은 지금으로 비유하면 '고속도로' 같았다. 덕분에 로마의 군대는 원하는 곳으로 빠르게 이동할 수 있었다. 그래서 사람들은 '모든 길은 로마로 통한다.'라는 말을 사용했다. 로마의 길을 통하면 결국 로마를 거쳐 세계 여러 나라로 갈 수 있었기 때문이다.

현재 이 말은 어느 곳에서든지 로마로 갈 수 있는 길이 있다는 뜻으로 강성했을 때의 로마처럼 어떤 상황에서 중심이 되는 사람, 물건 등을 뜻하거나 같은 목표에 도달하는 데 많은 방법이 있다는 것을 비유적으로 말할 때 사용한다. 예를 들어, "역시 모든 길은 로마로 통한다더니 공부법 하면 신영환 작가님이지."라고 말할 수도 있다. 그래서 한 단계 더 올려서 비유하고 싶다. "모든 독서는 인문고전으로 통한다." 즉, 독서의 끝판왕은 결국 인문고전이라는 의미다.

한때 《리딩으로 리드하라》 책으로 인해 인문학에 대한 열기가 대단했다. 그 이유는 아인슈타인, 처칠, 에디슨이 사고뭉치에서 위대한 천재로 탈바꿈한 비결이 모두 인문고전 독서에 있다고 주장했기 때문이다. 덕분에 우리는 일상에서 인문학이란 단어를 쉽게 접하게 됐다. 하지만 안타깝게도 인문학적 소양은 매우 부족한 것 같다. 아는 것과 실천하는 것은 천지 차이기 때문이다.

참고로 인문학이란 사람에 대해 성찰하는 학문이다. 결국 우리가 공부하는 이유는 인간으로 태어나서 어떤 삶을 살아갈 것인지에 관한 성찰을 하기 위해서다. 그렇기에 인문고전 독서는 우리 삶의 본질을 탐구하기 위한 훌륭한 도구가 될 수 있다.

고대 그리스 철학자 소크라테스도 결국 학문을 통해서 인간의 본질과 우리가 사는 이 세상의 세계관에 대한 탐구에 목적을 두었다. 서양철학의 가장 주요한 세 가지 질문은 다음과 같다. 첫째, 존재한다는 것은 과연 무엇이며, 세계는 어떻게 설명될 수 있는가? (형이상학) 둘째, 안다는 것은 무엇이며, 나는 어떻게 세계에 대한 지식을 얻을 수 있는가? (인식론) 셋째, 올바른 행동은 무엇이며, 우리는 어떻게 해야 더 좋은 삶을 살 수 있는가? (윤리학)

서양철학은 이렇게 논리적이고 사유체계에 기반하지만, 동양철학은 체험적 혹은 직관적인 것으로 윤리학과 관련한 마지막 질문에 더 비중을 두는 것 같다. 그 이유는 동양은 서양보다 농업 사회에 필요한 실용적인 물음이 있었고, 더불어 사는 삶이 농경사회에 도움이 되었기 때문이다. 따라서 농경사회에서 필요한 사회적 책임을 강조하는 유가의 발달이 있었다. 유가는 도덕적으로 사람이 가지고 있는 본성이고, 순수함을 담고 있는 것을 도리라고 여겼다. 반면에 도가에서는 도덕성은 자연스러운 본성이고 소박하면서 순수한 본성을 바탕으로 무조건 옳은 것만을 따지는 유가와 달리 도가에서는 사람이 가지고 있는 순수한 마음 그 자체를 도로 여겼다.

사실 인문고전이라고 하면 이런 철학적인 접근부터 시작해서 다양한 문학작품을 살펴볼 수 있다. 다음은 전효찬 작가의 《서울대 권장도서로 인문고전 100선 읽기》에 나온 100개의 인문고전 작품 목록이다. 제목을 보면 알겠지만, 쉽게 읽어볼 엄두가 나지 않는다. 아무리 다른 작가가 풀어서 쓴 책이라 해도 과연 100% 이해할 수 있을까 하는 의문이 든다. 그럼에도 불구하고 이 작품들은 인간으로서 가진 사유의 힘을 기르는 데 큰 도움이 되기에 읽어볼 필요가 있다.

·1권·

1선 《일리아스》와 《오디세이아》 | 2선 《역사》 | 3선 《주역》 | 4선 《우파니샤드》 | 5선 《그리스 로마 신화》 | 6선 그리스 비극 | 7선 《아함경》 | 8선 《논어》 | 9선 《대학》과 《중용》 | 10선 《맹자》 | 11선 《국가론》 | 12선 《니코마코스 윤리학》 | 13선 《의무론》 | 14선 《변신 이야기》 | 15선 《장자》 | 16선 제자백가 | 17선 《사기》 | 18선 《고백록》 | 19선 한국 고전시가 | 20선 《당시선》

·2권·

21선 《보조법어》 | 22선 《삼국유사》 | 23선 《신곡》 | 24선 《군주론》 | 25선 퇴계문선 | 26선 율곡문선 | 27선 《돈키호테》 | 28선 셰익스피어 4대 비극·5대 희극 | 29선 《신기관》 | 30선 《방법서설》 | 31선 《리바이어던》 | 32선 《과

학고전선집》 | 33선 《구운몽》 | 34선 《춘향전》 | 35선 《정부론》 | 36선 《홍루몽》 | 37선 《법의 정신》 | 38선 《에밀》 | 39선 《국부론》 | 40선 《페더럴리스트 페이퍼》 | 41선 《실천이성비판》 | 42선 《연암집》 | 43선 《한중록》 | 44선 다산문선 | 45선 《파우스트》 | 46선 《미국의 민주주의》 | 47선 《청구야담》 | 48선 《주홍 글자》 | 49선 《마담 보바리》 | 50선 《자유론》 | 51선 《종의 기원》 | 52선 《위대한 유산》 | 53선 《자본론 1》 | 54선 《안나 카레니나》 | 55선 《카라마조프가의 형제들》 | 56선 《허클베리 핀의 모험》 | 57선 《도덕의 계보학》 | 58선 체호프 희곡선 | 59선 《꿈의 해석》 | 60선 《프로테스탄티즘의 윤리와 자본주의 정신》

·3권·

61선 《잃어버린 시간을 찾아서》 | 62선 《마음》 | 63선 《젊은 예술가의 초상》 | 64선 《변신》 | 65선 《무정》 | 66선 루쉰 전집 | 67선 《황무지》 | 68선 《마의 산》 | 69선 《고도를 기다리며》 | 70선 《간디 자서전》 | 71선 《삼대》 | 72선 《인간의 조건》 | 73선 《인간문제》 | 74선 정지용 시집 | 75선 백석 시집 | 76선 《고향》 | 77선 《천변풍경》 | 78선 《탁류》 | 79선 《픽션들》 | 80선 《설국》 | 81선 《물질문명과 자본주

다만 문해력이 조금 부족한 경우라면 같은 작품의 영화나 해설 강의를 통해 배경 지식을 쌓고 다시 책에 도전해보는 것도 하나의 방법이 될 수 있다. 인문고전은 수천 년 묵힌 산삼과 같은 명약이다. 그런데 혹시라도 삼이 써서 잘 못 먹겠다면, 조금은 달달한 맛을 내는 제품부터 도전해 본다. 우리도 쓴 커피를 먹기 전에 우유가 들어간 커피를 먼저 먹으면서 익숙해지는 것과 같다. 장벽이 낮은 인문고전부터 도전해보고 점차 어려운 단계로 넘어가 보라는 말이다.

더 쉽게 설명하자면, 세계 명작으로 만들어진 영화를 먼저 보고 나서 내용을 어느 정도 이해하고 있으니 책으로 다시 만난다면 처음에 영화로 볼 때보다 더 이해도 되고 다른 생각도 들게 될 것이다. 부모님의 영향으로 어릴 때 다양한 세계 명작을 영화로 본 아이는 나중에 문학작품을 공부할 때 많은 도움을 받았다고 한다. 이미 스토리는 대략적으로 알고 있으니 구체적으로 작품 안에 들어간 요소를 파악하기만 하면 되었기 때문이다. 그리고 여러 작품을 통해 자기 성찰, 인간의 감정에 대한 탐구, 다른 세상에 대한 호기심 등 다양한 사고의 흐름을 경험하며 스스로 성장하는 시간을 보낼 수 있었다.

2022학년도 수능 시험은 모든 영역에서 문해력의 중요성을 일깨워준 시험으로, 인문고전 문항이 다수 출제되었다. 국어의 경우 '헤겔의 변증법과 절대정신'을 소재로 한 인문학 지문이 나왔다. 탐구 영역은 인문고전 배경지식이 없으면 독해가 어려운 수준이었다. 플라톤, 아리스토텔레스, 루소, 밀, 칸트, 이황과 이이의 이기론 등의 다양한 인문고전이나 이론을 현재 우리의 삶과 연결 지어 생각하는 비판적 사고를 통한 문제 해결 능력을 평가했다.

보통 시험에서 어려운 소재라고 하면 인문고전 작품이 나온 경우를 말한다. 짧은 시간 내에 절대 이런 어려운 작품을 읽고 이해할 수 없기에 어릴 때부터 천천히 한두 작품씩 경험하며 점차 그 양을 늘릴 필요가 있다. 물론 어리면 경험이 부족해서 이런 책을 읽어도 무슨 말인지 전혀 모를 수 있다. 인문고전 관련 책을 보면 40대를 위한 책들이 많은 이유도 어느 정도 삶의 다양한 경험이 있어야 깊은 뜻을 이해할 수 있어서가 아닐까.

재밌게도 인문고전은 작품 안에 깊게 숨은 의미를 품고 있다. 그래서 여러 번 읽어도 같은 뜻으로 해석되지 않는다. 심지어 자신이 지금 처한 상황과 연결 지어서 해석하게 된다. 어린 시절에 읽었던 《노인과 바다》와 20대, 30대, 40대 등 다른 나이대에 읽는 《노인과 바다》는 분명 다른 작품이 될 수 있다는 말이다. 삶의 지혜를 얻을 수 있는 인문고전을 두고두고 반복해서 읽어야 하는 이유도 바로 이것이다.

실용 학문을 중시하는 미국 대학에서도 인문고전 교육에 대한 움직임이 있었다. 1892년 석유 재벌 존 록펠러가 설립한 시카고대학교는 당시 공부하기 싫어하는 부유층 자녀들이 기부금을 내고 가는 삼류대학이었다. 그런데 법대 교수였던 로버트 허친스가 1929년 시카고 대학 총장에 취임하면서 '시카고 플랜'을 운영했고, 학생들에게 고전 100권을 읽게 했다.

참고로 로버트 허친스 총장은 '하늘 아래 새로운 것은 아무것도 없다'라는 말로 대표되는 항존주의 교육철학의 대표자이다. 이 교육철학자들은 인간 최고의 본성은 이성이며 교육은 인간의 이성적 능력을 개발하는 과업이라고 했다. 따라서 오랜 세월 동안 진리가 축적된 문학·철학·역사·과학 등의 분야에서 고전을 가르쳐야 한다고 주장한다. 진리는 절대적이고 영원하다고 이해하며, 그러한 진리는 이미 고대와 중세의 고전에서 확립되었다고 생각하기 때문이다.

실패할 것 같던 이 프로그램은 대성공을 거두었고, 학생들은 울며 겨자 먹기로 책을 읽으며 차츰 변화된 모습을 보였다. 처음 독서 모임에 오면 말 한마디도 못 했지만, 점차 말이 트이고 생각을 조리 있게 표현할 수 있었다. 고전을 읽는 과정에서 새로운 개념과 어휘를 익히게 되면서 보통 사람과 다른 사유의 세계로 들어서게 된 것이다. 결국 많은 학생이 깊은 사유를 경험하고 공부에 흥미를 느껴 대학원에 진학하거나 사회에 진출해서 연구원으로 활동하게 되었다. 덕분에 시카고 대학 출신 노벨상 수상자가 2022년 기준 100명이 넘었다. 이것이 진정한 인문고전 독서의 힘을 보여주는 결과가 아닌가 싶다.

미국에서 세 번째로 오래된 세인트존스 대학은 미국에서도 전문가들이 꼽은 가장 지성적인 대학으로 평가받는다. 대학 비평가 로렌 포프의 베스트셀러 《내 인생을 바꾸는 대학(Colleges That Change Lives)》에서도 소개된 유명 대학이다. 이 대학의 교육 과정은 시험 없이 'Great Books Curriculum'이라고 일컬어지는 인문고전 100권 읽기로 학부 과정이 끝난다. 4년간의 교육 과정이 인문고전 100권 읽기라는 말이다. 선정한 인문고전 100권을 읽고 토론하고 에세이를 쓰는 것으로 대학의 학부 과정이 끝난다.

세계 유수의 대기업에서 세인트존스 학생들을 선호한다. 그 이유는 토론 능력이 우수하기 때문이다. 우리는 늘 새로운 유형의 문제점을 마주하게 되는데 이것을 해결하기 위해서 고민해야 하고 여러 사람과 의견을 나누면서 해결책을 찾는 게 중요하다. 이런 역량에 특화되어 있기에 기업 구성원 사이에서 아주 중요한 역할을 하는 인재가 될 수 있는 것이다. 어쨌든 다른 사람의 이야기를 경청하고 자신의 생각을 표현할 줄 안다면 어딜 가더라도 환영받지 않을까?

아직 수능이라는 입시 시험제도가 남아 있지만, 앞으로의 한국 교육도 조금씩 변화할 수 있다. 고교학점제와 수능 절대평가라는 키워드는 획일화된 시험으로 학생들을 평가하기보다는 개개인의 생각하는 힘을 평가하는 논술형 형태의 시험이 추가될 수 있다. 프랑스에서 실시하는 논술형 대학 시험인 바칼로레아와 비슷한 형태로 스위스 제네바에서 만든 국제 바칼로레아(IB: International Baccalaureate)의 도입 가능성도 있다. 그렇기에 앞으로는 단순히 객관식 문제를 푸는 능력이 아닌 글을 읽고 자기 생각을 논리적으로 풀어낼 수 있는 힘을 길러야 한다. 그런 면에서 인문고전 독서는 분명히 도움이 되는 활동이 되리라 믿는다.

핵심 내용 요약하기

▶ "모든 독서는 인문고전으로 통한다." 즉, 독서의 끝판왕은 결국 인문고전이라는 의미다.

▶ 공부하는 이유는 인간으로 태어나서 어떤 삶을 살아갈 것인지에 관한 성찰을 하기 위해서다.

▶ 그렇기에 인문고전 독서는 우리 삶의 본질을 탐구하기 위한 훌륭한 도구가 될 수 있다.

▶ 고대 그리스 철학자 소크라테스도 결국 학문을 통해서 인간의 본질과 우리가 사는 이 세상의 세계관에 대한 탐구에 목적을 두었다.

▶ 인문고전이라고 하면 이런 철학적인 접근부터 시작해서 다양한 문학 작품을 살펴볼 수 있다.

▶ 다만 문해력이 조금 부족한 경우라면 같은 작품의 영화나 해설 강의를 통해 배경지식을 쌓고 다시 책에 도전해보는 것도 하나의 방법이 될 수 있다.

▶ 보통 시험에서 어려운 소재라고 하면 인문고전 작품이 나온 경우를 말한다.

▶ 우리는 늘 새로운 유형의 문제점을 마주하게 되는데 이것을 해결하기 위해서 고민해야 하고 여러 사람과 의견을 나누면서 해결책을 찾는 게 중요하다.

▶ 앞으로는 획일화된 시험으로 학생들을 평가하기보다는 개개인의 생각하는 힘을 평가하는 논술형 형태의 시험이 추가될 수 있다.

▶ 단순히 객관식 문제를 푸는 능력이 아닌 글을 읽고 자기 생각을 논리적으로 풀어낼 수 있는 힘을 길러야 한다.

▶ 그런 면에서 인문고전 독서는 분명히 도움이 되는 활동이 되리라 믿는다.

생각 날개 펼치기

1) 인문고전 읽기는 왜 해야 하는지 그 이유를 작성하시오.

2) 자신의 생각을 논리적으로 풀어내는 훈련에는 무엇이 있는지 작성하시오.

3) 이번 글을 읽고, 새롭게 배우고 느낀 점을 작성하시오.

에필로그

우리 아이 문해력은
부모로부터

아이는 부모의 등을 보고 자란다고 한다. 그만큼 부모가 아이에게 엄청난 영향을 줄 수 있다는 말이다. 그런데 우리는 어떤가? 아이한테 책 읽으라고만 하고, 본인은 책과는 거리가 멀다. 아이도 사람인지라 솔선수범하는 사람을 따라 하고 싶어한다. 정작 본인은 책을 읽지 않으면서 재미없는 독서를 강요하면 오히려 역효과가 생길 수 있다. 그래서 책 읽는 아이로 기르고 싶다면 부모가 먼저 책 읽는 습관을 기르기를 바란다.

다행히도 아이들은 환경에 금방 적응한다. 처음에는 힘들어하지만, 조금씩 재미를 느끼면 계속하자고 조른다. 심지어 밥 먹을 때도,

자기 전에도 시도 때도 없이 책을 읽어달라고 졸라대서 힘들기도 하지만, 입가에는 미소가 머문다. 드디어 우리 아이가 책을 좋아하게 되었구나. 물 들어올 때 노를 저어야 하는 것처럼, 아이가 계속 독서 습관을 지킬 수 있도록 다양한 자극을 제공해야 한다.

아이가 어릴 때는 부모가 책을 읽어주는 것이 곧 독서다. 부모의 품에 안겨서 책을 보면서 정서적 안정감을 느끼고, 그 시간을 좋아한다. 어쩌면 부모와 살을 맞대고 따뜻한 음성으로 포근하게 감싸주는 시간이 좋아서 책이 좋아졌을지도 모른다. 실제 한 연구에 따르면 어떤 능력을 기르게 하려면 실제 방법보다 긍정적인 감정 자극이 필요하다고 한다. 어찌 보면 독서의 시작은 부모와 함께 책 읽는 그 시간이 아닐까?

신기하게도 이렇게 시작된 독서로 인해 글자를 모르는 아이도 그림책을 보면서 자기 생각을 말한다. 심지어 그림만 보고 이야기를 지어내기도 한다. 어휘력, 상상력을 자극하는 독서 활동이 되는 것이다. 그러다 글자를 배우게 되면 아이는 스스로 책을 읽는다. 하지만 이미 여러 번 말했지만, 언제 어디가 되었든 부모가 아이에게 읽어주는 책 읽기는 계속되어야 한다.

사춘기 때 부모와 아이가 절친이 될 수 있다면 그게 하브루타의 효과라는 말을 기억하는가? 부모와 아이의 대화 매체로 책을 활용한다면 평생 좋은 관계를 유지할 수 있을 것이다. 누군가와 공통의 관심사가 있다면 연결고리가 있어서 관계는 분명 단단할 것이기 때문이다. 그래서 아이가 스스로 책을 읽는 시기가 되면 자율성을 주되 독서에 대한 후원자나 지지자의 역할을 계속해야 한다. 이제 아이가 책을 혼자 읽을 수 있으니 나는 독서를 졸업해야겠다는 생각을 버리라는 말이다.

그런데 아마도 이미 아이와 10년 가까이 독서 친구로 지내왔다면, 본인도 독서가 취미이거나 독서광이 되어 책벌레가 이미 되었을지도 모른다. 그리고 남은 인생도 책과 함께 할 수 있다면 분명한 효과를 볼 것이다. 단순히 문해력을 기르고 공부를 잘하기 위한 독서가 아니라 자신의 인생의 방향을 정하고 살아가는 나침반 역할을 하는 독서가 될 것이다. 비록 우리 아이가 문해력이 생겨서 공부를 잘했으면 좋겠다는 마음으로 이 책을 읽기 시작했다고 할지라도 최종 종착지는 '독서 습관 기르기' 그로 인해 '행복한 인생 살기'가 되기를 바란다.

하지만 지금 이 글을 읽는 순간에도 독서는 쉽지 않다. 당연히 그동안 해오지 않았던 일을 새롭게 하려면 힘들고 어렵다. 그래서 조금 팁을 주자면, 작게 시작하라고 말하고 싶다. 그리고 환경을 바꾸라고 말하고 싶다. 일단 쉬운 책부터 시작하고, 집안을 독서하고 싶은 환경으로 꾸미라는 말이다. 거실에 TV를 치우고 책장과 책상을 놓으면 정말 좋다. 그 효과를 톡톡히 보고 있기에 강력하게 추천한다.

이 책을 통해 문해력과 공부의 상관관계를 알게 되었으니 이 책에 서술한 방법을 바탕으로 반복 독서를 통해 효율적으로 익히고 실천하기를 바란다. 끝으로 독서로 인해 여러분의 인생을 바꿀 수 있는 기회를 얻기를 바란다. 내가 그랬던 것처럼, 다른 사람이 그랬던 것처럼, 누구나 독서의 효과를 분명히 맛보기를 진심으로 바란다.

안녕하세요. 《우리 아이, 놓치지 말아야 할 공부 문해력》 저자 신영환입니다.

우선 이 책을 선택해주시고 끝까지 읽어주신 독자분들께 감사드립니다. OECD 가입 국가 중 독서 꼴찌인 우리나라의 독서량을 올려주셨으니까요. 이왕 한 권 읽으신 김에 다른 책도 많이 읽었으면 좋겠습니다. 분명히 독서는 국력이 될 것이라 믿기 때문입니다. 사실 독서를 통해 인생에 큰 변화를 경험한 저로서는 우리 학생들에게 혹은 부모님들께 강력하게 독서를 추천하는 바입니다. 책을 써서 인생이 바뀐 게 아니라 책을 읽어서 인생이 바뀌었다고 생각하기에 그렇습니다. 독서를 하니까 정말 여러모로 장점이 많다고 느낍니다.

그런데 현실은 독자들이 책을 많이 읽지 않아서 출판시장이 얼어붙었다는 소식만 들립니다. 하지만 그 와중에 꾸준히 독서하는 사람들이 있기에 작가로서 감사의 마음을 전하고 싶습니다.

항상 책을 쓰면서 느끼는 거지만 물론 이 책이 저 혼자만의 작품은 아니라고 생각합니다. 이미 독서 관련 정보를 조사하고 고민해서 쓰신 다른 작가님들, 독서 관련 글을 쓰신 분들 모두가 있었기에 저도 정보를 찾고, 정리하고, 책에 담을 수 있었다고 생각합니다. 언제나 과거가 있기에 현재가 있는 것처럼, 기존의 독서 관련 책이 있었기에 이 책이 나올 수 있었다고 생각합니다. 또한, 흔쾌히 추천사를 수락해주신 이효정 교수님과 이은경 선생님께도 깊은 감사드립니다.

아울러, 언제나 전력을 다해 완성도 높은 책으로 출간될 수 있도록 힘써주신 출판사 대표님을 비롯해 책을 만들어 주시고, 많은 독자에게 전달될 수 있도록 물심양면으로 홍보에 힘써주시는 직원분들께도 진심으로 감사합니다. 다 언급하지는 못했지만, 제가 책을 쓰고 있다고 했을 때 진심으로 응원해주신 주변 모든 분께 감사의 말을 전하고 싶습니다.

끝으로 제가 쓴 글을 읽고 조금이나마 도움이 된다고 해주시는 독자분들께도 미리 감사의 마음을 보냅니다. 우리 인생에 독서가 있는 인생을 살기를 바라고, 남은 생도 지금처럼 모두가 건강하고 행복하게 살았으면 하는 마음을 전하며 글을 마칩니다.

신영환 올림

참고 문헌

단행본

전병규,《문해력 수업》, 알에이치코리아, 2021.

수전 짐머만, 크리스 허친스,《하루 15분 초등 책 읽기의 기적》, 더블북, 2021.

김윤정,《EBS 당신의 문해력》, EBSBOOKS, 2021.

신영환,《1등급 공부법》, 서사원, 2021.

이임숙,《4~7세보다 중요한 시기는 없습니다》, 카시오페아, 2021.

한재우,《혼자 하는 공부의 정석》, 위즈덤하우스 ,2018.

최승필,《공부머리 독서법》, 책구루, 2018.

리사손,《임포스터》, 21세기북스, 2022.

리사손,《메타인지 학습법》, 21세기북스, 2019.

진동섭,《공부머리는 문해력이다》, 포르체, 2021.

김도연,《영어 공부 잘하는 아이는 이렇게 공부합니다》, 길벗, 2021

임정민,《어른의 대화법》, 서사원, 2022

전영신,《초6의 독서는 달라야 합니다》, 서사원, 2021

류우,《초등생을 위한 수학 공부몸 만들기》, 서사원, 2021

권태형, 주단,《1일 1페이지로 완성하는 초등 국영수 문해력》, 북북북, 2022

김기용,《초등 공부는 문해력이 전부다》, 미디어숲, 2021

김송은,《공부가 쉬워지는 청소년 문해력 특강》, 더숲, 2022

이지성,《리딩으로 리드하라》, 차이정원, 2016

아라키 켄타로,《신비롭고 재미있는 날씨 도감》, 서사원주니어, 2022

헤르만 헤세,《데미안》, 더스토리, 2017

황농문,《몰입1》, 알에이치코리아, 2007

고영성,《어떻게 읽을 것인가》, 스마트북스, 2015

이상훈,《1만 시간의 법칙》, 위즈덤하우스, 2010

안데르스 에릭슨, 로버트 풀 저, 《1만 시간의 재발견》, 비즈니스북스, 2016

안병조, 《10대, 교과서 대신 1000권의 책을 읽어라》, 프로방스, 2019

백종욱, 《우리 아이의 행복한 미래를 준비하는 유대인 교육법》, 제이케이, 2021

김병완, 《초서 독서법》, 청림출판, 2019

박상배, 《인생의 차이를 만드는 독서법 본깨적》, 위즈덤하우스, 2013

신정철, 《단 한 권을 읽어도 제대로 남는 메모 독서법》, 위즈덤하우스, 2019

구보타 기소우, 《손과 뇌》, 바다출판사, 2014

신정철, 《메모 습관의 힘》, 토네이도, 2015

사이토 다카시, 《메모의 재발견》, 비즈니스북스, 2017

홍민영, 《1페이지 공부법》, 비에이블, 2021

유근용, 《일독일행 독서법》, 북로그컴퍼니, 2015

유근용, 《메모의 힘》, 한국경제신문사, 2017

이민정, 《미래를 읽는 부모는 아이를 창업가로 키운다》, 쌤앤파커스, 2019

전안나, 《1천 권 독서법》, 다산4.0, 2017

유순덕, 《하브루타 창의력 수업》, 리스컴, 2018

오사와 마사치, 《책의 힘》, 오월의봄, 2015

김영훈, 《뇌박사가 가르치는 엄마의 두뇌태교》, 이다미디어, 2018

짐 트렐리즈, 신디 조지스, 《하루 15분 책 읽어주기의 힘》, 북라인, 2020

이혜진, 《나는 매일 도서관에 가는 엄마입니다》, 로그인, 2019

이정화, 《책냥이의 엄마표 과학 놀이》, 서사원, 2020

델핀 미누이, 《다라야의 지하 비밀 도서관》, 더숲, 2018

최효찬, 《서울대 권장도서 인문고전 100선 읽기 1》, 위즈덤하우스, 2014

어니스트 헤밍웨이, 《노인과 바다》, 민음사, 2012

정기간행물

신명선, 차경미, 이기연(2020). 국어 사고도구어 능력과 교과서 읽기 능력의 관계에 대한 연구. 국어교육학회. 55(4). 79-119.

학위논문

진희연 (2015). 고등학생의 사고도구어 어휘력과 학업성취도의 상관관계. 미출판 석사학위 논문. 카톨릭대학교 대학원, 부천.

신문 기사 및 칼럼

박균호, "도스토옙스키는 열렬한 신문 독자였다", 한겨레, 2022.03.21.

이현경, [한밭춘추] 도서관과 인문학, 대전일보, 2016.02.23.

부록 1
세인트존스대학의 인문고전 100권

1학년

1. 호메로스 : 일리아드, 오디세이
2. 아이킬로스 : 아가멤논, 제주를 바치는 여인들, 에우메니데스, 묶인 프로메테우스
3. 소포클레스 : 오이디푸스 콜로노스의 오이디푸스, 안티고네, 필록테테스
4. 투키디데스 : 펠로폰네소스 전쟁사
5. 에우리피데스 : 히폴리토스, 바카이
6. 호로도토스 : 역사
7. 아리스토파네스 : 구름
8. 플라톤 : 메논, 고르기아스, 변명, 크리톤, 파이돈, 향연, 파르메니데스, 테아이테토스,
   소피스테스, 티마이오스, 파이드로스
9. 아리스토텔레스 : 시학, 자연학, 형이상학, 니코마스코스윤리학, 생성소멸론, 정치학, 동물 부분론, 동물의 생식에 관하여
10. 유클리드 : 기하학원론
11. 루크레티우스 : 사물의 본성에 관하여
12. 플루타르코스 : 뤼쿠로고스, 솔론
13. 니코마코스 : 산술론
14. 라부아지에 : 화학요론
15. 하비 : 동물의 심장과 혈액의 운동에 관한 연구
16. 아르키메데스, 파렌하이트, 아보가드로, 돌턴, 까니차로, 버르초우, 마리오트, 드리슈, 게이 뤼삭, 슈페만, 스티어스, J.J.톰슨, 멘델레에프, 베르톨레, J.L.프루스트의 논문들

2학년

42. 데카르트 : 기하학, 방법서설

43. 파스칼 : 원뿔곡선론

44. 바흐 : 마태수난곡, 인벤션

45. 하이든 현악 4중주

46. 모차르트 오페라

47. 베토벤 소나타

48. 슈베르트 가곡

49. 몬테베르디 오페라 오르페오

50. 스트라빈스키 시편 교향곡

3학년

51. 세르반테스 : 돈키호테

52. 갈릴레오 : 새로운 두 과학

53. 홉스 : 리바이어던

54. 데카르트 : 제일철학에 관한 성찰, 정신 지도 규칙

55. 밀턴 : 실낙원

56. 라 로슈푸코 : 잠언

57. 라 퐁텐 : 우화

58. 파스칼 : 팡세

59. 호이헨스 : 빛에 관한 논문, 충격에 의한 육체의 운동에 관하여

60. 엘리엇 : 미들마치

61. 스피노자 : 신학 정치론

62. 로크 : 통치론

63. 라신느 : 페트르

64. 뉴턴 : 자연철학의 수학적 원리

65. 케플러 : 대요6

66. 라이프니츠 : 단자론, 현이상학 서설, 역학에 관한 논문, 철학논문집, 이성

부록2
독서 초보자를 위한 독서 십계명

1. 읽고 싶은 책을 읽는다. (흥미독서)

2. 천천히 읽는다. (바른독서)

3. 생각하며 읽는다. (생각독서)

4. 밑줄치며 읽는다. (각인독서)

5. 기록하며 읽는다. (기록독서)

6. 깨달으며 읽는다. (깨달음독서)

7. 실천하며 읽는다. (실천독서)

8. 도전하며 읽는다. (도전독서)

9. 반복해서 읽는다. (반복독서)

10. 꾸준하게 읽는다. (매일독서)

부록 3
독서 초보자를 위한 독서 십계명 풀이

1. 읽고 싶은 책을 읽는다. (흥미독서)
    독서에 흥미를 갖기 위해

2. 천천히 읽는다. (바른독서)
    속독 습관을 버리기 위해

3. 생각하며 읽는다. (생각독서)
    메시지를 놓치지 않기 위해

4. 밑줄치며 읽는다. (각인독서)
    중요한 것을 체크하기 위해

5. 기록하며 읽는다. (기록독서)
    중요한 것을 기억하기 위해

6. 깨달으며 읽는다. (깨달음독서)
    내 인생과 연결짓기 위해

7. 실천하며 읽는다. (실천독서)
    삶에 적용하여 변화를 주기 위해

8. 도전하며 읽는다. (도전독서)
    약간 어려운 책을 읽고 성장하기 위해

9. 반복해서 읽는다. (반복독서)
    이해가 안 되는 것을 알기 위해

10. 꾸준하게 읽는다. (매일독서)
    독서 습관을 기르기 위해

memo

memo

memo